青少年运动员健康发展获得高水平表现的训练指南

青少年运动员体能训练
Conditioning Young Athletes

［美］杜泽·邦帕　　［加］迈克尔·卡雷拉　著

尹晓峰 等 译

上海文化出版社

《青少年运动员体能训练》

参 编 人 员

翻译人员　尹晓峰　孙　鹏　杨　涛　杨圣韬　刘　畅　何　聪
校译专家　闫　琪　李　山　曹晓东　杨　涛　孙　鹏
顾问成员　郭　蓓　赵荣善　潘小军　杨　薇　李建新　郭红生
　　　　　　刘昌乐　钱风雷　孙孟炜　王　晨　邱　俊　郑樊慧
　　　　　　闫　琪　顾承锷　张　蓓　朱学雷　高炳宏　李　山
　　　　　　曹晓东　韩　冬

本书相关教学图片和视频拍摄由上海小及叔文化传媒有限公司完成

总 策 划　及鹏飞
导　　演　毛　昱
摄　　影　罗　易
教学指导　尹晓峰　杨　涛　赵栋辉
教学示范　尹浩轩　郭宇琪　封瑞霖　刘悦怡　朱漫漫

中译本序

　　少年强，则国强！

　　青少年体魄强健、意志坚强、充满活力，是一个民族旺盛生命力的体现，而青少年体育事业的健康发展，则是国家强盛、民族兴旺和实现中国梦的重要基础和保障。站在新的历史起点、面对新的形式和环境，青少年体育事业的发展既面临着机遇，同样也要应对多方挑战。一方面，《关于加强青少年体育增强青少年体质的意见》《关于进一步加强运动员文化教育和运动员保障工作的指导意见》《关于加快发展体育产业促进体育消费的若干意见》《关于加强竞技体育后备人才培养工作的指导意见》《全民健身计划2016—2020》《"健康中国2030"规划纲要》等一系列政策和规划的出台以及青少年体育活动促进计划的加速推进，无疑为我国青少年体育的发展带来了政策红利，也为促进青少年体育素养提升和全面发展、养成终身体育锻炼习惯和健康生活方式提供了强有力的制度保证。另一方面，青少年体质与健康的逐步下降已成为世界性问题。截止到2014年，国家体育总局、教育部已经先后开展了7次青少年体质与健康调研工作，从调研结果反映的状况来看，整体情况仍不乐观，特别是在生活方式与环境变化等诸多因素的影响下，早期肥胖和视力不良检出率居高不下、运动能力有待提升仍然是我国青少年体育工作不容忽视的困难和焦点。

青少年时期是身心健康发展的关键时期。充分理解青少年个体生长发育过程中的共性和个性问题，对于指导青少年科学锻炼和青少年运动员体能训练而言至关重要。不能将儿童和青少年群体简单地看作"小大人"。青少年运动员在许多方面都与成人运动员有着本质上的差别，处于生长发育过程中的青少年，其神经、骨骼、肌肉和内分泌系统时刻发生着动态变化。这些发育特征在很大程度上反映了青少年的生理及运动能力，执教指导过程中"一刀切"或"拔苗助长"的做法不仅无益于他们日后运动表现的提升，还可能对他们的身心造成潜在的伤害。因此，以长期发展的视角，审视青少年运动参与的全过程，为他们设定与自身发育最佳匹配的运动任务，更能够获得事半功倍的效果。在这一方面，国际著名周期训练学专家杜泽·邦帕博士和体能训练专家迈克尔·卡雷拉先生撰写的《青少年运动员体能训练》无疑为我们打开了一扇通往实践的应用之门。该书紧紧围绕青少年不同速率下的发育进程，充分考虑儿童骨骼肌肉系统和神经系统在不同阶段表现出的个体差异性，兼顾不同运动项目特征的特殊性，通过整合训练学、心理学以及社会学因素的"周期化"原则，为建立可以促进青少年运动员健康发展、获得高水平表现的训练计划，提供了极具实践意义的参考和指导。

感谢年轻一代体育科研人员和运动训练一线工作者对国际运动训练理论与实践成果进行积极转化和吸收的有益尝试。青少年运动员的培养是一个长期、系统的工程，希望中文版《青少年运动员体能训练》能够成为教练员、体育教师、家长以及相关专业人士指导青少年科学运动、系统训练，帮助青少年建立健康生活方式、积极参与运动的指导用书。借此机会，我也衷心希望能够有更多的优秀教练员和专家学者关注青少年的健康发展，为我国青少年体育事业的蓬勃发展助力！

郭蓓 博士
上海体育大厦，2017 年，3 月 21 日

译者序

非常荣幸能够有机会将《青少年运动员体能训练》（Conditioning Young Athletes）翻译成中文并出版。本书的作者之一杜泽·邦帕博士被誉为运动周期理论之父，他从上世纪70年代起，先后将该理论应用在力量训练、耐力训练以及速度和灵敏度训练当中，通过短期和长期计划，培养出了11位奥运会和世锦赛奖牌获得者（包括4枚金牌）。邦帕博士已经相继撰写了14本有关训练方法的著作，其中《训练理论和方法：运动表现与训练周期之匙》被翻译成19种语言，在180多个国家被应用于运动员训练和教练员教育培训。本书是邦帕博士和体能训练专家迈克尔·卡雷拉先生将周期训练原则与青少年运动员长期发展模型成功结合的经典教程，它适用于教练员、青少年运动员、家长以及与青少年运动训练指导相关的一线工作者。

全书大致可划分为八个组成部分：

青少年的生长发育过程充满动态性和差异性，他们的运动能力完全受制于个人生理和心智发育水平的状况，这就要求教练员和家长在鼓励和帮助青少年通过练习和训练促进健康和提升表现之前首先要能够充分地了解青少年在不同发育阶段的身体需求，建立科学的指导策略。因此，本书的开篇部分旨在帮助读者选择正确的青少年训练哲学和基本的指导原则。

本书的第二部分将周期理论与青少年生长发育特征相结合，对青少年运动员能力发展的主要阶段进行了划分。该部分也将作为之后各项运动能力在不同阶段框架下发展的主要依据。

训练评价与监控是任何一项训练计划执行中不可或缺的环节，青少年训练同样如此。本书第三部分为读者提供了一些易于教练员与家长组织和使用的测试项目及监测表格，便于对青少年运动员发展状况进行实时监控。

本书第四部分分别对构成青少年运动能力的柔韧、速度、灵敏、力量和功能以及耐力等方面在不同生长发育阶段的发展模型和练习计划进行了详细阐述，为青少年运动员的体能训练提供了必要的手段和方法。

心智和营养是青少年运动员健康成长、追求卓越不可忽视的重要组成部分，因此本书第五部分和第六部分分别对青少年运动参与过程中的心理干预、合理膳食和科学营养补充提供了策略和建议。

采用长期发展视角为青少年运动员制定训练计划，能够确保青少年运动员的训练科学合理的进阶。本书的第七部分在介绍了 11 种运动项目的长期训练模型的同时，更重要的是为教练员提供了结合自身实际需求或工作环境制定长期发展模型的重要思路。

随着人们对青少年训练领域关注程度的提升，大量新的方法、训练设备和器材开始用于青少年运动员训练之中。本书最后一个部分从生物力学和运动生理学的作用机制对目前训练中存在的一些误区进行了甄别。

本书由上海体育科学研究所尹晓峰主译。参与翻译的还有孙鹏、杨涛、杨圣韬、刘畅、何聪，感谢他们为此付出的努力。同时，还要特别感谢上海体育科学研究所和上海体育科学学会的支持，感谢郭蓓博士对本书翻译工作的帮助和鼓励，感谢闫琪博士、李山博士、曹晓东博士、杨涛博士、孙鹏副教授对本书翻译和审校工作的帮助。

本书在翻译过程中多次与原作者和国内行业专家学者进行沟通审译，期望能将原著中的内容进行更为专业地表述，但是由于翻译水平有限，译本中的不当之处再所难免，敬请读者不吝指出。

最后，寄语所有的教练员和家长们，"Let kids be kids to play!"——请让我们的孩子们像"孩子"一样运动！

尹晓峰

德国拜罗伊特大学，2017 年，3 月 22 日

目 录

第 一 章 | 青少年运动员训练指南　　　　　　　　　　1

第 二 章 | 青少年运动能力发展的阶段划分　　　　　31

第 三 章 | 青少年运动员的评估　　　　　　　　　　65

第 四 章 | 柔韧性训练　　　　　　　　　　　　　　89

第 五 章 | 速度训练　　　　　　　　　　　　　　　109

第 六 章 | 灵敏性训练　　　　　　　　　　　　　　149

第 七 章 | 力量和功率训练　　　　　　　　　　　　175

第 八 章 | 耐力训练　　　　　　　　　　　　　　　249

| 第 九 章 | 在比赛中走向卓越 | 275 |

| 第 十 章 | 青少年运动员的营养补充 | 291 |

| 第十一章 | 长期训练计划的制定 | 321 |

| 第十二章 | 训练误区及儿童 | 347 |

参考文献　　　　　　　　　　　　　　　　　　　380
作者简介　　　　　　　　　　　　　　　　　　　391
练习索引　　　　　　　　　　　　　　　　　　　393
附录　　　　　　　　　　　　　　　　　　　　　398

第一章 | 青少年运动员训练指南

青少年运动员训练指南

赛场上的成功通常与周密计划、刻苦训练以及全身心投入紧密相关，竞技训练也毫不例外。所有成功的运动员都是训练有素的个体，他们在特定的体育活动方面优于常人，且多年遵循着精心设计的长期训练计划。运动领域中的训练就是通过不断重复、执行渐进式的练习，挖掘个人潜能、创造最佳竞技表现的过程。对运动员而言，这意味着通过长期的训练计划，调节身体和心智直至适应竞技比赛中的每个细节，最终取得优异的成绩。

尽管很多教练员和体育教师都能够制定赛季性的训练计划，但是如果可以超越这种短期方法，着眼于规划运动员的长期发展，则更有必要。合理的训练应该始于儿童时期，让运动员的身体和心智得到循序渐进式地系统发展，直至获得长期的卓越表现，而非昙花一现。

然而，儿童的训练计划经常会以知名精英运动员的训练计划为蓝本，因为这些优秀运动员在国内外大赛中取得的优异成绩让青少年运动员和他们的教练员为之向往。此类计划的追随者始终认为："如果这套训练计划适用于科比·布莱恩特或西德尼·克罗斯比*，那么它也一定能在我的孩子身上奏效。"

教练员通常只会机械地执行此类训练计划，既不去评估其对年轻运动员兴趣的匹配程度，也没有任何的指导理念，比如训练原则等。教练员和家长只需敲击计算机的鼠标，便可以从网站或文献中下载到复杂的训练计划，然后开始盲目地指导自己的运动员，但几乎不考虑孩子们当前的身体需求。当然，这些教练员和父母并非有意地想伤害或毁坏运动员的发展。相反，他们只是希望能够在激烈竞争的环境中，为接受训练的孩子们提供脱颖而出的机会，然而越是这样越容易适得其反。我们经常遇到父母让自己的孩子参加某个项目的运动或比赛：比如，约翰尼（Johnny）想在美国冰球职业联盟打球，而朱莉（Julie）想成为一名职业足球运动员并带回一枚奥运金牌。在这两种情况下，父母很可能将孩子对某个项目的早期爱好，误解成围绕该项目制定计划、实施训练以及发展技能的契机。我们发现很多6岁儿童的身体素质发展全部围绕某个特定运动项目。事实上，应当鼓励孩子们参加到各种游戏和活动玩耍之中，并进行多种形式的运动，以优化他们的运动能力、肌肉力量和神经发育。孩子并不是"小大人"，他们身上复杂且不同的生理特性必须被考虑在内。

第一节　"硬币"式的两极分化

一个极端是部分儿童运动员在单一运动项目上投入了太多的练习，或者过多地进行专项训练，而忽视了必要的多方面发展；而处在另一个极端的孩子则有典型的超重、暴饮暴食和营养不良的情况，且习惯于不健康地久坐不动。

在20世纪80—90年代，美国及世界范围内儿童期肥胖比率逐渐增高。[1][2]一项2003—2004年的数据表明，美国6—19岁的儿童和青少年群体中，超过33%的个体具有超重的风险，而17%的青少年属于超重。[3]肥胖和体

---

*　科比·布莱恩特（Kobe Bryant），美国职业篮球联赛最具影响力的篮球运动员之一；西德尼·克罗斯比（Sidney Crosby），加拿大杰出的冰球运动员。——译者注

重增加的趋势因性别、人种及民族而表现出差异性，然而这种趋势的首要问题是儿童正在变得越来越胖、越来越不健康，也变得越来越不愿意运动。对这些儿童而言，训练计划不应只关注何种运动的类型与强度为最优，而应把重点放在任何可以让儿童持续参加的体育活动，尤其是能增强心血管练习的锻炼活动，如散步、跑步或自行车骑行，这样才能够减少健康风险，提升他们成年后的健康水平。

第二节　夯实基础

当运动员结束竞赛或训练之后的短暂休整期重新集结时，更衣室和训练馆中最常谈论的话题就是"夯实基础"。运动员的身体在艰苦的赛季或训练阶段后，通常疲惫不堪，急需休整放松，当然最重要的是获得能量再生。一旦身体从比赛的压力和束缚中恢复过来，那么利用一定的时间重建力量、功率、耐力、速度、灵敏度以及所有重要专项运动能力的基础对于运动员无疑就会变得至关重要。强大的基础最终会促成最佳表现并降低运动损伤。

儿童在早期就应该建立动作技能的基础。很多诸如跑步、跳跃、垫步跳以及俯卧撑和引体向上等技能，他们并不是在豪华的体育场馆或运动员发展中心内习得的，而是在街角、公园或自家的庭院内学会。孩子就是孩子，他们不是有抱负的专业运动员。如今，随着游戏和全天候的点播视频、智能手机、智能电视的涌现，以及学校教育对体育活动的重视程度的逐渐降低，孩子们没有机会参加趣味性的游戏或有组织的体育活动，跑步、跳跃甚至跳绳都没有得到应有的鼓励，只是在电视或电脑屏幕前连续数小时的久坐。人类身体因运动而构建，所以久坐不动终将导致肥胖、虚弱和疾病。南澳大利亚大学的研究人员分析了1964—2010年间9—17岁儿童跑步速度和心血管耐力的变化数据。结果表明，跑动速度和耐力随着时间的推移而下降。[4]从本质上说，当前孩子的健康状况已经大不如他们的父母。究其原因可以归结于许多因素，包括电子游戏的风靡和其他久坐习惯以及含糖饮品的过度摄入。[5]尽管过度沉迷于游戏对健康是否存在确切影响尚未得到证实，但是任何限制个体参与规律性体育活动的行为都会对心血管健康产生不利影响。

儿童的整体健康趋势并不乐观。孩子肥胖和活动不足的情况正在日趋加重。随着技术的进步和行为的变化，诸如不再步行或骑行上学等，对引发目前的健康危机有一定助力。孩子需要变得活跃起来。我们不是在谈论长期的运动能力发展或高水平训练营，而是在单纯地讨论更多的运动机会对孩子的必要性。美国有许多管理机构，包括疾病控制预防中心（Centers for Disease Control and Prevention）[6]，建议儿童每天以跑步、跳跃、垫步跳、自行车骑行以及增加肌力的方式进行60—90分钟的体育活动。

每个人都能够接受"生活不易"的观点。事实上，平衡工作与家庭生活之间的需求和期望在最近的几十年里变得愈发困难。久坐不动的生活方式让我们不够健康、疲惫不堪，甚至经常生病。作为社会的一分子，每个人都需要变得更加健康，而最佳的改变就应从积极活跃的生活方式开始。家长或许是为了给孩子的健康找到与身体相适配的最佳路径而努力。然而，大幅削减孩子坐在电视或游戏机前的时间肯定阻力重重，让他们走出室内参与到街头曲棍球或者篮球游戏当中更是难上加难。过去，孩子们至少会花费一些体力和时间步行到小伙伴的家中，或者到公园嬉戏。如今，他们在社交媒体网站或手机上"流连忘返"，不愿跨出房间半步。时代发生了变化，但是连接家庭与社区的体育组织却始终保持着开放性。很多组织和机构都能够向儿童和青少年提供参与篮球、足球、橄榄球、冰球以及其他很多项目的训练和比赛机会，孩子们参与活动的动机完全出于对运动和团队配合的热爱，他们没有向更高一级联赛晋级的压力，也不用考虑是否获得奖学金，或是能否成为一名职业运动员。如果你刚好是一位正在试图鼓励孩子变得更加活跃、寻求锻炼方法以适合孩子的力量和耐力发展并且希望帮助孩子建立良好社交圈的家长，那么就可以到自己所在的地区寻找这类社区体育联盟*。想要促进孩子积极主动地参与运动、灌输他们

---

* 社区体育联盟（House League），是一类主要针对青少年运动的会员制的初级联盟组织。联盟中的会员全部来自一个社区、学校或者俱乐部，联盟中的会员组队训练或者比赛，而不会与其他联盟或区域的俱乐部之间比赛竞争。在欧美国家，绝大多数的社区体育联盟都是非营利性的体育组织。——译者注

终身运动的价值理念，没有比这更好的方式了。

下面列举了参加有组织的体育项目的益处：

（1）可以促进健康生活，强调技能、力量和耐力的建立。

（2）可以改善心理健康和注意力水平。

（3）可以在一个安全的环境中，学会重要的生活准则，包括自我尊重和尊重他人。常言道："团队中要忘记自我。"

（4）可以教会孩子关于胜利、失败以及全力以赴的人生重要课程。

（5）可以为教练员、家长、组织者和其他运动员提供正面的榜样。

（6）可以强调健康和乐趣，因为每名队员都能得到相等的上场时间。

（7）可以在非胁迫的环境中得到运动和锻炼的指导，从而激发参与的积极性，促进健康成长，并进一步提高运动水平。

当谈到青少年的训练和运动能力发展时，很明显有些孩子极其活跃并在运动过程中专注于表现的提升和个人的成长；有些孩子则积极参与，也享受运动，但更愿意维持在一个非竞争性的安全环境下进行；还有些孩子则不愿意参加任何形式的运动或锻炼，他们很少能够达到推荐的基本体育活动水平。

本书的重点是为青少年运动员的体能训练提供必要的方法，教练员、家长和运动员可以通过本书，更好地理解他们所从事运动项目的身体素质需求，以及如何在短期和长期的训练中获得最佳表现。美国每年有超过 3 500 万的青少年运动员参加有组织的体育运动。[7]如果要让运动员从全面发展的一般训练顺利过渡到强调项目特征的专项化训练，那么正确的训练哲学就成为重中之重。训练哲学对计划制定、计划实施以及避免过度训练具有重要意义。本章将在接下来的部分讨论四项青少年运动员的训练指导策略，即长期训练计划的制定、训练多样化的实现、个性特征的理解与认识以及训练负荷的合理化提升。

一、长期训练计划的制定

长期以来，一些教练员就认为：一个运动项目训练的最佳途径应当是在幼年时期就要启动专项化的训练。该观点也的确得到了很多运动生理学家的支持，所以时至今日有些教练员仍然对此深信不疑，并将其作为训练原则。他们认为，想要在最短的时间里获得成效，训练计划必须做到以下几个方面：

（1）强调该项目中占主导地位的供能系统。例如，短跑运动员必须围绕冲刺跑进行练习，而长跑运动员则只应当进行有氧供能系统的训练。

（2）遵循动作技能的专项化原则。这意味着，运动员进行的练习必须要对项目中所运用到的各种技能模式进行模仿，并且只涉及执行专项技术所需要的肌群。

虽然实验研究表明，专项训练的结果是能更快地适应训练并带来更大幅度地表现提升，但这并不意味着教练员和运动员必须从早期就要开始结合专项训练。在这种狭隘地看待儿童运动参与的视角中，训练的唯一目的就是迅速取得优异的成绩而不考虑可能会对青少年运动员未来产生的影响。在快速获益的尝试中，教练员让孩子们进行高度专项化和高强度的训练，而不是花时间让孩子们建立一个良好的基础。这就像在拙劣的地基上建造高楼，如此明显的施工问题，显然会导致建筑物的坍塌。同样，在运动员做好心理和生理上的准备之前，一味地将运动员的发展局限在一种运动项目上，通常会导致以下结果：

（1）造成单侧肌群和器官功能的发育受限。

（2）造成身长发育和体内生化平衡的紊乱。而这些方面是一个健康的个体动作效率、运动表现和健康成长的先决条件。

（3）长此以往，会造成过度使用、过度训练，甚至造成运动损伤。事实上，青少年运动员不应该错误地认为他们年轻的身体可以承受任何形式的压力并且最终会"反弹"提升。这样做可能只会适得其反。

（4）对孩子的心理健康产生负面影响。因为这种训练方式和过多地参加比赛会对青少年产生较高水平的压力。

（5）长时间的大强度训练会干扰儿童社会关系的发展。例如，孩子们可能无法结交到训练之外的朋友。

（6）影响孩子的参与动机。因为训练项目太过紧张、枯燥而缺乏乐趣，极易导致青少年运动员在生理和心理发育成熟之前就放弃该项运动。进而，具有天赋的青少年也许永远都不会发现自己的才华。

二、全面发展

对于儿童而言，发展各种基础技能非常重要。在他们开始接受专项训练之前，首先要在综合能力方面得到均衡发展。这就是所谓的全方面发展，它是儿童及青少年最为重要的训练原则之一。

东欧国家普遍很重视儿童及青少年的全方面发展或综合技能发展，他们的一些体育学校能够提供基本的训练计划。进入到这些学校的儿童可以得到基础技能的发展，例如跑步、跳跃、投球、接球、翻滚以及平衡等能力。他们会变得非常协调，能够获得个人或集体类项目（如田径、篮球和足球）制胜所必需的基础技能。绝大部分的训练计划中还包含了游泳学习的内容，因为游泳可以帮助儿童发展有氧运动的能力，同时最大程度地减少施加在他们关节上的负荷。随着对儿童运动员的训练计划多样化以及技能发展多样化需求的正确认识，在整个北美洲，大批体育学校迅速开办，并且获得了高度聚焦运动能力发展的一系列学术成果。

如果我们鼓励儿童发展多种技能，那么他们更可能会在一些体育活动中体验到成功。部分儿童会渴望进行专门的训练，让自己的天赋得到进一步发展。一旦儿童对自身运动能力的发展表现出了兴趣，我们就必须向他们提供必要的指导和机会。要成为一名世界级的运动员需要多年的训练，我们必须为那些愿意为追求卓越而拼搏的青少年运动员提供充分的、基于科学原理的系统性长期计划。

图1-1表明随着时间的推进，运动能力发展的连续性路径。尽管运动项目

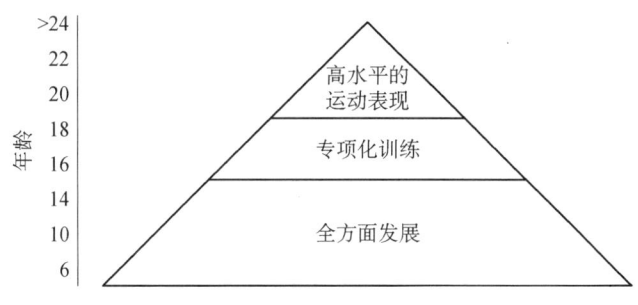

图1-1 建议长期训练路径以全方面发展为基础

本图引自：T. O. Bompa, 1999, Periodization training for sports (Champaign, IL: Human Kinetics), 39.

和个体间的差异会因年龄的变化而不同，但是这个模型还是论证了渐进式发展的重要性。金字塔的塔基由"全方面发展"构成，我们可以将其视作所有训练计划的基础。当这种发展达到了一个可以接受的水平，运动员们就可以进行某个项目的"专项化训练"，从而进入到发展的第二个阶段，直至获得"高水平的运动表现"。

全方面发展的目的是要提高机体的整体适应性。各种技能和运动能力获得发展的儿童和青少年可能会更好地适应训练负荷，而不用经受早期专项化的压力。例如，中长跑项目的青少年运动员的确可以通过跑步进一步发展他们的有氧运动能力，但他们也更容易因过度训练而遭受运动损伤。参加游泳、骑行以及跑步的运动员则通过不同的方式锻炼心肺系统，并显著减少损伤的概率。立志成为职业棒球运动员并不意味着跑步就是他唯一可以锻炼心血管的运动。相反，其他技能，如跳跃、攀爬以及自行车骑行也会有助于肌肉力量的发展。在身体可以专注于特定的运动模式之前，促进神经肌肉的发展，并帮助运动员享受各种动作技能，是很有必要的。此外，在青少年时期就着重将无轨迹拉力练习或者哑铃练习（很多教练员都错误地把这类练习视为专项动作来训练运动员）作为提升棒球项目运动员挥棒能力的手段是没有必要的，尤其是当运动员还无法完成一些基础练习，如俯卧撑或引体向上时，更是如此。

专注于基础技能和专项能力的训练能够让青少年更好地保护自己。就像在成长过程中，我们会告诫儿童不要急于求成，也告诫自己不能"拔苗助长"。我们常对他们说，"像孩子一样就好"，因为他们还需要很长时间才能步入成年。运动领域亦是如此。作为一名在年龄和生理功能上成熟的运动员，专项训练将不可避免地会成为重点。运动专项训练计划以及对重复项目要点动作的压力必不可少。运动员的训练需要安全地向专项训练过渡，并从专项训练的强度中有效地恢复。专项训练主要受制于运动员的整体力量发展水平以及协调性和神经系统的准备，这些内容也是全方面训练的关键部分。

我们应当鼓励青少年运动员发展自身运动项目以及其他项目所需的各种制胜技能和运动能力。例如，针对儿童和青少年全面发展的运动计划需要包括发展有氧能力的低强度练习，提升无氧能力、肌肉耐力、力量、速度、灵敏性、协调性以及柔韧性的练习。聚焦运动能力整体发展的同时，兼顾运动专项技能与策略的全方面训练计划，将会在日后的发展阶段促成更加成功的运动表现。如表1-1所示，全方面训练计划能够提供很多益处。如果我们想要培养出优秀的高水平运动员，就必须做好推迟专项化训练和牺牲短期成绩的准备。下面的两项研究便可证明这一观点。

民主德国曾进行过一项具有里程碑意义的跟踪性研究（历时14年）[8]，9—12岁的儿童被分为两组：第一组儿童执行的训练计划要在指定的运动项目中，进行早期专项化训练，练习的内容和训练方法应当围绕运动项目的需求来制定；第二组儿童则按照一套综合性的计划进行训练，在涵盖一些专项性技能练习的同时，还融入了其他各种项目的技能练习以及全身性训练。正如表1-1所示，这些结论都证实了牢固的训练基础才会促成运动员的成功。

表1-1　早期专项化与全方面发展训练效果比较

早期专项化训练	全方面发展计划
运动表现快速提升	运动表现提升较为缓慢
由于较快的适应性，竞技巅峰出现在15—16岁	竞技巅峰出现在18岁及之后（身心发育成熟的年龄）
无法在比赛中保持稳定表现	能够在比赛中保持稳定表现
很多运动员会被过度消耗，在18岁时就退役	较长的运动生涯
由于被迫适应，容易出现运动损伤	较低的伤病发生率

还有一项苏联开展的重要调查[9]，他们对专项化训练的发展进行了分析，得到了相似的结果。下面列举了该研究的一些结论：

（1）绝大多数优秀的苏联运动员都拥有强大的全方面运动能力基础。

（2）大多数运动员从七八岁时开始训练。在最初的几年中，他们所有人都接触过各种各样的运动项目，如足球、越野滑雪、跑步、滑冰、游泳和骑行等。10—13岁时，他们也参与到了一些集体类项目、体操、划船以及田径等项目。

（3）专项化训练开始于15—17岁，在这之前的年龄段不要追求运动成绩和专项锻炼。运动员进行5—8年的专项训练后，获得了个人最好成绩。

（4）那些年龄很小就进行专项化训练的运动员，的确能够在青少年水平阶段获得个人的最好成绩。然而，这种表现一旦到了成人阶段（超过18岁）就很难再现。因此，大部分运动员在达到成年水平之前，就已经从运动项目中退出了；而早期开始专项化训练的运动员中，只有极少部分还能够在成年阶段提升运动表现。

（5）许多苏联的顶尖运动员都是在青少年阶段（14—18岁），才开始接受有组织的训练。他们从来没有获得过青少年冠军或者创造过全国纪录。然而，在成年之后，很多人却拥有着国家级乃至世界级的成绩。

（6）大多数运动员认为他们的成功在于童年和少年时代就已经建立起全方面能力的基础。

（7）此项研究得出的结论是：绝大多数运动项目开始专项化训练的年龄不应早于十五六岁。

回顾过去30年关于早期专项化的研究成果，也得到了类似的结论。随着对世界范围内竞技比赛关注度的提升，运动员在很小的年龄就潜移默化地被鼓励接受专项化训练。[10]青少年运动员正在采用的艰苦训练计划，与成人的训练模式很类似。在此类训练计划的安排中，每周训练时间都要超过10小时，由此可能导致很多后果，包括对运动员生理、精神以及情绪方面造成诸多问题。穆斯塔法维法尔（Mostafavifar）及其同事刊登在《英国运动医学杂志》（*British Journal of Sports Medicine*）上的研究报告[11]认为，单个运动项目的过早专项化训练可能会造成许多生理方面的影响，具体情况如下：

（1）由于重心从一般性（发展）训练向专项化训练转移，导致动作技能发展的退步。

（2）由于不合理的训练强度和训练量，增加了心血管及肌肉骨骼系统的损伤概率。

（3）由于营养常识的欠缺，无法均衡膳食中宏量营养素与微量营养素的关系，最终造成恢复不佳。

（4）由于训练时间过长，造成了过早的精神倦怠。

(5)由于过度训练,造成了过早的伤病。

本章的目的不是要劝服大家停止讨论早期专项化的可行性,而是要再次强调过早地将运动员置于大大超出身体恢复和自愈能力的训练之中可能带来的负面作用。虽然关于开始专项化训练的时间点的争论仍在继续,但优先考虑的应该是运动员的长期身心健康,以及能以最低的损伤风险开发最大潜能的方案,这些原则是始终不变的。

虽然全方面训练在运动员发展的早期阶段最为重要,但它同样也是高水平运动员训练体系中不可或缺的一部分。如图1-2所示,哪怕全方面发展与专项化训练的比例在长期的训练过程中存在着显著的变化,运动员还是需要将早期阶段已经建立好的全方面能力基础持续贯穿在整个职业生涯之中。例如,简(Jane)是一名12岁的网球运动员。她每周都要进行10小时的网球训练,以及4—5小时的其他全方面能力的练习,包括柔韧性、基本力量(用实心球、哑铃)以及灵敏性练习。当然,家长或教练员也许认为进行更多的网球练习会使简成为更加出色的球员。然而,增加的网球专项训练时间是以减少全方面训练的时间作为代价的。从短期来看,简的网球技术可以获得提升,但是保持基本身体素质(如力量、灵敏性以及柔韧性)的训练不足,则会阻碍网球专项能力的长期发展。如果简在18岁时,还不具备良好的身体素质,那么就会表现出击球力量不足、场上移动缓慢、灵敏性和速度下降,而最终无法使其整

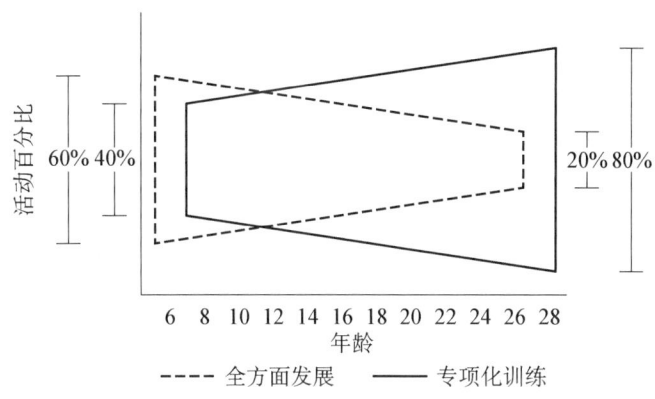

图1-2 全方面发展和专项训练在不同年龄所占比重

体的网球竞技能力得到提升。

如图1-2所示的专项训练和全方面发展之间的长期比率，随着简的成长，全方面发展的比重会略有减少。如果简在12岁时每周进行4—5个小时的全方面训练，那么到她16岁时全方面训练的时间可以减少到每周3.5—4个小时。与此同时，她的网球专项训练会从每周10小时每增加到每周14—16小时。

三、专项化发展

当运动员建立好一个坚实的全方面基础后，就可以进入到专项化训练阶段，此时他们希望针对某个个人项目或集体项目中司职的场上位置进行专项训练。想要在任何项目中获得高水平的运动表现，专项化训练必不可少，因为它能够让运动员的身体、技术、战术以及心理等方面得到适应。这是一个复杂的过程。专项化训练开始之后，运动员就必须为训练量与强度的持续增加做好准备。

专项化训练应当同时包括促进特定运动项目的能力提升的练习和发展一般运动能力的练习。当然，这两种练习方式的比例会随着项目的不同而呈现出很大的差别。以长跑运动员和跳高运动员为例，长跑运动员的训练内容由很大部分的跑动练习或者提升有氧耐力的训练（如骑行和游泳）组成；而在跳高运动员的训练计划中，跳高专项练习可以占到四成，发展项目中的专项运动能力的练习（如发展腿部力量和跳跃爆发力的反应力量训练法*与负重训练）占到六成。

如表1-2所示，从开始发展各种技能，再到接受某个项目的专项化训练，直至最终达到最佳运动表现，都有一个大致的年龄区间。但需要切记的是，即使在专项化训练阶段，运动员用于专项练习的时间也只能占到全部训练时间的60%—80%。运动员需要平衡用于全方面发展和专项能力提升的时间。

---

* 反应力量训练法：Plyometric Training，在国内被翻译成"超等长训练""快速伸缩复合训练"或者"增强式训练"，但是从练习的机理来看，这种类型的训练主要是通过神经肌肉系统强化练习，实现力量快速而有效的输出，因此本译文中全部使用"反应力量训练"作为这种训练的称谓。——译者注

表 1-2　各项目专项训练路径指南

运动项目	开始项目练习的年龄（岁）	开始专项训练的年龄（岁）	达到高水平表现的年龄（岁）
田径			
短跑	10—12	14—16	22—26
中长跑	13—14	16—17	22—26
长跑	14—16	17—19	25—28
跳高	12—14	16—18	22—25
三级跳远	12—14	17—19	23—26
跳远	12—14	17—19	23—26
投掷	14—15	17—19	23—27
足球	10—12	14—16	22—26
篮球	10—12	14—16	22—28
排球	10—12	15—16	22—26
手球	10—12	14—16	22—26
曲棍球	11—13	14—16	20—25
垒球	10—12	15—16	22—28
美式橄榄球	12—14	16—18	23—27
英式橄榄球	13—14	16—17	22—26
射击	12—15	17—18	24—30
射箭	12—14	16—18	23—30
击剑	10—12	14—16	20—25
自行车	12—15	16—18	22—28
现代五项	11—13	14—16	21—25
羽毛球	10—12	14—16	20—25
乒乓球	8—9	13—14	22—25
网球			
女子	7—8	11—13	17—25
男子	7—8	12—14	22—27

(续表)

运动项目	开始项目练习的年龄（岁）	开始专项训练的年龄（岁）	达到高水平表现的年龄（岁）
壁球	10—12	15—17	23—27
帆船	10—12	14—16	22—30
皮划艇	12—14	15—17	22—26
赛艇	11—14	16—18	22—25
游泳			
女子	7—9	11—13	18—22
男子	7—8	13—15	20—24
花样游泳	6—8	12—14	19—23
跳水			
女子	6—8	9—11	14—18
男子	8—10	11—13	18—22
水球	10—12	16—17	23—26
体操			
女子	6—8	9—10	14—18
男子	8—9	14—15	22—25
拳击	13—15	16—17	22—26
柔道	8—10	15—16	22—26
摔跤	11—13	17—19	24—27
举重	14—15	17—18	23—27
马术	10—12	14—16	22—28
冰球	6—8	13—14	22—28
速度滑冰	10—12	15—16	22—26
花样滑冰	7—9	11—13	18—25
冬季两项	10—13	16—17	23—26
长雪橇	12—14	17—18	22—26

（续表）

运动项目	开始项目练习的年龄（岁）	开始专项训练的年龄（岁）	达到高水平表现的年龄（岁）
滑雪			
高山滑雪	7—8	12—14	18—25
北欧滑雪（30公里以下）	12—14	16—18	23—28
北欧滑雪（30公里以上）	10—12	17—19	24—28
跳台滑雪	——	14—15	22—26

一旦运动员决定进行专项化训练，他们就必须准备用专项训练的方法，以适应运动项目对心理和生理的需求。训练要求将显著增加，正式的测试评价也开始启动，教练以年度为单位、根据比赛日程来安排训练。

专项化训练的起始年龄，根据运动项目有所不同。在那些要求动作艺术美感、复杂动作技能的发展以及高度柔韧性的项目中，如体操、跳水、花样滑冰等，运动员通常在年龄较小的阶段就开始进行专项训练；而如足球、棒球、排球等以速度和爆发力为主导的项目，运动员在幼年时期则主要进行基本动作技能的练习。只有当运动员能够高效应对高强度训练需求的情况下，他或她才能开始专项化训练。在绝大多数要求速度和力量的项目中，专项化训练应当在青春期生长突增高峰末期开始；而对于那些由最大耐力决定成功与否的项目，诸如长跑、高山滑雪以及自行车项目等，运动员的专项化训练应当在可以发展速度和功率能力的年龄，或者更迟开始。一些耐力运动员都在30岁或更长的年纪取得优异成绩。

四、提高训练的多样性

在青少年运动员发展的整个长期过程中，他们通常需要经过数千小时的训练，为各种能力的发展而重复成千上万次的练习。因此，如果训练计划不能在严格监控运动员的基础上适时变化调整，那么很多运动员将难以承受来自身体和心理的双重压力。当训练计划在成长过程的每一个阶段，融入各式各样的练习，用以发展一系列技能时，不仅能够帮助运动员构建新的能力，同时还可以有效地防止伤病、厌烦和倦怠。

绝大多数的集体类项目会向运动员展示更多训练方法。在如冰球、棒球、篮球等项目中，运动员为了追求卓越表现必须完成多种技能和练习。他们发展这种竞争能力的最有效做法就是将训练多样化。而其他运动项目，特别是个人项目，如游泳和自行车项目，训练中的多样性则相对较少。例如，游泳运动员很少参加其他运动项目，并且经常进行相同技术元素的练习——每天训练2—3个小时，一周训练4—7天，全年训练45—50个星期，且这种训练安排将持续20年。这种重复性训练可能会导致过劳性损伤和诸多心理问题，特别是由单调和倦怠引起的情绪问题。

为了克服这些问题，教练员应该将多种练习融入到每一堂训练课之中。运用其他运动项目中的各种技术动作，可以丰富教练员的指导。教练员还可以增加一些训练以发展项目专项运动能力，如速度、力量和耐力。例如，存在过度肌肉疲劳或过劳性损伤现象的中长跑运动员可以将间歇训练安排在水中完成，这种方式比在硬质跑道上练习获益更多。高山滑雪项目也可以作为发展耐力的运动选择而不会将类似的压力施加于腿部关节。具有创造力和丰富知识的教练员拥有独特的优势，因为他们能够运用各种练习方法设计出每堂训练课。条件允许的情况下，将训练课安排在远离日常训练环境的地方，可以保持青少年运动员的兴奋感和乐趣，并在一定程度上，变得更加积极主动。

教练员也可以将部分训练实践的授课内容（如热身部分）采用和其他项目运动员一同练习的方式进行，以增加训练课的变化。例如，橄榄球运动员可以同田径运动员一起热身，因为后者的热身活动包含了更多的灵敏性练习。篮球运动员也可以同中长跑运动员进行草地上的热身活动，完成一些间歇训练（例如，以60%—70%的速度完成6组时长60秒的热身练习，每组之间慢跑4—5分钟）。同样，棒球运动员可以同田径场上投掷项目的运动员一起使用实心球热身。当然，还可以设计一些训练课，鼓励运动员在休赛期通过参与到其他运动项目来发展特殊的运动能力。例如，长跑运动员可以通过高山滑雪、骑行或者游泳发展耐力。

进行多种练习还可以发展运动员执行专项动作以外的肌群。过多的专项化训练可能会导致过劳性损伤，引起主动肌（主导专项动作的肌群）和拮抗肌（阻碍主动肌运动的肌群）之间的不平衡。当这两组肌群之间存在明显的不平衡时，主动肌过大的牵拉力量很容易导致拮抗肌肌腱和肌纤维组织的损伤。因此，将多种练习整合，动员多个身体部位的肌群参与运动，能够降低损伤概率。同时，动作的多样性（包括参与到其他运动项目当中）还可以提升协调性和灵敏性。具有良好协调性和灵敏性的运动员可以快速学习并掌握高难度的技能。

那些富有创新意识，并且能够把多样性融入训练计划的教练员将会见证这种方式带来的益处。运动员也会保持高度的积极性，而且不太可能遭受因过度训练而带来的损伤。

五、了解个体特征

每名运动员都具有独特的个性特点、生理特征、社交表现以及智力水平。设计个性化的训练计划，是通过主观和客观测量手段，确定一名运动员的优势和短板的重要一步。不同运动员对训练的承受能力存在显著的差异。为运动员制定有效的训练计划时，教练员必须考虑个体的优势和不足、个体化差异（如发展阶段、训练背景以及经历）、健康状态、训练课和连续比赛之间的恢复速率以及性别差异。

此外，严格基于实际年龄（Chronological Age）划分儿童和青少年并不可取，因为相同年龄的孩子可能在解剖学成熟度上存在着若干年的差异。因此，对骨龄、生物龄以及运动年龄加以充分考虑十分重要。

（一）解剖学年龄

解剖学年龄，是指个体解剖学生长的若干阶段，我们可以通过识别特殊的生理特征加以判断。表1-3归纳了儿童和青少年的发育阶段。需要注意的是个体差异仍然存在于这些特征之中。

解剖学年龄证实了生长发育的复杂性，同时也解释了为什么一些儿童在发展技能和动作能力方面快于或慢于同龄人。一名以解剖学角度发育较快的儿

表 1-3 解剖学年龄阶段的划分

发育期	实际年龄	阶段	解剖学年龄	发育特征
幼儿期	0—2 岁	新生儿 婴儿 爬行 行走	0—30 天（满月） 1—8 月 9—12 月 1—2 岁	器官快速发育
学龄前	3—5 岁	小班 中班 大班	3—4 岁 4—5 岁 5—6 岁	出现重要且复杂的官能性的、行为上的、性格上的改变，而发育节奏不均衡
就学阶段	6—18 岁	青春期之前	6—11 岁（女孩） 7—12 岁（男孩）	一些器官功能变得更高效的同时，发育缓慢而均衡
		青春期	11—13 岁（女孩） 12—14 岁（男孩）	快速生长，身高、体重增长及一些器官快速发育，性成熟的同时伴随着兴趣和行为的变化
		青春期之后	13—18 岁（女孩） 14—18 岁（男孩）	缓慢、均衡、成比例地发育，官能性的成熟
青年阶段	19—25 岁	成熟期	19—25 岁	发育成熟，所有生理和心理特征趋于完善，运动和心理潜能的发挥达到最大化

童，学习多项技能的速度比那些发育较慢的同龄人更快。尽管很多儿童的生长模式都是类似的，但是差别依然存在。气候、纬度、地势（山区与平原）以及生活环境（城市与乡村）等，都会对青少年的发育速率产生明显的影响。生活在气候炎热的国家的儿童在性发育、情绪与生理方面表现出更快的成熟度。因此这些国家或地区，14—18 岁青少年的运动表现提升的速度，比气候寒冷的国家的同龄人更快。与此相似的是，生活在高纬度地区的儿童在耐力项目的表现方面，比生活在低纬度地区的儿童更加突出。肯尼亚的跑步运动员则一直垄断着田径比赛中的长距离项目。由于高海拔地区比低海拔地区的空气含氧量更低，因此在高海拔地区生活的个体适应了在低氧情况下进行活动。因而，来自这类地区的个体遗传基因在耐力方面表现出众。他们比来自平原的运动员具有更加高效的氧气利用率。

从运动能力发展的视角来看，第三阶段（6—18 岁）最为重要。因为，在这个阶段中，运动员会经历身体与技能发展的不同阶段。很多项目，如冰球或橄榄球项目的运动员需要具备多种技能和运动能力，并且要为日后的发展夯实基础。而在其他项目中，如体操，运动员需要实现运动表现的最大化。在学校就学的最后阶段，那些打下坚实基础并渴望在某个项目中获得卓越表现的运动员，才具有开始专项化训练的能力。

（二）生物学年龄

生物学年龄指的是身体器官和各个系统生理发育的程度。它有助于判断运动员在训练和竞赛方面的身体潜能是否可以达到较高水平。在对运动员进行分类和选拔时，教练员必须考虑到生物学年龄。如果根据实际年龄制定僵化的分级体系，将会导致误判、误估或者低效决策。

两名解剖学年龄相同的儿童运动员，尽管具有同样的身高、体重和肌肉发育程度，但是其生物学年龄却可能存在差异，他们完成训练任务的能力也有不同。一名高个子儿童，尽管看上去比较强壮，但不一定是速度型运动员。同样，一名矮小的运动员在集体类项目中的某个位置很可能展示出更好的灵敏性。解剖学年龄具有显性特征，而生物学年龄则无法直接观察到，一名在体型上没有突出特点的运动员，很可能拥有一颗强有力的心脏或是更高氧气利用效率，该特征使其非常适合耐力项目。为了能够识别儿童的训练潜力，就必须通过一些简单的测试，评价他们的生物学年龄。

如果不对生物学年龄加以审度，那么想要判断某名儿童是否因太过年轻而无法完成特定技能或者承受特定训练负荷将变得异常困难。同样，想要评价一名年长运动员的潜力也并非易事，因为很多人或许认为自己已经年龄过大而不具备完成高水平表现的潜能。很遗憾，在一些项目的训练计划中，教练员仍然在将实际年龄作为运动员分级的主要标准。一些研究已经证实，与 1 月出生的儿童相比，同年 12 月出生的儿童在某个项目中取得成功的可能性更低。在一些情况中，当按照实际年龄进行划分时，出生在相同公历年份中的儿童通常被归入同一级别。因此，在该年份中出生较早的儿童就可能比同年晚出生的儿童，表现出解剖学和生物学上的优势。

考量个体在生物学年龄上的差异非常重要。下列事实则证明了国际比赛中不同项目的运动员之间生物学年龄上的巨大差异。

（1）罗马尼亚运动员康斯坦丁娜·托梅斯库·迪塔（Constantina Tomescu-Diţă），38 岁时参加了 2008 年的北京奥运会并获得了马拉松项目的金牌，她也是世界上获得该项目冠军年龄最大的运动员；

（2）日本运动员竹本正男（Masao Takemoto），33 岁时获得了 1952 年赫尔辛基奥运会体操项目银牌；

（3）美国运动员塔拉·利平斯基（Tara Lipinski），15 岁时在 1998 年长野冬季奥运会上获得花样滑冰金牌；

（4）白俄罗斯运动员伊莲娜·兹维列娃（Ellina Zvereva），40 岁时在 2001 年世界锦标赛上获得了铁饼金牌；

（5）1988 年，15 岁的加拿大运动员艾莉森·希格森（Allison Higson），打破了 200 米蛙泳世界纪录；

（6）1991 年，14 岁的中国运动员伏明霞获得了跳水世界冠军；

（7）加拿大运动员戈迪·豪（Gordie Howe），52 岁时仍在国家级冰球联赛中效力（其职业生涯从 1946 年起直至 1971 年，退役复出后，又从 1979 年参赛至 1980 年）。

事实上，上述名单只列举了很少一部分取得优异成绩的运动员，为的是说明实际年龄并不能真实反应出一名运动员的生物学潜能水平。

（三）运动员年龄

教练员对解剖学年龄和生物学年龄通常选择主观判断，因为精确的评估实施起来非常困难。因此，很难对儿童和青少年准备参加高水平竞赛的时间作出判断。很多国家和国际体育组织已经针对既定年龄下的个体所具备的生物学潜能，开展了大量科学研究。虽然这类决策经常伴随着争论，但是一些组织机构还是对最小参赛年龄作出了规定。表 1-4 列出了各项国际赛事（包括世锦赛和奥运会）各项目的最低年龄要求。

表 1-4　参加国际比赛的年龄

项目	最小年龄（岁）	规定年龄（岁）	
		初级	高级
田径	14	18	>19
游泳	——	15	>16
跳水	14	——	——
体操（女子）	12	14	>19
体操（男子）	14	18	22
击剑	——	20	>21
现代五项	16	19	>20
网球	——	18	>19
排球	——	18	>19
赛艇	16	18	>19
皮划艇	——	19	>20
举重	16	19	>20
拳击	——	18	>19
马术	——	18	>19
滑雪	——	19	>20
冰球	——	18	>21

运动员年龄，特别是项目规定的最小年龄和参加高级别比赛的规定年龄对于制定长期训练计划具有重要的意义。在绝大多数的项目中，训练计划应当结构化，以确保儿童和青少年循序渐进地发展且不要过早专项化。如果教练员关注运动员的长期发展，那么他们将培养出更多的世界冠军。

六、合理增加训练负荷

了解增加训练负荷的方法对于良好训练计划的建立至关重要。儿童和青少年的训练量和质量直接影响到他们运动能力的提升。在生长发育的阶段，运动员根据自身需求逐渐增加训练量。在对特定训练负荷产生适应之后，运动员应对训练、比赛压力及项目需求的能力也将得到提升。渐进式发展的运动员，将更可能适应长期的训练安排。

青少年运动员提升运动表现的速度取决于他们用于增加训练负荷的速率和方法。如果他们以近乎相同的水平长时间保持不变的负荷（即标准负荷），那么就几乎看不到任何表现的提升。如果他们过多地增加训练负荷，也许效果立竿见影，但运动损伤的概率也将大大增加。因此，对于青少年运动员而言，缓慢地增加训练负荷非常重要。虽然，短期内很难达到显著效果，但这样更有利于运动表现长期发展的潜能。

在生长发育的早期阶段，很难监控青少年运动员的训练负荷，因为力量、速度、耐力等表现的提升很可能是正常生长发育的结果。然而，循序渐进式地增加训练负荷也很重要。10—15岁的棒球运动员，在整个赛季里的标准负荷是每周训练两次、每周末比赛一场。如果单从训练刺激的结果来看，他们赛季中的表现也许不会显著提升。但是生长发育的正面影响却一直存在，因此运动表现仍然会有所改善。但如果整个训练量没有增加，那么进一步发展棒球技能和专项运动能力会很困难。所以，处在生长发育中的青少年运动员的训练计划可以逐步在以下几个方面增加训练负荷。

（一）训练课的持续时间

每堂训练课的持续时间可以从赛季初到赛季末逐步增加。例如，逐渐从一小时增加至两小时，如表1-5所示。

表1-5　足球运动队训练课时长的渐增式计划

月份	训练课时长（分钟）	月份	训练课时长（分钟）
四月	60	七月	90
五月	75	八月	休息
六月	90		

随着训练时间增加至1.5小时，通过选择各种练习和活动来保持孩子们的兴趣就显得格外重要。教练员还应在训练和练习之间安排更长的休息间隔，确

保孩子们可以更加自如地应对疲劳（需要注意的是，在炎热和潮湿条件下进行的训练课，其持续时间始终都应短于常规训练课的时间，因为此时孩子们更容易感到疲劳）。

（二）练习的数量

为了逐步增加训练负荷，运动员还可以在每周计划和年度计划中的各堂训练课中都增加练习的内容。增加有利体能发展的技术训练或者练习的重复次数，也必然提升运动员的表现。随着练习和训练的量增加，教练员要密切监控每组练习之间的休息间隔。更长的休息时间会让运动员有更多精力完成训练计划中的所有任务。

（三）训练课的频率

为达到提升青少年运动员运动表现的目标，需要循序渐进地不断挑战青少年运动员的身体，教练员必须定期增加每周训练课的次数。因为技能主要在训练课期间而非比赛中增进，认识到这一点十分重要。如果想要青少年运动员能够不断掌握运动项目中的各种技能，发展未来比赛所需的运动能力，那么训练课的安排次数就必须多于参加比赛的次数。因此，家长应该要求教练员和体育教师将训练课和比赛的频次比安排在 2∶1—4∶1 之间，集体类项目尤其需要如此。这种安排会让运动员在之后的运动生涯中获得回报，因为运动员在理想的年龄阶段建立了最佳的技能基础。

通过延长赛季以确保比赛开始之前有更多的时间用于准备的教练员，会见证由此带来的积极效果。相对于集体类项目，这一点在个人项目（如田径和游泳）中尤为明显。在足球、棒球以及橄榄球等集体类项目中，在赛季开始之前，通常只会安排极少的训练时间。

最理想的状况是在全年的大部分时间里进行练习，因为这会让专项技能和运动能力得到更好的发展。教练员和家长可以利用一个较长的季前训练期，与运动员一起探讨技能习得，而不是在比赛的压力下学习。现今的训练安排的通病在于运动员根本没有"降速休整"的机会——他们没有从赛季中恢复的时间，也无法单纯地参加一些有趣的活动。父母和教练员总是将孩子从一个赛季的比赛中迅速带至赛季间隙的专项训练营，或者让他们参加室外或室内场地举行的周末联赛。他们在内心深处总是担忧：一旦运动员的身体进入到较低负荷的水平或者在训练中增加练习的多样性，他们的技能发展就会停滞不前。但事实恰好相反，我们的身体会利用这种"降速期"加强对心肺、神经肌肉以及其他重要系统的整合，帮助运动员充满活力地面对训练频次的递增。在常规赛季结束后，教练员不要增加更多的比赛场次或者增加运动员的训练负荷，而应该组织运动员进行基本训练。

倘若教练员和体育教师没能实施这样的训练计划，家长则应该做到这点。地下室、停车库、一块开放的区域、家中的后院都是发展简单技能——尤其是运动能力——的最佳场所。事实上，发展基本力量或耐力，先进、复杂的设备并不是必不可少的。

一些孩子也许只用了几个月的时间进行某个运动项目的训练，但通常这几个月正是竞争激烈的比赛季。随着年龄逐渐增长、经验更加丰富，青少年运动员要想获得优异的表现和成绩，就应当在专项训练中投入更多的时间。一旦青少年运动员决定参加某个运动项目的专项训练，他们的训练时间将可能达到10个月甚至超过1年。

当然，我们建议训练频率的提高也要循序渐进。在训练之初，训练安排可以从每周两次、每次60分钟，增加至每周两次、每次75分钟，直至达到每周两次、每次90分钟。如果你将90分钟视为儿童可以承受的训练时长上限，那么每周训练课的频率可以由每周两次增加至每周三次。在运动员潜能发展的后一阶段，训练频率可以提高至每周四次或五次（有些运动项目甚至可以更高）。

当生长发育阶段中的训练频率达到了上限时（例如每周三次的90分钟训练课），可以增加每堂训练课的练习和训练次数。具体可以通过下述两种方法加以实现：

（1）增加休息前的练习次数（例如，从一组8次的传球或练习增加至一组10次、12次甚至14次）；

（2）减少每组练习之间的休息间隔时间（例如，从休息2分钟减少至1.5分钟，再至1分钟）。

(四）阶梯递增负荷

逐步增加训练负荷非常重要，因为当运动员一直采用标准负荷训练时，他们的表现提升很可能就此停滞，这种情况在青少年阶段同样如此。增加训练负荷的最佳途径就是了解并运用"阶梯法"。该方法要求，当负荷增加了两三周后，紧接减少负荷训练一周，让身体恢复。图1-3和1-4展示了两种选择。图1-3我们推荐给儿童参考，而图1-4的方法则推荐给10岁以后的青少年运动员参考——因为他们在某个项目中已经达到了较高的水平。这两种模型都只适用于平常的训练期而不是比赛中。

如图1-3所示，训练负荷应逐步增加。在前两个阶梯中，每一级台阶代表一个训练周，渐增式的负荷对青少年运动员适应更大训练负荷的能力提出了挑战。随着运动员出现疲劳症状，从第三周开始训练负荷开始略微下降，使得体能在训练负荷进一步增加之前获得恢复。

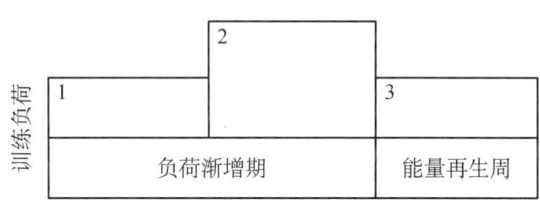

图1-3　适合于儿童的阶梯负荷递增模型

图1-4表明，10岁以后的运动员以及高水平的青少年运动员需要面对更具挑战的训练计划。在训练的前三周中，训练负荷逐周增加，由此提高适应水平，并最终获得优异的表现。在台阶的第三级末端，疲劳症状处于最高水平，因此从第四级开始，负荷开始轻微下降，以满足恢复的要求。如果第三周之后仍然增加训练负荷，那么将会导致疲劳的进一步积累，此时将处于疲劳水平的临界点，极易造成过度训练。如果没有将"能量再生周"融入训练计划，运动员不仅要经历疲劳，还可能遭遇伤病，并且很可能失去继续训练的兴趣，并最终退出。

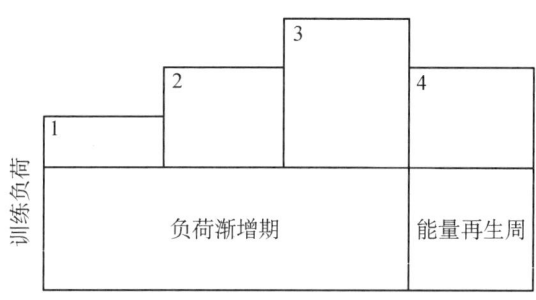

图 1-4 适合于青少年及高水平运动员的阶梯负荷递增模型

如表 1-6 表示，在以四周为一个训练周期的计划中，以下训练要素适用于逐步增加训练负荷，或者为"再生周"而减少负荷。当然，表 1-6 没有列举出全部的训练要素，如距离、速度及练习重复次数等其他训练要素也必须按照相同的方式递增。

表 1-6 "阶梯法"中各训练要素的增加方式

训练要素	第一级	第二级	第三级	第四级
训练课次数/周	2—3	3	4	3
训练课时长（分钟）	75	90	90—120	75—90
每项练习的组间休息	标准	标准	较短	标准

需要注意的是，在表 1-6 中，训练课数量在第三个台阶达到了最大峰值的每周 4 次。如果你运用的是针对儿童的三周阶梯法（见图 1-3），那么进阶的方式是第一个台阶由每周 2 堂训练课组成、第二个台阶由每周 3 堂训练课组成。训练课的时长以相同的方式增加。在休息间隔一栏，"标准"表示教练员使用正常的时间。即在图 1-4 中的第三个台阶或图 1-3 中的第二个台阶之后，教练员可以运用较短的休息时间进一步挑战青少年的身体。

再生周是阶梯法的关键。运动员在最高级台阶的尾声已经开始疲劳，此时仍旧按照相同的训练负荷继续训练是错误的做法。为了青少年运动员的健康，训练要求应当在再生周有所降低。这样有助于移除身体的疲劳、放松身心以及补充能量。再生周结束时,运动员获得了足够的休息,可以为下一周或两周的负荷增加做好准备。

随着再生周的结束,可以再次运用阶梯法,但应稍微提高训练要求。在季前训练的开始阶段,可以将训练负荷增加5%—10%。随着运动员对该训练负荷的逐步适应,在进入到季前训练的第二阶段,训练负荷可以逐步提高10%—20%。

阶梯法在季前训练中最为有效,因为此时运动员的训练主要为即将到来的比赛进行准备。当进入到竞争激烈的赛季中,这种方式将失去作用——特别是集体类项目,因为运动员需要在每周的周末进行比赛。所以,在赛季期间,每周的训练负荷相对稳定,再生周期的需求是消除赛后疲劳。运动员在一周的中段完成最大负荷的训练,并在比赛的前一天(或提前最多两天)进行低强度训练,这样他们就不会因为疲劳而影响到比赛日的运动表现(见表1-7)。

表1-7 赛季中每周训练结构

周一	周二	周三	周四	周五	周六	周日
休息	低强度	高强度训练	高强度训练	低强度训练	教学比赛	休息

当然,也可以采用其他方式进行周计划的制定。教练员可以每周只安排2堂训练课(例如周二和周四),每堂训练课的强度保持稳定。如果孩子们出现了疲劳症状,那么就要适当减轻训练的强度。记住,获得足够休息的孩子总会在比赛中有着更好的表现。

必须将青少年运动员的训练视为一项长期工程,在生长发育的每个阶段,训练的负荷以及全面的体能、技术、战术和心理需求都应循序渐进地增加。在儿童时期,通过全方面发展而非单一的专项化训练有利于建立良好的训练基础,从而为青少年运动员追求优异表现提供了更加坚实的基础。由于运动员之间存在着个体差异,多种训练方法的提供以及在不同阶段合理安排渐进式的训练负荷也有助于训练计划制定得更加高效。

第二章将着重讨论如何将本章提出的概念应用到儿童运动发展的各个阶段:运动启蒙阶段(Initiation)、运动能力形成阶段(Athletic Formation)以及专项化训练阶段（Specialization）。每个阶段的身体和情绪特点将在很大程度上决定一名青少年运动员的潜能训练，因此，在训练计划的设计过程中必须对这些因素加以考量。

第二章 | 青少年运动能力发展的阶段划分

青少年运动能力发展的阶段划分

  运动科学专家和教练员认为,那些在儿童和青少年时期执行了有序、系统的训练计划的运动员能够获得最佳的运动表现。而一些缺乏耐心的教练员为了让青少年运动员尽快取得成绩,就会向运动员施加压力,结果通常都是以失败而告终。因为很多运动员往往会在获得运动成就之前就选择退出。因此,教练员和父母只有通过秉持正确的训练原则(详见本书第一章),将儿童和青少年的训练系统性地划分成不同阶段,并且清晰、明确地设定训练目标,才更有可能培养出健康、优秀的运动员。

  要牢记儿童发育、成长的速率是各不相同的。儿童骨骼、肌肉、器官以及神经系统的成长速度在不同阶段中具有很大的差异性,这些发育特征在很大程度上反映了青少年的生理和运动表现能力。因此,一项训练计划必须考虑个体的差异性及其潜在的可训练性。例如,在集体类项目中,同样处于14岁的运动员之间可能就会体现出非常大的差异性,其中一些人可能已具备16岁的运动潜能(发育较早),然而另外一些人也许仅仅具备12岁的身体能力（发育较晚）。如果在训练中忽视了这种巨大的差异性，那么在训练时可能就会造成早发育的运动员训练不足，而晚发育的运动员训练压力过大的情况。

在社区体育联盟中进行有组织的练习，有利于运动员按照自身情况发展，使其运动能力与生理发育的总体趋势保持一致。从我们的经验来看，父母和教练员都希望儿童快速提升至更高的竞技水平。这一点都不令人意外，因为所有的父母都希望为自己的孩子提供最好的机会，让他们可以向自己的最佳潜能发起挑战。然而，"拔苗助长"的后果却是"欲速则不达"，极易造成儿童身体上的负担过大，更加严重的影响是会让他们产生孤独、不安以及痛苦的负面情绪。一旦他们觉得自己犹如置身于大海中的小鱼一般无助时，就很难摆脱这种想法。社区体育联盟通常可以对施加在运动员身上的压力做出限制，并真正将兴趣视为首要目标，为较晚发育的儿童提供技能、心智以及体质完善的机会，等待自然的生长发育来匹配。有些时候，为了能够打造出优秀的运动员和健康的个体，最佳的训练计划就是要适当的"退一步"，为儿童和青少年提供培育性和支持性的环境。

强度不出现激增的渐进式训练计划可以有效地提升训练效率，减少运动员产生挫败感和发生伤病的概率。该过程被称为长期训练的周期化。"周期化"（Periodization）这个词来源于单词"时期"（Period），意指训练过程中的某个时段或者阶段。周期化是将所有运动员的训练计划进行划分的过程，从入门水平到精英级别，细化至若干时间段，使得训练更加高效。周期化也涉及到运动能力长期发展的过程，这对运动员实现卓越必不可少。简言之，周期化是将训练、心理以及社会学因素纳入竞技能力发展综合考量的范畴。本书第十一章将介绍若干运动项目的综合周期模型。

对于参加运动的儿童而言，将周期原则融入他们的训练之中至关重要。如图2-1所示，无论运动员创造最佳表现的潜力如何，他们都应参与到全方面发展阶段和专项训练阶段。这些理念已经在本书第一章中讨论过，现在必须体现在每个发展阶段的具体细节中。一项有效的训练计划和训练负荷设计必须仔细考虑每名儿童的身心特征。儿童的运动潜能完全受制于他的生理和心理发育。

如果置这些原则不顾，可能就会使青少年运动员不安、感到过大压力甚至发生运动损伤。在全方面发展阶段，应当循序渐进地加入运动专项训练（运动启蒙阶段），逐渐地形成他们的运动能力（运动能力形成阶段）。全方面发展阶段的主要目的是为运动员有效发展复杂运动能力构筑坚实的基础，确保他们能够平稳地过渡到专项训练阶段。

专项化阶段包括两个分期：专项训练期和高水平表现期。在专项训练期，运动员可以选择自己喜欢参与的运动项目以及在该项目（集体类项目）中的位置。一旦运动员开始专项化训练，就可以逐渐增加训练的强度和训练量，个性化地安排训练计划。在专项化的最后阶段则要聚焦于运动项目上的高水平表现。

尽管图 2-1 大致描述了与年龄相关联的每个阶段，但重要的是应清楚该模型可以根据运动项目的情况进行切换。如女子体操和跳水项目中的每个阶段，运动员开始专项化的年龄可能提早 2—4 岁。当然，掌握儿童身体机能发展速度的巨大变化，我们还必须考虑每个运动员成熟的差异性，这同样至关重要。本书中介绍的训练计划主要基于典型的青少年运动员身体生长和发育的平均速

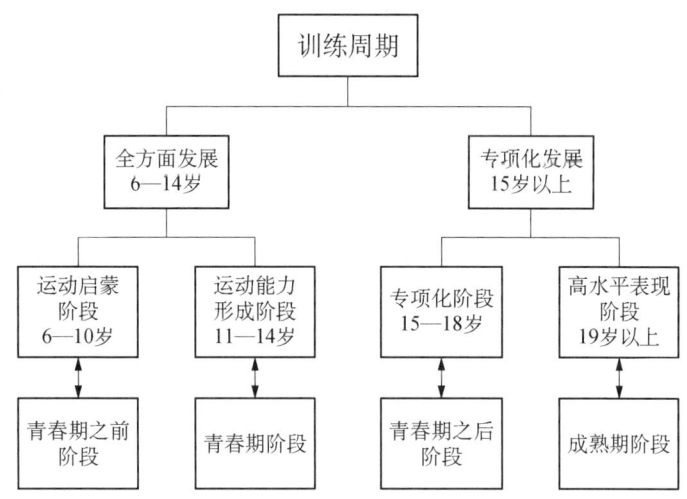

图 2-1　不同年龄段全方面发展与专项化训练的比率

本图引自 T. O. Bompa, 1999, Periodization: Theory and methodology of training, 4th ed. (Champaign, IL: Human Kinetics), 258.

率。虽然训练指导大纲中所建议的训练计划，依据的都是实际年龄（Chronological Age），但在实际应用时，应当根据每名青少年运动员的个人特点。换言之，为一组儿童制定训练计划时，应该根据他们各类训练的适配能力，相应地调整训练与比赛计划，而非他们的实际年龄。熟悉运动员在运动启蒙阶段、运动能力形成阶段以及专项化阶段的生理、心理和社交特点，将有助于建立一套可以促进运动员发展，获得高水平表现的训练计划。

第一节 为动作技能训练奠定基础

始于婴儿期的动作技能发展为日后复杂任务的达成、动作的流畅性以及肌力和爆发力的发展奠定了平台。儿童应同时发展粗大动作技能（Gross Motor Skills）和精细动作技能（Fine Motor Skills）。粗大动作技能是指在身体大肌肉群协调工作下完成的大幅度动作。例如跑、跳、攀爬和抛接等动作都属于粗大动作技能，这些技能一般在儿童早期得到发展并随着年龄的增长日臻完善。精细动作技能包括非常细小且更加精准的动作，例如使用拇指和食指拾起玉米粒。这类动作会随着粗大动作技能的发展得到完善，并且在学校和日常生活中获得学习和实践。动作技能的学习和训练十分重要。在运动启蒙阶段（详见本节第一部分），应该鼓励青少年去跑动、追逐、投掷和接抛球以及参与到各类运动项目之中，同时加强粗大动作技能和精细动作技能的发展。最不活跃的儿童通常具有最低水平的动作技能。同时，通过可以完善动作技能的各种练习，儿童还能够加强自信，减少产生焦虑和沮丧情绪的概率。[1]

动作技能的发展从生命周期的很早阶段就已经开始，在运动启蒙阶段（6—10岁）变得更加明显，在运动能力形成阶段（11—14岁）得到加强，在专项化阶段（15—18岁）达到熟练掌握，直至进入到高水平运动表现阶段。动作技能的发展会促进所有身体技能之间高度协调，包括肌力、有氧耐力、柔韧性和速度的发展。一个貌似简单的动作，实际上可能是一个由不同肌群和神经模式共同参与实现的复杂动作的协调熟练过程，如投掷、击打或者冰球中的挥杆射门动作等。在发出"他似乎可以轻而易举地完成"感慨的背后，离不开多年的练习和训练。很多时候,运动员和父母过多地关注身体局部的训练,而忽视了正确的动作模式。例如,在一次短期运动能力提高训练营之后,一位青少年运动员告诉我们,他非常喜欢田赛中的投掷类项目。他认为自己属于强壮型的运动员,在"掰手腕"的比赛中可以打败身边所有的朋友。因此,他决定在接下来的一年里为加入学校的田径队而努力,并且力争获得地区锦标赛的冠军。我们被他的激情以及来自父亲的支持深深地吸引,于是询问他打算以什么样的身体训练来实现自己想法。他的回答如我们所料:"我要打造属于我的最强手臂。"表面上看,推掷铅球与投掷铁饼的确依靠强有力的手臂。但事实上,安全而有效地将物体推掷至较远距离的能力需要腿部、髋关节以及身体核心的力量和爆发力,并且要求动作涉及的所有肌群可以精准地收缩和放松。这种高度协调的动作技能,需要长期的专项学习和训练。

协调性是高水平运动表现所必需的综合性技能。力量、速度、柔韧性以及耐力构成了高水平运动表现的体能基础,而良好的协调能力则是技能学习和完善的必要条件。一名具备良好协调性的儿童不仅可以快速地掌握一项技术,并且能够流畅地执行它。与动作执行僵硬且存在一定困难的儿童相比,协调性良好的青少年运动员在执行相同动作时的能量损耗更低。因此,良好的协调性更加有助于提高技能的执行效率。

灵敏性是指运动员快速流畅地进行变向、移动或利用假动作摆脱对手的能力。平衡能力则是运动员执行某项运动技术动作时,维持并控制身体姿势或保持稳定的能力。平衡能力不仅在体操项目中至关重要,在绝大多数集体类项目中亦是如此,因为保持身体与四肢的平衡对于同场竞技时成功摆脱或盯防对手十分重要。

虽然这些基本动作技能在很大程度上由遗传基因决定,但是它们仍然具有很高的可训练性。本章我们设计了一些游戏和练习方法,以帮助青少年运动员提高协调性、灵敏性和平衡能力。青少年运动员通过一定时间的重复练习,可以展现出更好的动作精准性和时机把握能力,提升整体运动表现。

通过训练提升的协调性可以在幼年阶段实现,运动员在这个年纪能够很快地掌握每项技能。在运动启蒙阶段和运动能力形成阶段加入设计合理的全方面训练计划，可以帮助青少年运动员提高协调性、平衡能力和灵敏性。与专项化训练有所不同，多技能训练计划能够丰富运动员日后的各项技术能力，最终实现卓越的竞技表现。

充分认识到力量、速度、耐力、协调性以及灵敏性之间的密切联系，可以让教练员与运动员理解全方面发展的进程。运动员的力量、速度以及耐力素质越突出，其协调性和灵敏性的发展就会越容易。例如，力量的增强有助于运动员快速移动肢体或改变方向。腿部力量或腿部对地面施加作用力的能力加强，会强化速度。身体达到良好的力量水平有助于青少年运动员在体育运动（如体操、棒球和滑雪）中更好地学习运动技能。就好比手无缚鸡之力却想在专业器械上练习体操和学习新的动作技能是不可能的。运动员的力量越大，在击球、投球、抛球时就越迅速。大多数运动员能得益于后天的力量、协调性和灵敏性的训练。

一、运动启蒙阶段（6—10岁）

在运动启蒙阶段，儿童应该参加低强度的训练，强调乐趣的进一步激发。绝大多数的幼童都无法应对高强度训练和比赛在生理和心理方面提出的要求。所以，此时针对儿童运动员的训练计划必须注重全面运动能力的发展，而不是专项运动表现。

在这个阶段，身体以稳定的速率生长发育，大肌肉群比小肌肉群优先得到发展。心肺系统恰好处于发育阶段，这个年纪的孩子的有氧能力可以胜任绝大多数的运动。但是，无氧能力在本阶段的发展并不显著，因为儿童对乳酸堆积的耐受能力较为有限。身体组织容易受到损伤。韧带开始变得坚韧，但骨骼末端仍然是没有完全钙化的软骨。

儿童在该年龄段的注意力持续时间较短，天性爱动。因此，他们并不能长时间地久坐聆听。此阶段训练强调的是多样性和创造性，参与和乐趣远比获胜更加重要。

下面的指导原则将有助于指导老师设计出适合于运动启蒙阶段运动员的训练计划：

（1）强调通过加入多种技能和练习方法实现全方面发展，包括跑步、跳跃、投球、接球、击球、平衡和滚动。

（2）为每一个孩子提供足够的时间以充分发展各种技能，尽可能在游戏和各种活动中给予每一个孩子相同的练习机会。

（3）给予坚定、自律的儿童更多积极的支持。同时，强化技能发展过程中的表现提升。

（4）鼓励儿童发展柔韧性、协调性以及平衡能力。

（5）激励儿童在低强度的环境下发展不同的运动能力。例如，游泳是发展心肺系统的极佳运动项目，它可以最大限度地减少施加在关节、韧带和结缔组织的压力。

（6）为每项技能动作选择合适的重复次数，并鼓励儿童正确完成每一项动作。

（7）合理布置训练器材和训练环境，以适应儿童的训练水平。例如，儿童尚不具备将成人标准的篮球投入3米高篮筐的力量。因此，应选择较小的轻质篮球，篮筐的高度也应适当降低。

（8）所设计的练习、游戏以及活动应当能够最大程度地为儿童主动参与其中提供机会。

（9）通过赋予儿童自行设计练习、游戏以及活动的机会，以促进他们体验式地学习。鼓励他们运用自己的创造力和想象力。

（10）简化或修改游戏规则，便于儿童更好地理解。

（11）引入强调基本战术和策略的改版游戏。如果儿童已经具备了个人基本技能，如跑动、双脚盘带运球以及踢球等技能，他们就完全可以进行一场改版后的足球比赛了。在比赛的过程中，要向青少年运动员讲解可能出现的不同状况，说明团队协作以及场上位置的重要性。社区体育联盟的理想模式是让孩子们可以和其他同龄的小朋友同场竞技，因为儿童通常在团队的环境中，能更好学习如何应用各种技能。

（12）鼓励儿童参加着重增强注意力控制的练习，帮助他们在进入运动能力形成阶段后，可以直面更高的训练和比赛要求。

（13）强调道德和公平竞争的重要性。

（14）为男孩和女孩提供共同参与运动的机会。

（15）确保运动充满乐趣。

（16）鼓励儿童尽可能多地参与各种体育运动。

运动启蒙阶段是协调性发展的最重要阶段，因此这一阶段也被称之为"快速收益期"。无论参加的是有组织的体育活动还是与同伴的简单嬉戏，儿童的协调性都会发生变化。在该发展阶段，参加多种活动的儿童与那些只参加某个运动项目专项化训练的同龄人相比，将会获得更大程度的协调性提升。接受全方面的训练让儿童投入到各种技能学习、练习、游戏以及其他锻炼形式当中去，积累技能运用的经验，最终使协调能力得到显著提升。

在青春期之前的阶段，儿童主要通过玩耍和游戏发展各种基本技能和动作。在参加各种体育活动的过程中，他们还将逐渐培养区分简单和复杂动作技能的能力。以篮球项目为例，进入青春期之前的儿童最初会使用惯用手学习篮球项目里的控球技术。随着年龄的增长，在对惯用手控球逐渐适应的基础上，儿童开始进入到非惯用手的运球技术学习过程之中。接下来，是掌握更高水平的协调性与灵敏性的运球技术——在胯下完成左右手的运球。最后，随着技能的进一步提升，运动员又将学习如何防守具有出色协调能力的对手，或如何从技能略逊于自己的对手那里将球成功抢断。

在青春期之前的阶段，还应该发展其他与协调性相关的要素，如对某项运动的本体感觉，帮助运动员提升学习的潜能。当然，如舞蹈等艺术类运动项目，这些强调节奏感的活动也同样可以为儿童协调性的提升提供益处，因为节奏感可以引导一系列韵律性和节拍性动作。对时机的判断或针对同伴、对手的行为做出短时反应的能力也会得到明显的提升。视觉对周围环境定位能力的提升也可以对上述行为产生积极影响，因为它能够让运动员感知到队友和对手的行为与意图。

二、运动能力形成阶段（11—14岁）

在运动能力形成阶段的过程中，应当适度地增加训练强度。此时，大多数运动员仍然容易遭遇到损伤，但是他们的身体和机能却正在迅速成长。在这个阶段，心肺系统将继续发育，对乳酸的耐受能力逐渐增强。

教练员和父母应当十分清楚地意识到，运动员身体发育的差异性可能会导致个体运动表现的不同——这一点非常重要。有些运动员在此时可能会经历生长发育的高峰期，因此在某些特殊练习的过程中缺乏协调性。基于此方面的考虑，这一阶段应当注重技能和运动能力的发展，而不是关注成绩和取胜。

下面的指导原则将有助于指导老师设计出适合于运动能力形成阶段的训练计划：

（1）鼓励青少年参与到专项以及不同运动项目中的各类练习，这将有助于完善他们基础的全方面能力，并为自己所在项目中的比赛做好准备。逐步增加训练量与训练强度。

（2）所设计的练习要能够帮助运动员理解基本战术和策略，同时可以巩固动作技能的提升。

（3）帮助运动员改进在运动启蒙阶段学到的基本动作技能，并使其成为本能反应，同时在此基础上学习一些更为复杂的运动技能。

（4）注重提高灵敏性、协调性和平衡能力。

（5）在训练课和比赛中强调道德与公平竞争。

（6）为所有孩子提供参加具有挑战性活动的机会。

（7）让运动员参与到可以发展一般力量的练习当中。在此阶段，运动员应当开始为日后的力量训练奠定基础。着重发展身体的核心部位，尤其是髋关节、下背部*、腹部以及四肢的肌群（包括肩关节、手臂以及腿部等）。绝大部分练习应当以克服自身负重和轻器械练习为主，如实心球、抗阻带以及轻重量哑铃。全面系统的力量训练计划请参见第七章。

（8）继续发展有氧能力。坚实的耐力基础能够使运动员在专项化阶段更加有效地应对训练和比赛的需求。

---

* 下背部（Lower Back）为运动训练学与医学中的专有名词。我们通常以"髋"来指代口语中的"腰"，"腰"的前部称"腹部"、后部即"下背部"。——译者注

（9）对于处在运动能力形成阶段的运动员而言，无氧训练是全新的内容。此时适度地进行无氧训练，能够帮助他们适应专项化阶段的高强度无氧训练。因为在绝大多数的运动项目中，无氧能力都发挥着更大的作用。然而，此阶段运动员不应参加那些对无氧乳酸供能系统提出过多要求的比赛项目，如田径项目中的 200 米和 400 米跑。他们通常更加适合距离短于 80 米的冲刺跑以及在较低速度下进行的长距离耐力项目（如 800 米以上距离的长跑），前者主要动用的是磷酸肌酸供能系统，而后者则主要针对的是有氧能力。

（10）避免参加让身体承受过大压力的比赛。例如，大多数青少年运动员尚不具备发育完全的肌肉以完成三级跳远正确的技术动作。在这种情况下，一些运动员可能就会遭受到压迫性损伤（Compression Injuries），因为他们身体的某些部位必须承受每次跳跃过程中蹬地和起跳时产生的巨大冲击力。

（11）为了提高注意力，应当让运动员进行更加复杂的训练。鼓励他们发展自我调节和可视化的策略，引入正规化的心理训练。

（12）为青少年设置各种有趣的竞赛情境，允许他们运用各种技术和战术。青少年运动员喜欢竞争，但是要弱化获胜。构建竞争是为了强化技能发展。例如，运动员应当在标枪投掷比赛中关注精确性和技术，而不是投掷标枪的距离。

（13）提供与同龄人游戏和参与社交活动的时间。

协调性在青春期之前的阶段能够得到快速发展，但是在青春期可能会减缓甚至略有倒退。处于青春期的青少年，每年身高会突增 10—12 厘米，协调性会因此受到干扰。这主要是因为肢体的增长——特别是下肢——改变了身体各关节之间的杠杆比例，进而影响到了协调动作的能力。

虽然对于所有的孩子而言，他们都必将面对这种变化，但是与不经常参加体育活动的儿童相比，持续参加运动训练的儿童还是在协调性方面具有优势。在青春期，这些儿童的身体平衡能力、动作控制精准度以及动作时机的把握将会得到持续提升。由于性别差异，女孩的视觉定位和动作节奏方面要优于男孩，因为女孩在舞蹈和艺术类运动项目方面拥有更强的天生禀赋。

协调能力的差异性在早熟和晚熟的运动员之间同样明显。早熟儿童可能会出现轻微的协调性不足的情况，会暂时影响身体动作的精细协调能力。[2] 由于早熟儿童保持着较快的生长发育节奏，因此他们比晚熟儿童需要更多的练习以改善协调能力。关键是要进行全方面练习，包括平衡、节奏变化以及空间定位训练等。一旦协调能力获得了改善，运动员就会感觉到他们可以掌控这些练习。在选择练习时切记，太过简单或者难度过大的训练都会阻碍运动员的进步。提高协调能力的最佳计划应当包括基于个体或者团队成员技能水平的各类练习和游戏。

三、专项化阶段（15—18 岁）

在专项化阶段，运动员能够承受比之前两个阶段更多的训练和比赛要求。因此，训练过程中最为重要的变化将发生在这个阶段。之前已经参与到全面发展训练计划的运动员，从此刻开始将完成更多以专项为主的练习和训练，旨在实现某个运动项目中的高水平运动表现。为了确保运动员在承受最低损伤风险的情况下获得运动表现的显著提升，就要对训练的量与强度进行密切的监控。在运动能力发展的最后阶段，运动员不应当再会有主要的技术问题。因此，教练员可以由原来"教学"的角色转换到"辅导"和"训练"的角色。

下面的指导原则将有助于指导教师设计出适合于专项化阶段的训练计划：

（1）在专项化阶段，要对运动员的发展情况施以密切的监控。随着训练及比赛对生理与心理上的要求日益增加，运动员必须为此建立应对策略。当然，他们也极易受到过度训练引起的身心障碍影响。

（2）竞赛和运动项目要求提升的同时，运动员的自我意识也会随之提升。联赛中的顶级运动员也许会建立起心理优势，与此同时，那些仍然试图在比赛中努力保持竞争力的运动员却可能开始变得孤立，甚至可能影响到技能的发挥。所以，对于教练员而言，重要的是能够为他的队伍提供一个充满团队凝聚力的环境，并且让所有队员意识到他们每个人各具特点且都可以为球队做出贡献。在这种情况下，技术出色的队员可以帮助指导处于成长中的后进球员尽快找到状态。而早早开始努力追赶的队员一旦得到这样的机会，极有可能在日后成为超级明星。

（3）如果教练员认为运动员需要在某个特定技能或者核心运动能力方面进行更多的练习时，可以建议运动员每周增加额外的练习时间。父母也应更愿意为孩子运动潜能的充分发挥提供帮助。

（4）针对项目主导的运动能力（如能量、无氧能力、专项协调能力和动态灵活性等能力）的进阶提升情况进行评估。

（5）通过增加专项练习的训练量，以提升运动表现。身体必须适应专项训练负荷的增加，为比赛做好有效的准备。因此，现在就是重视专项训练的阶段。

（6）虽然训练量仍然需要逐步增加，但训练强度的增速要快于训练量。同时，让运动员能够在适当的节奏和速度下，完成某项专项技术、练习或训练。训练应该尽量模拟比赛中会出现的动作。尽管疲劳是高强度训练后的正常产物，但有效控制不让运动员达到力竭状态至关重要。

（7）尽可能让运动员参与到训练计划的决策过程之中。

（8）继续强调全方面发展训练，特别是在赛季前。但是，对专项化的重视将更加重要，尤其是在竞争激烈的赛季中，应当通过训练发展高水平专项能力的效率。

（9）鼓励运动员熟悉训练理论方面的知识。

（10）强调对完成技术动作的主要肌群进行练习（如主动肌）。力量发展应当体现运动项目的专项需求。运动员可以从较少的次数但较大强度的练习开始力量训练。应当避免最大力量的训练，同时运动员同种练习应少于 4 次重复，处于生长发育中的运动员尤其需要注意。

（11）发展有氧能力应是所有运动员最优先考虑的任务，特别是参加耐力或相关耐力项目的运动员。

（12）逐步增加无氧训练的量与强度。在这一阶段，运动员能够适应乳酸堆积。

（13）提高并完善运动项目的技能。选择一些特定的练习，确保运动员执行技术时符合正确的生物力学和有效的生理学特征。运动员应当在训练课中将高难度的练习常态化，并将其纳入具体的技战术训练之中，以至在比赛中运用。

（14）提高个人和团队战术能力。将基于比赛的练习纳入战术训练课程当中。选择一些充满乐趣、具有挑战性和令人兴奋的练习，训练中要求运动员迅速决策、快速响应、保持长时间注意力集中以及高水平动机。运动员应当在竞争的环境中表现出主动参与、自我控制、竞争活力、职业操守和公平竞争的精神。

（15）逐步增加比赛的次数，让运动员能够在专项化阶段的后期尽可能多地与高级别选手同场竞技。聚焦专项中技战术和运动能力的发展、为比赛设定一系列目标也同样重要。尽管获胜会变得越来越重要，但是仍然不应过分强调胜负。

（16）运动员应当进行心理训练。为了运动表现的提升，在训练中应加入心理方面的训练，如专注度培养、注意力控制、积极思考、自我调节、视觉化练习以及动机强化等。

当儿童进入青春期时，协调性并不会以相同的速率发展，甚至可能仍然处于进入青春期之前的水平。当青春期生长高峰过后，儿童的各种能力与动作的同步性会略有提升，在青春期结束之后的同步程度会达到最大化，此时协调性还会不断提高。运动员协调性的发展速度会大大快于非运动员，后者在完成不熟悉的动作时通常看起来非常笨拙。

尽管这一阶段的专项训练较为集中，但是处于青春期之后阶段的运动员还应该继续进行各种技能的练习，参加多元化的活动，注重协调性的持续提升。如果忽视这一问题，仅仅聚焦专项化训练，就可能会阻碍协调性的发展，而这对于完善运动员所在项目的专项技能至关重要。正如第一章所述，专项化阶段的全方面训练在运动员训练计划中的比重应达到20%。

第二节　设计训练计划

协调性训练的主要目的是，运动员能够在执行日益复杂的技能和练习的同时，提升技能学习的能力。家长和教练员应该让青少年运动员进行冲刺跑、跳跃、投掷、接抛、平衡、攀爬、体操以及游泳等基本动作技能的练习。当获得这些技能后，运动员可以拓展技能和练习的复杂性并提高练习的难度，以实现协调性的提升。同时，教练员应该从运动员的本职项目或其他项目中挑选新的技能教授运动员，并逐渐对其运动表现的质量提出更高的要求。正如前文所提到的，一旦运动员不再继续挑战自我，而是在所有时间练习相同的技能，那么协调能力和学习能力就很可能遇到平台期。

在本书中，针对协调性的训练计划，其形式比其他训练形式更为简单。由于很难对协调性的提升情况进行测量，在协调性练习方面上，目前也没有专门用以衡量练习负荷或练习组数、次数的训练方法。

表 2-1 展现的是一个包含协调性、灵敏性、平衡性以及各类技能发展的长期的综合性周期模型。随着运动员在每个发展阶段的不断进阶，练习会变得更具挑战性。在运动启蒙阶段和运动能力形成阶段，教练员应当注重发展构成协调性的各种能力，这样能够让运动员在之后的阶段顺利适应专项训练的模式，包括以运动表现为导向的综合练习。该模型并非要列举出所有的可能性，而是将其作为一项指导原则以丰富家长或教练员的经验和专业知识。

表 2-1　运动神经技能训练的周期模型

发展阶段	训练形式	具体练习
运动启蒙阶段	技能学习的准备训练	翻滚 脚踢 投掷 运球 抓接
	简单的平衡训练	狭窄路径上的行走 跳上或跳下低矮物体
	简单的节奏和反应训练	抓接
	简单空间定位和身体感觉训练	爬行和翻滚 前滚翻 投掷 抓接
	简单的手眼协调训练	运球 投掷 抓接

(续表)

发展阶段	训练形式	具体练习
运动启蒙阶段	技能提升训练	有球练习 同伴间有球练习 击球和扔球 接球技术 接反弹球 运球 接力赛
	高级平衡训练	剪刀踢倒立 后滚翻 侧手翻 靠墙倒立
运动能力形成阶段	高级手眼协调训练	扔球和接球 击球 接反弹球
	四肢协调训练	四肢协调 跳绳 扔球和接球
	高级空间定位训练	跳绳 后滚翻 剪刀踢倒立 侧手翻
	信号分析和各种刺激下的反应训练	双手倒立 同伴间有球练习 游戏 接力赛
专项化阶段	技能完善训练	前后翻及侧滚翻 扔球和接球游戏 接力赛
	复杂空间定位训练	跳跃后变向 游戏 跳过障碍 翻滚后起跳

(续表)

发展阶段	训练形式	具体练习
专项化阶段	平衡、身体控制和身体意识训练	翻滚后变向 跳过障碍后变向 各种身体平衡练习 游戏 接力赛
	预测能力改善训练	翻滚后变向 同伴间接抛球 平衡练习 游戏
	分析和定位训练	翻滚后,以180°—360°变向 翻滚 扔球和接球 游戏 接力赛

在运动能力发展的早期阶段(如青春期之前),开展协调性练习对于技能学习至关重要。良好的协调性可以让儿童更快地学习一项技能,并在其10岁以后转化为更好的运动表现。这也是在青春期之前到青春期的每项活动中加入提升协调性、灵敏性、平衡性、空间控制力以及身体意识等训练内容(如表2-2所示)的重要原因所在。因为很多建议的练习比较简单,所以教练员、体

表2-2 青春期之前阶段的训练课案例

部分	适用范围	训练形式	持续时间(分钟)
1	热身	慢跑 拉伸	5
2	协调和平衡	技能学习的准备 手眼协调 空间定位 简易平衡练习	10—15
3	游戏	既定项目中的技能学习	20—30
4	整理	2—3次接力跑 简单的拉伸	5

育教师或者家长可以在任何一个场地内组织的训练课中使用。

所有年龄段的运动员在每堂训练课中都应该进行 10—15 分钟的协调性、灵敏性和平衡性练习。应当将这些练习安排在训练课稍早的部分，如在热身后立即进行。因为当儿童刚刚开始训练的时候正是他们学习的最佳时段。表 2-2 所示的是运动启蒙阶段训练安排的典型案例。随着协调性的提升或者年龄的增长，协调性和平衡性练习的难度也应相应提升。

我们建议，运动启蒙阶段和运动能力形成阶段的一些练习，同样可以运用在专项化训练阶段。练习方法的选择可依据个人的运动能力和天赋而定。在进行难度较大的一些练习时，例如空翻、侧手翻或者跳跃等动作，儿童需要在家长或者教练员的保护和帮助下完成，以避免造成身体不适或者运动损伤。保持一个良好的循序渐进的过程十分重要。从简单的练习开始，然后再逐步过渡到复杂练习（如首先学习用脚踢射目标，然后再学习脚部盘带运球），或是从熟悉的练习过渡到陌生的练习（如运动员可以从侧手翻开始，然后进阶到双手倒立）。

第三节　练习与技能

虽然本章中描述的动作技能很大程度上由遗传基因决定，不过这些技能仍然具有很强的可训练性。本节中我们设计了大量游戏和练习，以帮助青少年运动员提高协调性、灵活性和平衡能力。青少年运动员如果能够重复练习这些技能，那么随着时间的推移，他们将会展现出更高的动作精准度和更好的动作节奏，促进整体运动表现的提升。

为了能够让本书适合于所有的读者，我们推荐了每名运动员都应当进行的练习。其中绝大部分练习可以在家中或室外完成，而其余的练习则需要在体育馆或健身房中进行。练习过程中，至少应有一名成年人监护儿童的训练。这些练习不会让所有参与进来的儿童都感到精疲力竭，而是让他们可以通过基本动作技能的练习（如跳跃、挥棒、运球、踢球等）发展协调性，包括使用各类器材（如反应球——儿童玩耍的一种橡胶球、棒球以及实心球）。由于实心球在康复治疗中应用的历史已经超过 100 多年，因此也被称之为药球。最好的实心球由橡胶制作而成。有些实心球还带有 1 或 2 个握柄，并能够触地反弹。实心球拥有很多不同的尺寸，重量在 1.4—6 千克之间不等。

团身前滚翻

发展重点　协调性、灵敏性和身体意识

1. 深蹲，手臂在身体前方伸展。
2. 双手置于地面，团身屈肘，缓慢伸展膝关节，进行前滚翻，背部保持拱形。
3. 前滚翻完成后，屈膝，以起始蹲姿结束动作。

篮球运球练习

发展重点　手眼协调和时机

1. 以站姿、跪姿或坐姿开始。
2. 先以双手运球，再以单手运球。

变化动作

同伴之间来回运球。

目标踢球

发展重点 协调性、身体意识（距离和方向）、传球和踢球的精准性

1. 以站姿开始。
2. 双脚交替将球踢向预定目标（例如另一个球或标志桶等）。

脚部运球

发展重点 腿眼协调性

1. 以站姿开始，在一侧脚前放置一个足球。
2. 用双脚内侧向前方和侧方盘带运球。

肢体协调性练习

发展重点　肢体协调

1. 以站姿开始，双臂在身体两侧。
2. 双臂同时向前绕环（见图1）。
3. 双臂同时向后绕环。

变化动作

单臂前后绕环。

将左手臂向前绕环，同时右手臂向后绕环（见图2）。

跳绳

发展重点　肢体协调

1. 以站姿开始，双手分别紧握跳绳手柄。
2. 进行双脚连续跳跃。保持手臂靠近身体，手腕向前划圆摇绳，进行小幅度连续跳跃。

变化动作

屈膝团身跳。保持手臂紧贴身体，并向前快速摇绳，同时增加跳跃高度，离地跳过跳绳后抬高膝关节。

单脚跳绳。然后换另一只脚继续跳。双脚交替支撑跳跃。

手臂交叉直身跳跃。小幅连续跳跃时，保持手臂靠近身体，当手臂向前摇动时，双臂在体前交叉。

团身后滚翻

发展重点 肢体协调和空间定位

1. 含胸下蹲，双手抱膝。
2. 向后滚动，背部着地，手掌在肩关节下方准备置于地面。
3. 伸直双腿，脚部着地，然后手臂用力推离地面，完成一次后滚翻，以深蹲姿势结束。

站姿接双手倒立

发展重点 平衡性、空间定位

1. 以站姿开始，手臂举过头上方，一侧腿在身体前方伸直。
2. 向前迈步，双手置于地面。保持手臂伸直，后腿向上抬起后，前腿顺势向上抬起,整个身体倒立。一侧腿落地支撑,另一条腿随后落地,返回至站立姿势。

侧手翻

发展重点 平衡性、空间定位

1. 双脚分开站立,手臂在身体上方伸展。
2. 双手下落置于地面,保持手臂伸直,双腿向上,在手部上方。
3. 一侧腿率先落地,另一侧腿随后落地,但身体朝向对侧方向。

变化动作

背墙完成侧手翻练习。

过顶接抛球练习

发展重点 技能、手眼协调

1. 双脚分开站立。双手在臀部后方持球。
2. 髋关节主导身体向前屈曲,将球向头部前上方抛出。
3. 伸展身体的同时,接住越过头顶的球。

双人胯下传接球

发展重点 技能、手眼协调

1. 两人相距 3 米,且相对站立。
2. 同伴 A 从两腿间使球在地面反弹,传球至同伴 B。
3. 同伴 B 接住球后,再次从两腿间使球在地面反弹,回传给同伴 A。

双人单手同时传接球

发展重点　手眼协调

1. 两人相距 0.6—1.2 米，且相对站立。每人各单手持一球。
2. 两人同时以单手使球在地面反弹，传给对方。
3. 两人各自用另一只手接住对方的击地传球。
4. 两人使接到的传球在地面反弹，回传给对方。

站姿传接反弹球

发展重点　手眼协调、接抛球的精确性

1. 面对墙壁或木质围墙站立。
2. 对墙投球，经墙壁弹出落地后的反弹，再次接住球。

变化动作

　　把球抛向地面，自地面弹出经墙壁反弹后接住。

　　双人反弹接球：将球投向墙壁，然后由面对反弹后来球方向的运动员接住。

　　向墙壁投球，并在落地反弹之前接住。

　　向地面投球后，单手接住经墙壁二次反弹的来球。

团队双手胸前传球和过顶传球

发展重点 手眼协调、传接精准性

1. 两组队员相距3—4.5米,两两相对站立。一组队员持球。
（1）双手胸前传球:站姿,手臂屈曲,双手在胸前持球。向前伸展手臂,将球向前推出。
（2）头顶传球:站姿,手臂屈曲举过头顶,双手在脑后持球。向前伸展手臂,将球向前推出。
2. 持球队员把球传给对面的一组队员。该组队员接住球后,再以同样的方式回传给开始持球的那组队员。

变化动作

做同样的练习,但只使用一只手。两手交替传球。

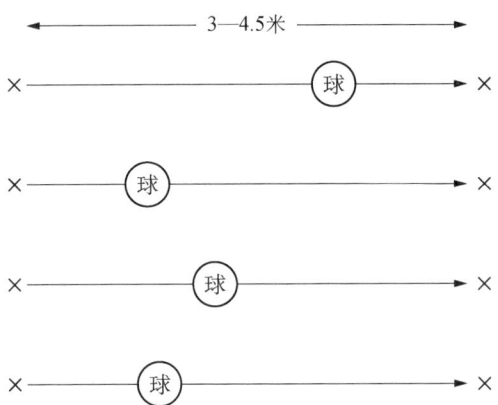

团队过肩定向投球

发展重点 手眼协调、投球精准性

1. 两组队员相距3—4.5米,两两相对站立。一组队员持球（如网球、棒球等）。

2. 过肩投球至对面运动员或目标物。如果使用目标物，则用粉笔或贴布在墙壁上绘制或粘贴一个方框，投球至目标区域。

3. 在墙上用粉笔画一个方形区域或者是一个圆形区域，并将球抛向目标。取回球，双手重复该动作。

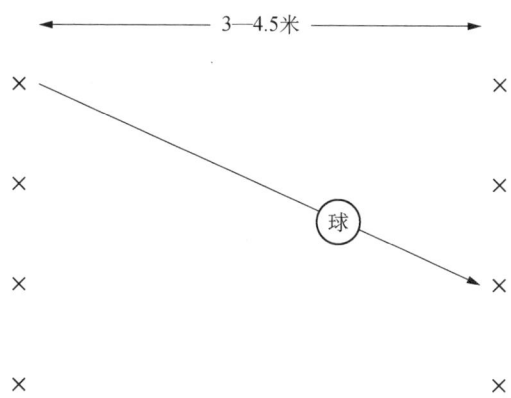

团队过肩投球接力

发展重点　手眼协调、传球精准性

1. 将队员分成两组。每组队员依次纵向列队。每组选出一名队员，在距离本队的 3 米外站立，手持一个球。

2. 每组选出的队员向站在本组队首的一名队员传球。后者接到球后，将球迅速传回，并转移到队尾坐下。

3. 持续传球，直到小组中所有队员全部坐下。最先完成的小组为获胜方。

注：尽可能保证各组之间技术水平相当。

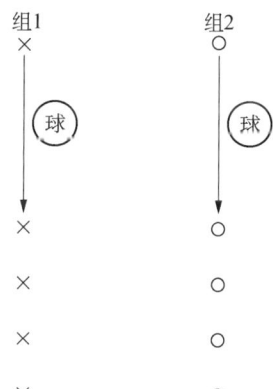

辅助双手倒立

发展重点　平衡性、技能

1. 面对指导教师站立。
2. 向前迈出一小步，向地面伸展手臂。
3. 面对指导教师向上抬起一侧腿（指导教师抓住运动员的小腿）。
4. 再把另一侧腿抬起，成双手倒立姿势。
5. 返回至起始姿势。

前滚翻接转身跳跃

发展重点　平衡性、空间定位

1. 以站姿开始，完成前滚翻后立即进入到站立姿势，再完成向右的半转身跳跃（半转身，即180°转身）。
2. 落地停止，重复前面的前滚翻动作，然后完成向左半转身跳跃。

变化动作

　　完成一个前滚翻，向左或向右进行转身跳跃，紧接着再进行一次后滚翻，接向左或向右的半转身跳跃。连续重复该动作。

　　连续不间断地进行3—4次的前滚翻接转身跳跃。

　　完成前滚翻后，接一个360°

转身跳跃。这种练习必须在运动员已经熟练掌握了前滚翻和后滚翻接转身跳跃动作之后，才可以进行。

鱼跃前滚翻接转身跳跃

发展重点　空间定位、身体控制

1. 站在一条与地面平行的绳子或丝带的一侧。绳子距离地面的高度取决于运动员的年龄和技能水平。离地高度的范围可以从 5—30 厘米。
2. 双脚起跳，跃过绳子。落地后，立即完成一次前滚翻，接半转身跳跃。
3. 转身面向绳子，再次起跳，越过绳子后，再完成一次前滚翻接半转身跳跃。

变化动作

连续重复动作（如跃过绳子—前滚翻—跳起—半转身等）。

抛球—前滚翻—接球

发展重点　空间定位，身体意识

1. 以站姿开始，双手持球。
2. 将球向前上方抛起。
3. 迅速进行一次前滚翻。
4. 接住球。

团队击打移动目标竞赛

发展重点　手眼协调、投球精准性

1. 把班级分成若干个小组。每个小组的队员依次用手中的橡胶球击打地板上滚动的实心球。要求所有队员站在指定的区域内，用双手掷球。
2. 记录每个小组的得分（即击中的总次数）。

团队躲闪对抗比赛

发展重点　手眼协调、投球精准性

1. 将队员分成两组，站立在场地两端的墙体前方。在场地中心放置3个橡胶球。
2. 比赛开始后，所有队员冲向场地中心拾球。先得到球的队员，在本方的区域内投球并力争击中对方队员。但只允许投向对手腰部以下的部位。
3. 被击中的队员将视为被对方捕获，沿场边走向对方一侧的墙边。
4. 如果橡胶球接近到被捕获队员可及的位置，他们同样可以向场内的对方队员投掷。

5. 当某个小组的所有队员全部被捕获时，游戏结束。

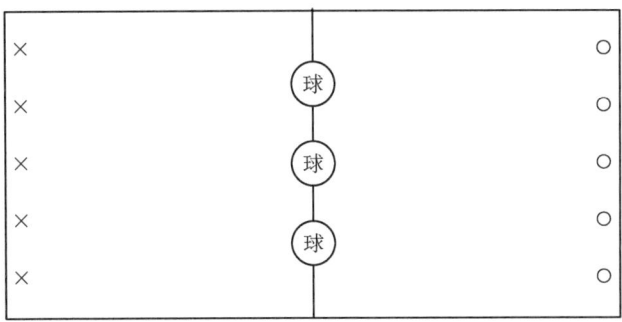

V 字坐平衡

发展重点　平衡性

1. 以坐姿开始，双手置于身体两侧。
2. 手臂向两侧水平举起，抬起的手臂与地面保持水平，双腿在体前向上伸直。
3. 在这个姿势下保持平衡。
4. 返回至起始姿势。

平衡木行走

发展重点　平衡性、身体控制

1. 长 10 厘米、宽 5 厘米的长条木板一端。
2. 在保证不会从木板上掉下来的情况下，分别向前走、侧向走以及退步走。

变化动作

　　在平衡木板上行走时，配合手臂的绕环、前摆和后摆动作。
　　在平衡木板上完成两个方向的交叉步。

站立在平衡木板上，抬起一侧的腿（屈腿或直腿都可），手臂在两侧平举，成燕式平衡姿势。

在平衡木板上，向前或者向后跨过多个间距为 0.6 米的橡胶球。

保持燕式平衡姿势 3—6 秒。

在平衡木板上，采用足尖走。

足尖走并转体 180°。

足尖走并转体 360°。

在平衡木板上，向前完成轻跳动作。

原地接反应球练习

发展重点　灵敏性、手眼协调

1. 以四分之一蹲姿站立，膝关节微屈，身体略向前倾，右侧手臂在身体前方伸直，手持一个反应球。
2. 让反应球自由下落，反弹后接住。
3. 重复 8—10 次。

对墙抛接反应球

发展重点　灵敏性、协调性

1. 以四分之一蹲姿站立，膝关节微屈，身体略向前倾，距离对面墙壁 1.8—2.4 米。
2. 低手抛球，将反应球投向对面墙壁。尽可能快地在第一次反弹后接住。连续抛球直至接到反应球。

团队接抛反应球训练

发展重点　敏捷性，协调性

1. 将队员分成两组，一字排开，两两相对，组间相距 3—4.5 米。
2. 使用过顶投球的方式，A 组的第一名队员将反应球朝 B 组方向掷向地板，反弹后，B 组的队员尽可能快地作出反应并接住反应球。
3. B 组接到球的队员紧接着将球以过顶投球或低手抛球的方式回传给 A 组队员。
4. 重复练习，直到每名队员成功接球 5—8 次。

第四节　高水平运动表现阶段（19 岁及以上）

基于长期发展原则的合理训练计划，将有助于高水平表现的达成。运动员在运动启蒙阶段、运动能力形成阶段或专项化阶段获得的优异运动成绩，与成年后的运动表现并无关联。如表 2-3 所示，大多数运动员都是在运动能力成熟之后取得自身的最佳成就。

表 2-3　1968—1992 年奥运会参赛选手的平均年龄

项　目	平均年龄（岁）	项　目	平均年龄（岁）
田径	24.1	自行车	23.4
篮球	24.7	马术	31.2
拳击	22.7	击剑	24.1
皮划艇	24.2	曲棍球（男子）	25.4

（续表）

项　　目	平均年龄（岁）	项　　目	平均年龄（岁）
体操（女子）	17.2	足球	24.1
体操（男子）	22.6	游泳（女子）	18.9
柔道	24.0	游泳（男子）	21.6
赛艇	24.2	排球（男子）	25.2
帆船	30.3	水球（男子）	25.3
射击	33.2	摔跤	24.8

本书仅关注青少年发展的前三个阶段，想要获得高水平训练的内容可以参考邦帕博士分别与另两位专家合著的《周期训练理论与方法》* 与《运动项目的周期训练》**。

接下来的几章，我们将分别讨论发展身体灵活性、速度、力量和耐力的方法和具体训练计划。对每位青少年运动员，我们都建议循序渐进地增加训练难度，并且推荐一些可以加入长期训练计划的练习。教练员要区别化考虑我们的建议，根据实际的训练环境和运动员的个性特征采取这些建议。

---

* Bompa, T., and Haff, G. 2009. Periodization: Theory and methodology of training. 5th ed. Champaign, IL: Human Kinetics. ——译者注

** Bompa, T., and Buzzichelli, C. 2015. Periodization training for sports. 3rd ed. Champaign, IL: Human Kinetics. ——译者注

第三章 | 青少年运动员的评估

青少年运动员的评估

参加竞赛的儿童需要持续的评估，包括由医生进行的医务监督以及家长和教练员进行的训练监督。为了正确评估青少年运动员的发展以及他们对训练的反应，每位教练员和家长都应该尽可能科学地监控他们的技能。现在，很多教练员和俱乐部都已经通过各种途径（包括经济手段）与相关实验室建立合作，开展青少年的生理、心理以及生物力学方面的测试，评估青少年运动员的发展、运动能力、动作效率、技术有效性和心智状态。当然，其他一些教练员则缺少这样的机会。但是无论测试的条件如何，本章还是为读者提供了一些简单实用的监测表格，确保适用于所有运动员，因为毕竟每年开展测试的次数并不是很多。本节中介绍的测试易于家长和教练员组织实施。你可以通过记录并保存每项测试数据，实现对青少年运动员发展的实时监控。

在整个训练计划的实施中，教练员必须了解青少年运动员对训练中使用的负荷或重量的生理反应与心理适应情况。这样的反馈有助于教练员监控进步幅度，高效地为运动员制定力量训练的进阶计划。反馈信息可以记录在本章所涉及的图表之中。心率图可以让家长和教练员监测训练中的生理变化。心理状态和饮食量表可以跟踪心理反应，包括睡眠质量、疲劳程度、食欲以及针对训练和比赛的意愿。

下文中为大家提供了每种两个版本的图表。第一个版本是全新的空白表格，第二个版本是某位运动员测试成绩的样本。我们会在附录中提供两种图表，便于教练员或家长复印供自己的运动员使用。

每幅图表的顶部空白处用于记录运动员的名字以及测试的年度和月份，图表设计的周期为 31 天。所有运动员都应该每日填写。这些图表可以存放在家中，但最好是建立一个训练日志。这样，方便家长查阅的同时，运动员也可以在训练时带给教练员查看。

为了能够根据每名运动员的心理状态和疲劳程度调整训练计划，教练员应当在训练开始之前查阅运动员的图表填写情况，这一点至关重要。当心率图表显示运动员高度疲劳，或者心理状态和饮食量表显示运动员出现只睡 4 个小时的不佳睡眠状况时，每日训练计划的内容就应当以容易完成的非高强度训练为主，因为高强度的训练通常会加重疲劳。

第一节　心率图表

心率是运动员对前一天训练计划反应的有效监控手段。在使用心率图表前，运动员必须知道自己的基础心率（Base Heart Rate，简称 BHR），即清晨醒来即刻的心率。基础心率的计算方法是记录 10 秒钟的脉搏次数，然后将这个数字乘以 6。

取一张空白心率图表（见图 3-1），从每月的第一天开始，在第一列标出横坐标对应的心率数值（如样表中第一列对应的心率为 49）。然后，在之后的每天以相同的方式记录运动员的心率。在该月的最后一天将所有的记录点连接起来，形成本月的运动员心率变化图（见图 3-2）。

运动员心率图表
姓名＿＿＿＿＿＿＿ 月＿＿＿＿＿＿＿

心率	1	2	3	4	5	6	7	8	9	10	11	12	13	14	15	16	17	18	19	20	21	22	23	24	25	26	27	28	29	30	31
72																															
71																															
70																															
69																															
68																															
67																															
66																															
65																															
64																															
63																															
62																															
61																															
60																															
59																															
58																															
57																															
56																															
55																															
54																															
53																															
52																															
51																															
50																															
49																															
48																															
47																															
46																															
45																															
44																															
43																															

图 3-1　运动员心率图表（空白）

保持每天记录基础心律情况，在下一列相应的横坐标上标记一个点，并且将其与之前的点连线在一起。

基础心率还能反映前一天的训练强度。当记录的心率数据每分钟提高 6—8 次或更多时，这可能意味着前一天的训练计划过大或是运动员的正常生物钟受到了影响。例如，运动员可能由于生病或熬夜引起了疲劳。教练员应该通过交谈的方式告诉运动员可能引起基础心率升高的原因。同时，为了不再加重已经处于高度疲劳的运动员的状况，对既定训练计划进行调整。当基础心率降低到标准水平时，就可以恢复正常的训练安排。

基础心率反映了运动员的生理状态和对训练刺激的反应。在正常情况下，曲线并不会出现太多偏差。但是，运动员所处的训练阶段以及运动员对训练计

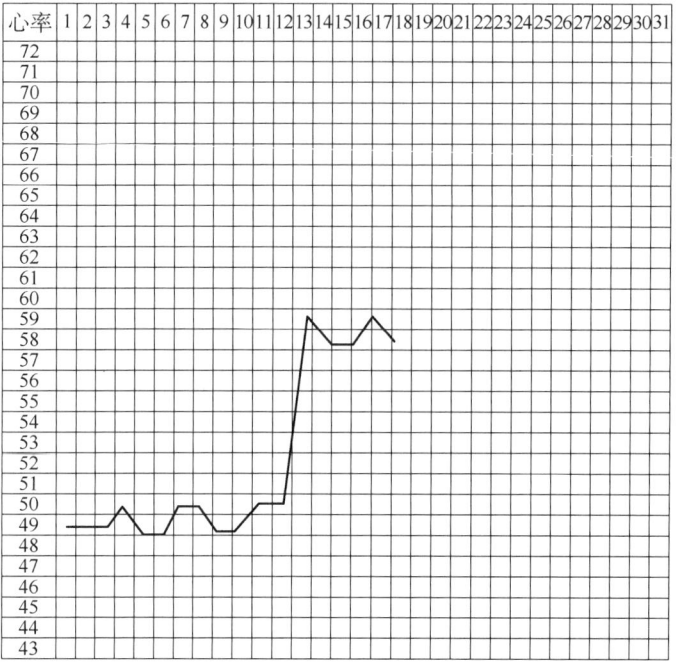

图 3-2　运动员心率图表（样表）

划的适应情况能够影响曲线的动态变化。随着对训练的逐步适应，运动员的基础心率曲线将会逐步下降：

基础心率曲线越平滑，代表运动训练的适应性越好。当然，曲线的起伏程度取决于运动项目。例如，在耐力占主导的运动项目中，运动员通常具有较低的基础心率，曲线的起伏度小于无氧能力占主导的运动项目。

第二节　心理状态与饮食量表

运动员还应完成每天日常生活的心理状态与饮食量表（见图 3-3）。该量表与心率量表具有很高的关联性。随着运动员的疲劳程度或训练负荷增加、睡

运动员心理状态与饮食量表

姓名_____ 月份_____

	1	2	3	4	5	6	7	8	9	10	11	12	13	14	15	16	17	18	19	20	21	22	23	24	25	26	27	28	29	30	31
睡眠时长（单位：小时）																															
12 +																															
11																															
10																															
9																															
8																															
7																															
6																															
5																															
4																															
无睡眠																															
睡眠质量																															
很好																															
一般																															
较差																															
无睡眠																															
疲劳感																															
休息充分																															
一般																															
疲惫																															
非常疲惫																															
感到痛苦																															
训练意愿																															
很强																															
较强																															
较低																															
非自愿																															
不训练																															
胃口																															
很好																															
较好																															
较差																															
非自愿进食																															
不进食																															
竞技意愿																															
强烈																															
一般																															
较低																															
无																															

图 3-3　运动员心理状态与饮食量表（空白）

眠模式受到干扰、食欲出现下降等情况的出现，运动员参加训练和比赛的意愿也会出现下降。

图 3-4 显示的是一名运动员备战奥运会比赛的真实情况。通过合理地调整训练计划和改善膳食（包括营养补剂的摄入），这名运动员得到了有效恢复并获得了预期的比赛成绩（名列第四名）。

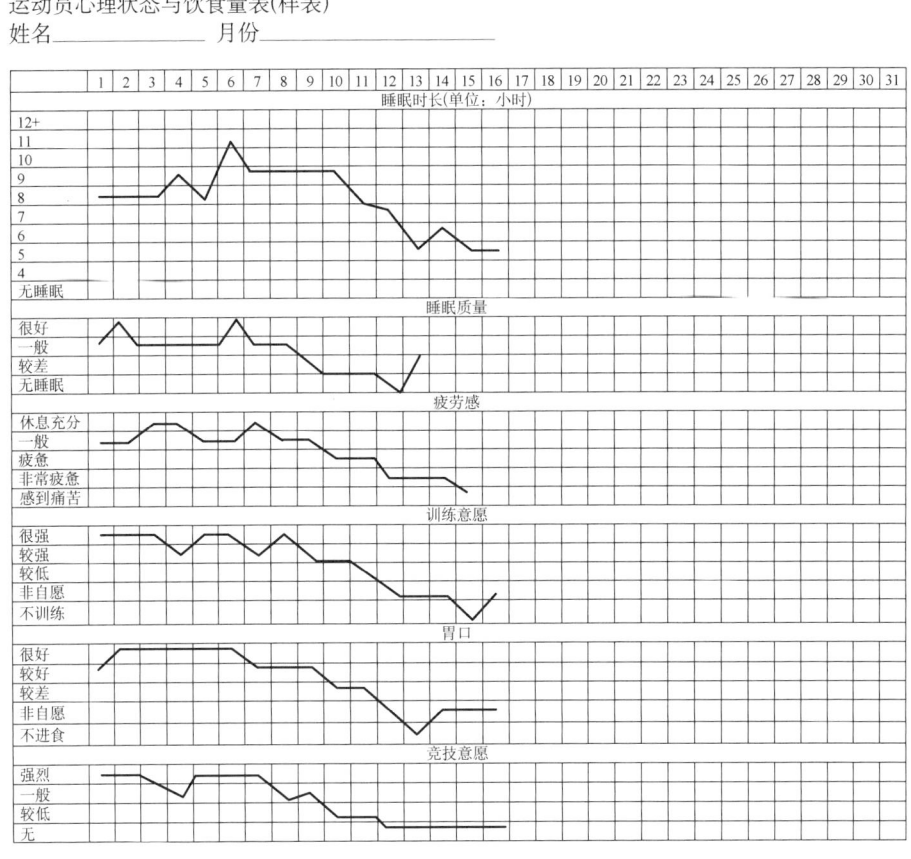

图 3-4 运动员心理状态与饮食量表（样表）

这些简单实用的训练监控量表适用于状态不佳的运动员。运动员每天只需用 1 分钟填写这些量表，并在训练课前交于教练员评测，就能够防止如过度训练在内的一些消极影响的出现。

第三节　青少年运动员的评估测试

家长和教练员可以使用一些简单的工具和测试手段监控运动员力量、功率、速度和有氧耐力的提升幅度。如上文所述，很少有团队可以完全借助科学实验室和计算机软件跟踪一名运动员整个赛季和随着身体成分逐年变化而表现出的力量和功能进阶情况。绝大多数的教练员甚至没有时间和可以依赖的资源以用于制定一份重要的力量训练计划，更不用说实验室测试方案的预算资金。

其实，我们在整本书中都一直强调，想要在某个项目中取得成功，训练的重点不在标新立异，而是要凡事力行，把必须完成的内容做好。同样的理念也适用于评估测试。教练员和家长们都想为运动员提供最佳保障，包括执行可以改善体能和运动表现的计划。对运动成绩和表现提升的评估可以在场地、泳池或者冰面上完成。运动员是否可以延长疲劳出现的时间点？运动员是否可以更加有力地击球或将球击得更远？运动员是否能提高 100 米冲刺的时间？运动员的身体是否能够完成区域的防守任务？这些都是运动员每次比赛时，教练员和家长们抛给自己的问题。他们目的都是希望推动运动员可以跑得更快、跳得更高、击打得更加有力以及持续得更久。为了实现力量、功率、速度以及有氧训练的目标，需要在赛场外提供若干工具和手段帮助运动员在赛场上获得更好的成绩。

对力量提升的跟踪可以通过追踪训练负荷、重复次数以及组间休息时间加以实现。此外，一些常规测试的数据可以作为运动员力量和体能水平发展情况的评价基准，每年进行 2—3 次。此类一般性的非专项测试手段，适用于大部分的运动项目，能够为个人发展目标的设定提供参考。对于青少年运动员而言，如果将一项简单的测试（如俯卧撑）设计成队友之间的对抗项目，还可以再次激发训练参与的热情。在 2014 年度全美冰球联盟"选秀"大会期间，一名冠军级别的运动员居然无法完成一次标准的引体向上动作。尽管上肢力量的缺乏并不会影响他的选秀顺位，但他还是在自己的声明中对此表示了失望，并希望能够提高自己引体向上的测试成绩。[1]也许冰球运动员的技能并非由引体向上的测试分数所决定，但是从比赛本身来看，上肢力量不可或缺。这方面力量的提升并不需要昂贵的器材或者价格不菲的测量仪器，一根横杆和运动员的身体就足以实现。如果该项能力适合于全美冰球联盟选秀，那么教练员和运动员就应当开始练习引体向上。

本章中的大部分测试仅需要一些非常小型的设备，在健身房或者开放的区域里使用秒表、卷尺以及标志桶就可以完成。我们建议，教练员和家长们应当建立一份档案，记录每次测试的时间、运动员的测试分数以及运动员、教练员或者父母针对测试方案的任何解释和说明——测试日当天运动员的感觉如何？上一次体能测试至今的时间？运动员是否出现了伤病或肌肉酸痛的状况？测试当天的天气如何？

测试日当天的很多详细信息有助于对测试结果进行综合分析。同时，教练员对所有数据的收集也有利于对当前运动员进行测试前后的比较，从而为日后即将带领的运动员建立测试标准。

在第二章中，我们讨论了四个阶段的运动能力发展：运动启蒙阶段（6—10岁）、运动能力形成阶段（11—14岁）、专项化阶段（15—18岁）和高水平运动表现阶段（19岁及以上）。

在运动能力发展的所有阶段中，一般测试和专项测试都非常实用。特别是在运动能力形成阶段的后期以及专项化阶段，体能测试尤为重要，无论是对力量、功率、速度和耐力素质表现的整体监控还是数据的采集，都有助于教练员和体能老师更好地制定一份详细的训练计划，以满足运动员的需求和进一步的挑战。令人欣喜的是，专项力量、功率、速度和耐力能力的提升，可以在很多重要的体能指标上体现出来，如最大推力、最大拉力以及冲刺时间等。尽管目前已经出现了大量的先进仪器和设备，但绝大部分职业或半职业的运动队、训练师以及教练员仍然依靠标准的力量测试方法评估运动能力的发展，如完成引体向上、俯卧撑的次数以及短距离冲刺跑的时间等。随着运动员的年龄增长和专项化训练的深入，借助实验室的资源就成为体能状况和专项化能力测量的重要途径，如无氧功率测试、最大摄氧量测试以及体脂百分比评价等。

除了在运动启蒙阶段需要对个别测试内容进行适当的调整以外，以下八项测试适用于所有发展阶段。由于运动启蒙阶段是学习跑跳等基础动作模式的开端，因此在该阶段并不能通过俯卧撑、引体向上以及冲刺跑的得分判断个体的体能情况。处在运动启蒙阶段的儿童，体能测试和训练的最佳地点应当在操场上进行。特别是在运动启蒙阶段的早期，应该鼓励青少年运动员去参加岩壁攀爬、悬臂吊桥、平衡木行走以及立柱下滑等活动。随着青少年的身体和心理的逐渐成熟，他们就可以在体育课和运动中进行更多的体能测试。

处于运动能力形成阶段的青少年运动员，无论来自何种运动项目，都可以从本章的评价测试中获得帮助。推拉动作是上肢力量的基础，能够帮助改善青少年运动员发育过程中的力量素质。虽然女性运动员与同龄男性运动员相比，无法在上述两项测试中完成更多，但是应该鼓励她们将这两种测试的练习内容作为一种锻炼肌肉力量和中枢神经的训练方法，为之后力量训练计划的执行做好充分的准备。

大多数集体类项目的运动员，包括冰球、棒球、橄榄球、排球以及足球等项目，也都可以从这些测试中获益。测试的目的并不是将运动员的测试分数与其他运动员的相对标准分进行比较，而是帮助他们看到自身的体能水平，为能力的提升设置目标。有时候仅仅让运动员感觉到他们自己的进步是远远不够的。将一系列测试结果展示给运动员，能够让他们更好地了解自身的进步和未来的训练目标。我们曾经参与过很多针对社区项目的策划，其中比赛的主要目的就是增加乐趣和游戏参与度。我们也执教过一些强队和弱旅。在每个赛季之初，我们都会进行一次体能测试，具体内容与接下来列举出来的很多练习都比较相似。

在一个较短赛季的末期，无论我们执教的球队是否在本赛季获得成功，都应再安排一次体能复测。事实上，孩子们将会惊讶于自己获得的进步。如果他们进行的是简单游戏，而非一成不变地执行力量训练计划，那么运动员的绝大部分能力都会提升。投入到玩耍的时间越久，体能测试的结果就会越突出。不是所有的运动员都会成为职业运动员，但是那些有机会挑战自我并亲历因努力付出而收获回报的运动员，更有可能将目标设置和体能挑战作为自身生活方式的重要组成部分。而幼年时期正是这一切的起点。

运动员在专项化阶段和高水平运动表现阶段同样会受益于这些体能测试。在这两个阶段更多进行的是专项测试,主要评估运动员在某个运动项目中或其司职场上特定位置时的能力。例如,在全美橄榄球联盟(National Football League)中,俯卧撑、引体向上、立定跳远、垂直摸高以及40米冲刺跑,都是在专项测试中使用的基础测试练习,并与很多专项测试相配合,如解剖学姿势评估、心血管系统测试以及体成分测试等。

第四节 测试前的要点

组织20—25名运动员进行一组测试时,可能会非常耗时且效果不佳。虽然你希望能够尽可能顺畅地通过测试,但是确保测试组间或固定完成次数之间的休息十分重要。在肌力和功率测试之间,应当确保至少3分钟的休息时间,尤其是冲刺跑、俯卧撑和引体向上等测试项目。进行功率测试时,允许至少3次尝试,并记录3次尝试中的最好成绩。

首先记录的是青少年运动员的体重和身高。我们不推荐计算体质指数(Body Mass Index,简称BMI)*,因为体质指数的解读在成年人同青少年之间存在较大的差异。青少年进入到生长突增期后,体质指数会发生快速的改变。因此,我们更倾向于围绕青少年运动员身心的健康发展来开展测试、训练以及合理的膳食营养工作。体质指数的数值反映了对减重的要求,容易对孩子的运动参与造成阻碍,特别是身高突增后引起的BMI值增加更是如此。针对体质指数在成年人和未成年人之间的差异性,很多学者充分考虑到了男孩与女孩之间不同的体脂情况,并且使用了基于性别的百分位数值,但是我们仍然没有将体质指数纳入数据的收集过程之中。[2]当然,如果教练员希望对体质指数有所

---

* 体重公斤数除以身高米数平方得出的数字,身高体重指数这个概念,是由19世纪中期的比利时统计学家及数学家凯特勒最先提出。它的定义如下:

$$体质指数 = 体重(千克) \div [身高(米)]^2$$

了解，那么它的计算方式可以通过运动员的身高和体重得出。测量体重和身高是获取 BMI 值的最快办法。实际上，测试时对重量和身高的测量能够提供运动员身体特征的完整"快照"。

以下八项体能测试可以用来评估大多数运动项目的青少年运动员。为了能够更好地使用这些测试，我们将对测量方法、适用阶段、测试的动作要求、测试贴士以及变化动作进行说明。

测试一：俯卧撑测试

测量方法

测试上肢的力量和耐力。

记录重复次数。

适用阶段

适用于运动启蒙阶段的后期（10 岁后可以尝试俯卧撑）和之后所有发展阶段。

动作要求

1. 以俯卧撑起姿势开始，双腿伸直，脚尖触地，背部保持平直。保持手臂伸直，双手置于地面，与肩同宽。
2. 保持背部和腹部收紧，身体挺直，直至手臂屈曲呈 90°。再次回到起始姿势。
3. 在保持动作要求的同时，尽可能多地完成重复次数。
4. 测试时，教练员可以采用失效规则（Failure Rule，即运动员在撑起到身体最高点时，在没有停顿的情况下，尽可能多地重复动作次数，直至不能继续完成），或者选择一次一停规则（One-Stop Rule，即运动员在撑起到身体最高点时停顿 3 秒，然后再进行多次重复，直至不能继续完成）。

测试贴士

为了提高运动员的技术，队友可以将拳头放置于受试运动员胸部的正下方。一旦受试运动员胸部触碰到拳头，受试运动员就立即伸展手臂。

为了青少年运动员获得更好的表现，教练员可以设置负重俯卧撑测试。如前文所述的，教练员可以在运动员的上背部位置施加一个2.3或4.5公斤的杠铃片（如果需要的话，另一个运动员可以在杠铃片上方进行保护）。每一次的测试和再测试都采用相同的负重重量。

变化动作

尽管教练员应当尽可能确保运动员按标准要求进行俯卧撑测试，但是在训练时可以使用俯卧撑的变化动作。下斜俯卧撑、上斜俯卧撑以及宽握距俯卧撑都是可以增加动作难度，改善运动员上身和核心力量的重要变化动作。

测试二：直臂引体向上和屈臂悬垂测试

测量方法

测试上肢力量和耐力。

记录引体向上的总次数和屈臂悬垂的总时间。

适用阶段

运动员在运动能力形成阶段的早期可以尝试屈臂悬垂测试。

在运动能力形成阶段的后期、专项训练阶段和高水平运动表现阶段都可以使用直臂引体向上测试。

动作要求

引体向上：

1. 起始姿势采用反向握杠方式（反握即掌心朝向身体）抓住位于头顶上方的横杠。手臂伸直，双手距离与肩同宽。
2. 屈臂向上拉起身体，直至下颚超过横杠，然后缓慢回到起始姿势。重复动作过程中，脚部不应触碰到地面。
3. 当运动员不能采用正确的动作要求继续完成时，测试终止。
4. 引体向上的动作应当平稳且可控，不允许出现猛烈提拉或身体摇摆的现象。
5. 在屈臂上拉或直臂下放的过程中，允许暂停休息，但是要保证双脚不触碰地面，也不能将下颚置于横杠上支撑休息。

屈臂悬垂：

1. 女性运动员可以采用屈臂悬垂测试代替标准的引体向上测试。

2. 可以采用引体向上、助跳或辅助垫高的方式将身体上拉直至下颚超过横杠。记录好是采用正向握杠还是反向握杠的方式，以确保再次测试时使用相同的握杠方式。
3. 尽可能长时间地保持这个姿势。当运动员无法继续保持下颚在横杠上方的高度时，测试终止。
4. 男性运动员也可以进行该项测试，作为引体向上测试的补充。

变化动作

有些教练员使用足球球门的横梁进行引体向上测试。虽然这种方法是可行的，但是标准的足球球门横梁比单杠的直径更大，因此会在抓握时造成前臂肌群的过快疲劳，进而可能对运动员引体向上的次数产生负面影响。一旦教练员确定了球门的安全性，那么在确定使用新的测试方法之前，还应该使用相同的门柱进行复测。

教练员可以购买便携式引体向上单杠，安装到门框之上。这些横杆比较便宜，使用便捷，可以用于室内的测试和训练。

测试贴士

为增加训练的多样性，可以使用不同的抓握方式进行训练（如宽握、窄握、交叉握等）。

测试三：立定跳远和三级连跳测试

测量方法

测试功率表现。

利用卷尺测量跳跃的距离。

适用阶段

适合于整个运动能力形成阶段，同时还包括运动启蒙阶段。

动作要求

1. 以站姿开始，双脚与肩同宽，足尖紧贴起跳线（用标志桶、贴布或粉笔作标记）。
2. 通过快速屈曲膝关节和挥摆手臂，完成一次反向运动的双脚跳跃（如图1所示）。
3. 尽可能远地向前跳跃，落地时屈曲膝关节，落地时保持稳定站立。
4. 测量从起跳线到距离落地位置后方最远一侧足跟之间的长度。

5. 测试时，重复跳跃 3 次，取最好成绩记录。
6. 对于三级连跳（如图 2 所示），运动员的起始姿势与立定跳远相同。在三级连跳测试中，第一次跳跃后不要停下，运动员尽可能快地再连续跳跃两次。
7. 测量从起跳线到距离落地位置后方最远一侧足跟之间的长度。测试时，重复跳跃 3 次，取最好成绩记录。

测试贴士

立定跳远和三级连跳都是非常好的下肢功率（爆发力）测试方法。

测试场地建议与项目比赛使用的地面相一致：足球运动员可以在草地上进行测试；篮球和网球运动员的测试则可以在各自项目的场地上进行；冰球运动员的测试可以在常规健身房的地面、草地或水泥地上完成。请注意，测试与复测的地面必须一致，以准确评估运动员功率的变化。

为了保证结果的准确性，运动员应该进行适当的热身，并获得 1 次试测的机会。

测试四：30 米和 60 米短跑测试

测量方法

测试速度和功率。

使用秒表记录最短时间。

适用阶段

处在运动启蒙阶段的运动员使用较短的跑动距离，如 15—20 米；进入到运动启蒙阶段后期，将跑动距离增加至 30 米；运动员在之后的所有阶段使用 30 米和 60 米的冲刺跑距离。

动作要求

1. 教练员使用标志胶带或标志桶标示出 30 米和 60 米的跑动距离。
2. 运动员以运动站姿开始，立于起跑线处，然后尽可能快地跑完规定距离。
3. 允许两次跑动之间进行适当的休息，每个距离的冲刺跑完成 2—3 次。取最短时间记录。

变化动作

教练员可以单独采用 30 米冲刺跑测试或 60 米冲刺跑测试，也可同时采用两项测试。这两项测试方法都能很好地测量运动员的速度和功率。

篮球、排球以及冰球等集体类项目的运动员，可以在室外操场或跑道上完成这些冲刺跑。这

些项目的教练员也可以选择在球场上或冰面上进行测试，作为上述两项冲刺跑测试的补充。

测试五：垂直纵跳测试

测量方法

下肢功率测试。

使用粉笔或胶带和卷尺来测量。

适用阶段

垂直纵跳测试适用于所有运动项目的各个发展阶段。特别对处在运动启蒙阶段和运动能力形成阶段的运动员更为有效，因为垂直纵跳是一项测量腿部力量和功率的重要指标。该项测试可以发现运动员的薄弱环节，有助于为运动员量身设计训练计划。在之后的发展阶段，垂直纵跳可以用来评估具有垂直方向特征因素项目的功率情况，如篮球、排球及跳高等项目。

动作要求

1. 侧身立于室内的墙壁旁，靠近墙壁一侧的手臂上举，手中持有一块贴布。
2. 始终保持身体紧贴墙壁，手臂在头上方伸展，将手中贴布粘贴在侧面墙壁上，标记出起始位置。
3. 用靠近墙壁一侧的手再取另一块贴布。然后迅速屈曲膝关节，完成一次快速反向运动的双脚纵跳。尽可能向上方跳起，同时向上伸展手臂，将手中贴布粘于侧面个墙壁之上。
4. 测量起始位置的贴布到跳起后贴布之间的距离（以厘米作单位）。

变化动作

如果在室外进行测试，用粉笔替代贴布来标记开始位置（一侧手臂伸展后的高度）和跳起后触摸到的最高点。

测试六：平板支撑以及平板支撑变化动作测试

测量方法

测试核心力量（腹部和下背部）和上身耐力。

用秒表记录总时间。

适用阶段

运动员在运动启蒙阶段可以将平板支撑的变化动作测试作为一种提高平衡能力与协调能力的方法。运动员在运动能力形成阶段的早期可以使用改版的平板支撑测试。运动员在运动能力形成阶段的后期和其他发展阶段，可以用标准的平板支撑测试核心力量。

动作要求

1. 以俯卧撑起姿势开始，脚尖触地，背部保持平直。保持手臂伸直，双手置于地面之上，与肩同宽。
2. 双肘屈曲，肘部及上臂触地的同时，与脚尖共同支撑身体保持平衡，身体始终成一条直线（如图1所示）。

3. 尽可能久地保持该姿势，直到臀部出现降低结束测试。
4. 记录支撑的总时间（以秒单位）。

变化动作

平板支撑变化动作测试是传统平板支撑测试的一种变化形式（如图 2 所示）。该测试更适合年幼的儿童，尤其是那些在运动启蒙阶段、刚刚开始练习平衡动作的儿童。因为在整个测试过程中，髋关节的晃动可能非常普遍，所以对于这部分人群来说，将坚持动作的时长来表示测试结果。

在进行平板支撑变化动作测试时，以俯卧撑起姿势开始，脚尖触地，背部保持平直。保持该动作，直至臀部开始下降或身体开始摆动时，测试终止。

测试七：1 500 米跑有氧测试

测量方法

测试心血管系统。

使用秒表记录完成时间。

适用阶段

1 500 米跑对处在运动启蒙阶段的运动员而言，很难坚持。因此，400 米或

500 米跑更加适合这个阶段的运动员。对于其他阶段的运动员而言，1 500 米跑测试都可以适用。

动作要求

1. 教练员在运动场标记 1 500 米的距离。
2. 快走和跑步完成 1 500 米的距离。记录完成总距离需要的时间。

变化动作

1 500 米跑测试是评估运动员有氧能力的很好指标。教练员可以在运动场或体育馆内进行的有氧能力测试。例如，足球教练员可以利用足球场的长度作为测试标记。虽然可能有些耗时，但是教练员应当让每名运动员独立完成跑动测试，记录运动员完成 4 次全场距离跑动所需的时间。也可以分别记录每完成 1 次全场距离跑动的时间。这有助于教练员确定每名运动员的平均疲劳程度，并判断运动员是否在尽全力完成跑动测试。

测试贴士

教练员要鼓励运动员全力完成测试。一些教练员设立了奖励计划，但是根据我们的经验，运动员在运动能力形成阶段和专项化阶段，口头表扬或认可运动员的付出，通常就能够起到激发运动员全力付出的作用。

使用其他形式的 1 500 米跑测试。心血管系统的改善以及测试时间的缩短，都可以起到激励运动员努力训练的效果。

测试八：四点灵敏测试

测量方法

测试启动速度和变向速度。

使用五个标志桶、一根卷尺以及一块秒表进行测试。

适用阶段

对于各个发展阶段的运动员来说这是一项有趣的灵敏性测试。测试方法容易掌握，触碰标志桶的测试要求运动员为了反复控制和加速必须调整好自己的步伐。处于运动能力形成阶段、专项化阶段以及高水平运动表现阶段的运动员可以使用更大难度的灵敏性测试。

动作要求

1. 教练员将四个标志桶成一条直线摆放，其中1号标志桶（C1）与4号标志桶（C4）距离20米。然后，将5号标志桶（C5）放置在2号标志桶（C2）与3号标志桶（C3）连线中点垂直向外10米的位置处，C5作为起点。
2. 从C5出发。快速冲向C4，用右手触摸4号标志桶。转身返回到C5，用右手触摸5号标志桶。
3. 继续跑向C3，用右手触摸3号标志桶。转身回到C5，用右手触摸5号标志桶。
4. 继续跑向C2，用右手触摸2号标志桶。转身回到C5，用右手触摸5号标志桶。
5. 继续跑向C1，用右手触摸1号标志桶。转身回到C5，用右手触摸5号标志桶。
6. 教练员记录整个测试的用时。

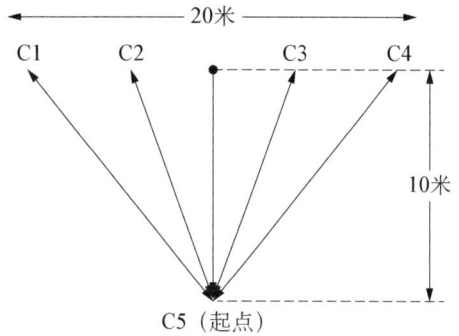

变化动作

教练员可以使用多种灵敏性测试评价球员。但是，无论教练员选择何种测试，都要进行复测。每种灵敏性测试的目的都是评估一名运动员的速度以及其变向能力。

在变化动作的测试中，运动员冲刺跑向标志桶之后，可以采用滑步

（Shuffle）返回出发点 C5，然后冲刺跑向下一个标志桶。当完成触摸最后的 1 号标志桶后，运动员直接冲刺跑（而不要采用滑步）回到 C5，测试结束。

测试贴士

鼓励运动员尽可能快地跑动，并将测试作为训练手段，帮助运动员提高比赛灵敏性。

为了确保运动员在技能和体能方面同时获得提升，因此对运动员比赛中以及比赛外的进步情况进行评价至关重要。实施合理的体能测试，是一种跟踪力量、功率、速度以及有氧耐力等训练成效的简易方式，它能够对训练计划是否实现了预期目标进行评估。

体能测试不需要在昂贵的实验室或研究中心完成。数据也可以通过一些较少仪器但能够详尽反映运动员体能水平的标准化测试获得。无论处在哪一个发展阶段，所有的运动员都能够从本章中的一些体能测试中获得帮助。

跟踪多年的测试数据将会帮助教练员和父母评估运动员的进步情况，并有助于对运动员的训练计划进行微调。

对于个体而言，并非一定要成为在体育领域中获得成就的职业运动员。成功可以通过良好的体育道德品质和健康的生活方式得以体现，并且要将这种生活方式融入整个成年阶段。成功也不需要专业训练设备或进入奥林匹克训练中心，但成功唯一的要求是对努力训练的渴望以及对求新的淡然和对务实的专注。

第四章 | 柔韧性训练

柔韧性训练

柔韧性指的是关节活动度。提高柔韧性是青少年运动员训练的基本内容，良好的柔韧性能够让运动员轻松地执行各种动作和技能，同时还可以有效地避免运动损伤。

当关节活动度大于完成项目技能所需的动作幅度时，运动员才会具备出色完成各种动作的能力。例如，在足球比赛中，球员想要踢中高空球就必须将腿部抬高至胸部，因此他们一定要具有足够的柔韧性以确保抬腿超过这一高度。否则，运动员将无法学习或熟练掌握运动项目所要求的各种动作。柔韧性的提升，依靠的是持续不断地针对不同肌群和关节进行静态和动态的拉伸练习，而不仅仅是一两次拉伸训练课。定期的拉伸运动可以提高运动员的力量、速度和跳跃高度。[1]由于柔韧性在成年时期获得提升的难度更大，因此最佳的做法是在青少年时期就进行柔韧性训练，并且将热身活动和拉伸练习作为训练计划的重要部分。

柔韧性训练还是一种能够预防损伤的重要策略。绝大多数运动项目都包含了重复性的动作，而整个运动过程中关节的活动度也十分有限，跑步便是如此。这些重复性动作会导致肌肉紧张，并可能造成肌肉拉伤或者撕裂。所以严谨并渐进增加柔韧性的计划将会拉伸肌群，以缓解肌肉紧张，有效避免运动损伤。

此外，柔韧性不佳还可能导致损伤。跑步和冲刺时，腹股沟和内收肌群并不直接参与运动。但是足球运动员在断球和抢球时，需要有很好的髋关节和腹股沟柔韧性。因此，运动员要根据比赛去适应和提高肌肉的柔韧性。[2][3]柔韧性包括多个方面，如练习或运动前的基本静态拉伸。运动员必须通过持续不断的柔韧性训练，以获得更大幅度的关节活动度。目前，足球运动员可能利用更多的时间拉伸股四头肌和腘绳肌，而忽略腹股沟和内收肌群的拉伸。

进行拉伸练习的最佳时间是在一般热身活动结束后（即慢跑和热身操后），训练的间隙以及训练课的结尾。

第一节　柔韧性的发展

幼童都具有很好的柔韧性，但是青春期之后，柔韧性就会随着年龄的增长而降低。尤其是男生，这大概是因为男生的肌肉体积、身高以及肌肉力量的变化更为剧烈。因此，青少年运动员在每个发展阶段都需要训练柔韧性。因此，柔韧性训练应该成为青少年运动员训练计划中必不可少的一部分，它与运动专项化无关。一旦运动员具备了运动项目所需的柔韧性要求，那么柔韧性训练的目标就是帮助运动员保持一定的柔韧水平。全年保持柔韧性训练十分重要，运动员在体能活动不足的状态下会很快失去柔韧性，而柔韧性的减低又会加大运动时损伤产生的概率。

因而，运动启蒙阶段是开启柔韧性训练计划的最佳时期。关注身体所有关节的整体柔韧性，有利于建立良好的发展基础。由于专项化训练在运动能力发展的后期阶段才会开展，因此在这之前，并不能确定针对该项目所需的哪一部位的肌群进行最多的柔韧性训练。

柔韧性练习包括静态拉伸、低强度的动态拉伸和一些热身操形式的活动，如前后摆臂（Arm Swings）、体前屈（Toe Touches）、手脚开合跳（Jumping

Jacks）等。虽然上述三类拉伸通常只运用在热身环节，但是却有助于拉伸关节，尤其对肩、髋、踝关节非常有效。在运动启蒙阶段，儿童喜欢在操场上开展各类活动、嬉戏玩耍，如吊桥、攀岩以及滑梯等。这些活动不仅有趣而且具有挑战性，能够有助于发展力量、灵敏性、平衡能力以及柔韧性。众所周知，社区联盟的足球教练执教的对象通常都是处在运动启蒙阶段的儿童。社区联盟的教练会安排一定的时间教儿童进行踢射练习、标志桶练习以及其他技能练习，但是在训练的尾声，他们会把孩子们带到附近的活动场，让他们可以开心地跳跃、攀爬以及荡秋千。教练员深知场地活动的重要性，而家长也乐于让孩子玩得尽兴。

随着他们的肌肉变得更加有力，身体也在不断地发育，男孩的柔韧性开始下降，并且在青春期的第二个阶段达到最低水平。而此时，女孩仍然拥有良好的柔韧性。因此，青春期是柔韧性因性别而差异最大的阶段。在青春期之后的阶段里，女孩的柔韧性依然优于男孩。尽管这种差异会存在，但是已经没有青春期时那么明显了。事实上，当女孩进入到青春期以后，柔韧性可能会达到一个平台期[4][5]，在成年后女孩的柔韧性可能会继续保持，但也可能出现下降。因此，包括运动员在内的所有人群都应当持续重视全身的柔韧性训练。

第二节　拉伸方法

拉伸练习是提高柔韧性的最佳方式。主要的拉伸方法包括静态拉伸、动态拉伸以及易化牵伸法（Proprioceptive Neuromuscular Facilitation，简称 PNF）。在对每种方法进行简要介绍之前，还是要大致提点当前关于何种方法最为有效的一些争论。很多教练员和运动员更倾向于使用静态拉伸的方法，他们担心弹震式的拉伸方法会导致肌肉拉伤。易化牵伸法可能在应用上存在一定的局限性，但通常被优先选择。

静态拉伸就是拉伸至动作的最大活动限度后，保持该姿势静止一段时间。在进行静态柔韧性练习的整个过程中，运动员应当放松肌群，实现关节活动的最大幅度。

无论是静态拉伸法还是易化牵伸法，运动员都是首先通过关节定位提高柔韧性。然后每次进行拉伸时，在该姿势下静止保持数秒时间。经过一个阶段的练习之后，拉伸的时长可循序渐进地增加。在静态拉伸时，力的施加可以由运动员本人独立完成；在易化牵伸时，则需要同伴给予肌肉压力。

动态拉伸是通过快速的摆动或主动发力以到达最大关节活动度。运动员不需要保持最后一个动作不动：以站姿开始，双臂举过头顶，双脚分开；然后，深蹲至最大限度，再回到起始姿势；重复该动作几次，每次尝试让膝关节屈曲达到最小角度。拉伸过程中，如果感觉到任何不适或疼痛，停止练习。

易化牵伸法则是运动员本人先将关节拉伸至最大活动幅度，然后紧接一次对抗同伴阻力的短时静力性收缩。随后，运动员可以放松肌肉，停止对抗，在同伴的持续压力下伸展肢体超过之前的最大活动范围至更大的角度。在运动员从关节的最大活动幅度恢复之后，可以再进行一次对抗同伴阻力的静力等长收缩。

第三节　运动实践

每次游戏和练习正式开始之前，都应该进行渐进式的热身活动。血液流动速度和温度的增加，能够让肌群为活动做好准备，有利于力量和功率的提升。

热身应该以10—15分钟的心血管机能活动开始，其中包括静态和动态拉伸组合练习。教练员也可以将运动员分成两组进行一对一的易化牵伸练习，尤其以下肢肌群拉伸为主。通常情况下，教练员可以在热身活动开始的时候安排10—15分钟的慢跑，然后再进行5—10分钟的静态拉伸或者易化牵伸，最后再进行5—10分钟的动态拉伸，加以实心球辅助练习或爆发性动作的活动（如蹲跳、立卧撑、有节奏地臂摆和提膝等）。

之前的一项研究对三种热身方案及其对儿童进行垂直跳、往返跑、跳远以及坐姿V字举腿的动作表现产生的即时影响进行了比较研究。[6]第一组儿童进行 5 分钟的步行之后，再做 5 分钟静态拉伸；第二组儿童只进行 10 分钟的动态拉伸练习；第三组儿童则在完成 10 分钟的动态拉伸后，再从 15 厘米高的跳箱上做三次跳箱下落测试。实验结果显示：进行动态拉伸的儿童（第二组和第三组），其跳高和折返跑的成绩有所提高；进行动态拉伸加下落跳的儿童（第三组），其跳远成绩有所改善；先进行步行再静态拉伸的儿童（第一组），其运动表现没有任何提高。另外，这三种热身活动对坐姿 V 字举腿的成绩也没有任何明显影响。

在所有的训练环境下都应该进行静态拉伸。我们建议在热身活动中加入一组静态拉伸练习。更为重要的是，运动员在竞争环境以外，也要把静态拉伸作为健康、积极生活方式的重要部分，让拉伸的积极意义得到淋漓尽致的体现。

第四节　训练计划的设计

如上所述，运动启蒙阶段是提高柔韧的最佳时期。因为在儿童早期的解剖学发育阶段，参与了很多低强度的游戏活动，所有肌群和关节都会参与其中，因此为灵敏性的改善提供了坚实的基础，并且可以避免剧烈活动引起的肌肉酸痛和其他关节受限问题。在这个阶段，训练计划应当聚焦于所有关节的发展，尤其是髋关节、肩关节和踝关节。踝关节的柔韧性对跑步和跳跃要求的所有技术至关重要，运动员必须尽量屈伸踝关节使脚趾接近或远离小腿。虽然我们建议使用静态拉伸方法，但是也必须注意不要超出不适阈值而造成过度拉伸肌肉。适可而止，不要激进！

柔韧性训练也应该贯穿整个运动能力形成阶段。这样可以在持续提升儿童关节强度的同时，应对青春期阶段发生在解剖结构上的诸多问题（如腿部与身体其他部位的非比例生长、躯干与双腿之间的力学杠杆发生变化）。运动员在青春期之前和青春期时进行柔韧性训练的时间越多，那么在运动能力形成阶段后期所面临的问题就会越少。

柔韧性训练的课程不应该枯燥乏味！应将柔韧性训练融入游戏和嬉戏当

中，而不要在紧张竞争的环境下进行，否则会导致过度拉伸，甚至受伤。

在青春期之前，运动员应当发展一般柔韧性；从青春期开始，则要发展与专项相关的柔韧性。因此，家长、体育教师以及教练员应当重视运动项目所需的关节柔韧性，尤其是踝关节和髋关节的柔韧性，因为这两个部位的柔韧性在之前常常被人们所忽视。当然，我们也不能因此而顾此失彼，还应兼顾到其他关节和部位的柔韧性。运动员在青春期以及整个职业生涯需要针对身体各个部位建立"呵护"计划，包括非专项运动所要求的各个关节也需要类似的"保养"。

在专项化阶段，运动员的训练应当聚焦于专项柔韧性的最大化发展。若是运动员需要在动态过程中完成某个专项动作，他们就应该在动态运动中，以最大的幅度完成这些动作。训练中如果缺少动态练习，很容易造成损伤。事实上，如果运动员不具备充分的柔韧性，那么即使进行动态拉伸练习也将无济于事。发展良好的柔韧性不仅可以保护运动员以远离伤病的困扰，同时柔韧性越是突出，力量的输出也就越是出色。

处在休赛期的运动员也要最大程度地保持柔韧性。要将竞争激烈的赛季看作是需要保养的时段。因为为了完成专项训练，运动员要分配体力并在各个肌群上施加能量与压力。所以，无论运动员的训练是否为了提升还是维持柔韧性，柔韧性训练都必须成为全年计划中每日训练的组成部分。运动员应当将柔韧性练习整合在每堂训练课热身部分的末尾，循序渐进地增加练习的活动度。最初，运动员可以进行一些幅度较小、数量较少以及拉伸难度较低的练习，然后再逐渐提高至运动员个人的最大动作幅度。从此刻开始，每一次动作重复应旨在达到最大幅度，同时小心缓慢地进行拉伸，施加的力量以不出现不适感为宜。

下面列举出的练习仅作为指导参考。当运动员能够按照渐进式的方式完成这些练习时，那么家长和教练员就可以在训练中加入其他方法。本章的所有练习适合于运动能力发展的各个阶段。其中的一些练习可以作为运动员在专项化训练阶段，进行动态拉伸和易化牵伸练习的选择。合理的进阶案例可参考表4-1和表4-2。

表 4-1　柔韧性训练的周期模型

发展阶段	训练方法	练习内容
运动启蒙阶段	静态拉伸 低强度的动态练习 （各类场地活动）	体侧屈拉伸
		身体环绕拉伸
		手足对侧体前屈拉伸
		双手交叉体前屈拉伸
		坐姿体前屈拉伸
		跨坐体前屈拉伸
		分腿蹲姿体前屈拉伸
运动能力形成阶段	静态拉伸 易化牵伸 引入动态拉伸	深蹲站立体前屈拉伸
		跪姿肩部拉伸
		站姿小腿肌群拉伸——原地触墙
		站姿小腿肌群拉伸——触墙屈踝
		对侧体旋拉伸
		进行各类同伴辅助下的静态和易化牵伸练习
专项化阶段	静态拉伸 易化牵伸 动态拉伸	进行各类同伴辅助下的静态和易化牵伸练习
		在同伴辅助下或独自进行各种静态和易化牵伸练习
		进行大部分动态柔韧性练习；动态拉伸进行到达最大限度的拉伸位置时（产生不适的位置），应当注意控制力度

表 4-2　青春期及青春期之后阶段年度计划中的柔韧性训练周期

阶段	柔韧性训练的任务	训练方法
准备期		
一般柔韧性	提升一般和专项柔韧性	静态拉伸、易化牵伸
专项柔韧性	最大化专项柔韧性	所有方法
竞赛柔韧性	最大化一般柔韧性	所有方法
过渡期柔韧性	提升一般柔韧性	静态拉伸、易化牵伸

体侧屈拉伸

拉伸部位　髋关节、躯干两侧

1. 双脚分开站立，与肩同宽。双臂侧平举，掌心朝上。
2. 身体向左侧屈，右侧手臂上举，在头上方与左手相碰。两个手臂始终保持伸直。姿势保持4—6秒。
3. 向右侧重复该动作。

身体绕环拉伸

拉伸部位　躯干、髋关节、腘绳肌

1. 双脚分开站立，与肩同宽。手臂上举，掌心相对。
2. 手臂和身体沿逆时针方向连续完成4次环绕：从左侧开始，向地面伸展，直至从右侧举起至头部上方，回到初始位置。
3. 沿顺时针方向连续完成4次绕环。

手足对侧体前屈拉伸

拉伸部位　髋关节、躯干、腘绳肌

1. 双脚分开站立，比肩稍宽。双臂举过头顶。

2. 屈髋的同时，右手向前触碰左脚，左手臂在后上方伸展。姿势保持4—6秒。
3. 回到起始姿势。
4. 重复这个动作：换左手向前触碰右脚，右手臂向左上方伸展。姿势保持4—6秒。
5. 再回到起始姿势。

双手交叉体前屈拉伸

拉伸部位　髋关节、胸部、肩关节、腘绳肌

1. 双脚分开站立，双臂侧平举。
2. 上半身前屈，双臂在体前交叉，双手分别触碰对侧脚踝，姿势保持4—8秒。
3. 上半身上抬伸展至水平俯身位，双臂打开侧平举，再直立身体。
4. 回到起始姿势。

坐姿体前屈拉伸

拉伸部位　髋关节、腘绳肌、小腿

1. 以坐姿开始，双腿伸直，手臂在头上方伸直。
2. 上半身前屈的同时呼气，手臂尽量向脚趾方向前伸。姿势保持4—6秒。
3. 回到起始姿势。

跨坐体前屈拉伸

拉伸部位　髋关节、肩关节、小腿

1. 仰卧平躺，手臂在头上方伸展，踝关节背屈。
2. 抬起上身向腿部方向屈曲，并用双手尝试触碰脚尖。姿势保持4—6秒。
3. 回到起始姿势。

分腿跪姿体前屈拉伸

拉伸部位　髋关节、腘绳肌、肩关节

1. 右膝跪地，左腿向前伸直，举起手臂至肩部高度。
2. 躯干向左扭转前弯的同时，右手触碰左脚脚尖。姿势保持3—6秒。伸展上身，右腿回到起始姿势。
3. 换左膝跪地，右腿向前伸直。
4. 换腿重复动作。

变化动作

练习时，将腿向斜前方而非正前方伸直。

深蹲站立体前屈拉伸

拉伸部位 腘绳肌、髋关节

1. 屈膝、屈髋，以全蹲姿立于地面，双手置于地面。
2. 伸膝，保持双手始终置于地面。姿势保持3—5秒。
3. 回到起始姿势。

跨坐转体拉伸—实心球

拉伸部位 肩关节、腹股沟、髋关节、腘绳肌

1. 双腿分开，坐于地面，双手在胸前持一实心球。
2. 双手持球，手臂向右脚脚尖伸展，进行一个完整的转体绕环，至左脚脚尖。回到起始姿势。
3. 再次伸展手臂，从左脚脚尖转体至右脚脚尖。

跪姿肩部拉伸

拉伸部位 肩关节、胸部

1. 双膝跪地，双臂高举过头，屈髋向前伸展，使双臂贴向地面。
2. 胸部向地面下压。姿势保持4—6秒。
3. 回到起始姿势。重复3—6次。

第四章 | 柔韧性训练

站姿小腿肌群拉伸—原地触墙

拉伸部位　小腿肌群

1. 双脚并拢，面向墙壁站立。与墙面的距离应当保证屈膝时不会碰到墙壁。掌心在胸部的高度贴墙。
2. 向墙壁方向屈曲踝关节和膝关节，但足跟不要离开地面。压力主要由踝关节承受。姿势保持6—8秒。
3. 回到起始姿势。

注：弹震式地进行练习时，运动员应该屈曲膝关节并快速回到起始姿势，重复6—8次。

站姿小腿肌群拉伸—触墙屈踝

拉伸部位　小腿肌群

1. 双脚并拢，面向墙壁站立，掌心在胸部的高度贴墙。移动至双脚尽可能远离墙壁。
2. 膝关节微屈，在不提起足跟的情况下，使踝关节尽量背屈。姿势保持6—10秒。
3. 回到起始姿势。

注：弹震拉伸时，快速提踵再放下。

脊柱伸展拉伸

拉伸部位　躯干、腹股沟

1. 俯卧，将腹部贴于地面。屈曲手臂，双手触地，与肩保持平行。
2. 伸直手臂，将上半身推离地面的同时，保持髋关节贴于地面。姿势保持2—4秒。
3. 屈曲手臂，上半身回到起始姿势。

对侧体旋拉伸

拉伸部位　肩关节、背部、腹股沟

1. 四点支撑，以跪姿开始。
2. 右腿向后伸的同时，左侧手臂向前方伸展。
3. 回到起始姿势。
4. 换对侧肢体，重复动作。
5. 回到起始姿势。

被动坐位体前屈拉伸

拉伸部位　髋关节、腘绳肌

1. 同伴 A 坐于地面，手臂向前伸展。同伴 B 立于同伴 A 的后方，双手置于同伴 A 的背部。
2. 同伴 B 向前推同伴 A 的上半身。姿势保持4—6秒。

第四章 ｜ 柔韧性训练

3. 二人同时放松，回到起始姿势。

注：如果进行弹震拉伸，同伴 B 扶住同伴 A 的后背，连续向前震压 6—8 次。

被动站姿肩关节拉伸

拉伸部位　胸部、肩部肌群

1. 同伴 A 以站姿开始，手臂上举过头顶。同伴 B 立于同伴 A 身后，将右手放在同伴 A 背部肩关节靠下的位置，同时用左手抓住同伴 A 的双手。
2. 同伴 B 向前推同伴 A 上背部的同时，向后拉动同伴 A 的手臂至完全伸展。姿势保持 4—6 秒。

3. 双方同时放松，并回到起始姿势。两人互换位置继续进行拉伸。

注：如果进行弹震拉伸，同伴 B 抓住同伴 A 手臂，连续向后拉震 4—8 次。

被动俯卧肩关节伸展

拉伸部位　胸部、肩关节、腹股沟、腹部肌群

1. 同伴 A 俯卧，将腹部贴于地面，手臂于头部两侧向前伸展。同伴 B 双腿叉开双脚分置于同伴 A 的上半身两侧，同时抓住同伴 A 的双手。
2. 同伴 B 缓慢拉起甲的手臂。姿势保持 4 秒。
3. 双方同时放松，并回到起始姿势。两人互换位置继续进行拉伸。

被动站姿单侧屈髋肌拉伸

拉伸部位 腹股沟、股四头肌、躯干

1. 同伴 A 立于同伴 B 前方 1 米处。
2. 同伴 A 向后方抬起左腿，上半身保持不动。同伴 B 双手握住同伴 A 的脚踝。
3. 同伴 B 缓慢地向上拉伸同伴 A 的左腿。姿势保持 2—6 秒。
4. 同伴 B 放低同伴 A 的左腿，并还回到起始姿势。换对侧腿重复动作。之后两人互换位置继续进行拉伸。

注：如果进行弹震拉伸，同伴 B 扶住同伴 A 的一侧腿，连续向上抬震 3—6 次。

变化动作

保持姿势的同时，同伴 A 的支撑腿配合进行屈伸。

被动仰卧单侧腘绳肌拉伸

拉伸部位 腘绳肌、髋部肌群

1. 同伴 A 仰卧平躺，手臂在身体两侧伸展。同伴 B 立于同伴 A 的左侧。
2. 同伴 A 主动抬起右腿。同伴 B 用双手握住同伴 A 的右侧脚踝。

3. 同伴 B 对同伴 A 的右腿施以持续的压力。
4. 同伴 A 放下右腿,回到起始姿势。
5. 换对侧腿重复动作。之后两人互换位置继续进行拉伸。

注:如果进行弹震拉伸,每侧抬起腿向下压 4—8 次。

变化动作

同伴 A 向自己拉起一侧腿的同时,同伴 B 将同伴 A 的对侧腿固定在地面上。

仰卧屈髋转体拉伸

拉伸部位　髋关节、臀大肌、下背部

1. 仰卧平躺,背部贴于地面的同时,屈曲左侧膝关节。
2. 右手置于左腿上,将左腿尽可能向右侧地面按压,同时左侧肩关节应始终与地面接触。
3. 完成身体对侧的拉伸。

变化动作

在同伴协助下，进行被动仰卧屈髋转体拉伸。同伴 B 的一只手按住同伴 A 内旋腿的膝关节周围，另一只手按压同伴 A 的肩关节，确保同伴 A 的身体在拉伸时完全与地面接触。换对侧腿重复动作。

分腿跪姿屈髋肌拉伸

拉伸部位　股四头肌、髋屈肌、腹股沟肌群

1. 右腿在前，左腿在后，分腿跪于地面，膝关节均屈曲 90°。
2. 保持上身平直，髋关节主导身体前倾，拉伸左侧大腿前部。姿势保持 10—15 秒。然后，用左手抓住左脚，慢慢把脚拉向臀部，拉伸股四头肌。
3. 重复拉伸对侧肌肉。

站姿动态随摆实心球拉伸

拉伸部位　髋关节、大腿、下背部、肩关节

1. 双脚分开站立，与肩同宽。双膝微屈，双手在体前持轻质实心球。
2. 屈膝，髋关节后推。手臂伸直的同时，将实心球向下放低至双腿之间（背部保持平直），然后缓慢地向上将实心球举过头顶。
3. 重复弹震动作8—10次。

第五章 | 速度训练

速度训练

　　如果要在田径项目以及较大场地上进行的集体类项目（如足球、橄榄球或棒球等）中脱颖而出，速度是最重要的素质之一。而在篮球、手球以及长曲棍球等其他集体类项目中，运动员则必须快速地奔跑、移动、反应或变向。在这种情况下，运动员不仅要拥有快速移动的能力，同时还要需要表现出良好的灵敏性。速度与灵敏性的提升离不开力量和功率（爆发力）——如果运动员不够强壮或不具备足够冲击力，那么就不可能变得快速而敏捷。所谓"速度"，主要由三个要素组成：反应时间（对信号做出的动作反应）、动作时间（武术中快速移动肢体的能力、挥拍或传球）以及跑动速度（包括四肢动作的频率）。

　　在集体类项目中，运动员很少会进行如田径短跑项目中的直线运动，而那些能够快速变向接住传球或躲避防守的运动员通常会获得更高的评价。在这类情况下，作为构成速度的几大要素，反应时间以及不同方向上的高速跑动得到了整合。另一个有关速度的案例是格斗项目，运动员为快速攻击对手或防御、躲避对手攻击，手臂与腿部都要做出快速的动作。因此,运动员必须具备极快的动作速度。这也就是为什么必须要对速度的不同要素进行理解和训练。

每种运动项目都具有特定类型的速度和灵敏性训练。父母和教练员可以将额外的速度训练整合在运动员的训练计划当中,帮助青少年运动员提高速度。本章末尾介绍的练习方法会有助于速度的提升。

很多运动专家认为,短跑运动员是天生的而非后天塑造的,因为速度取决于运动员的肌肉类型构成。具体而言,基于以下两个方面:

(1)基因。肌纤维中快肌纤维占比越高,肌肉反应的速度就越高,爆发力就越强。

(2)运动员的力量和功率。儿童在变得更加强壮之前,很难表现出较高的速度水平。

无论是否具有基因遗传特性,运动员都可以通过训练实现速度水平的提升。即便那些不具备速度天赋的运动员同样能够显著提升他们的速度。对于青少年运动员而言,在儿童时期进行速度训练至关重要。跑动速度、反应时间以及快速步伐能够从 5 岁开始持续提高至成年期。

速度的提升还取决于肌肉强有力地收缩能力,这种能力能够确保肢体的快速移动。因此,任何与反应灵敏或速度相关的有力收缩都与力量训练有关。由于儿童的力量主要从青春期开始显现,因而他们速度表现最为明显的提升期发生在青春期及青春期之后的阶段。当然,在神经适配的作用下,速度能力在青春期之前同样可以获得提高,因为肌群可以在学习中实现协同工作,让动作变得更加高效。可见,在青春期之前,速度的提升并非来自肌肉的强有力收缩,而是在于神经肌肉适应的结果。

除了生理性适应的原因之外,要实现青春期之前的速度提升还应鼓励儿童在不同的方向上,以各种强度进行跑动、单脚跳跃以及双脚跳跃。科学研究显示,如果运动员在儿童时期的早期,没能参与到对肌肉神经系统和运动技能发展提出挑战的各种活动之中,那么日后就不能充满激情地参加运动项目中的各种活动,同时缺乏坚毅的品质,无法在生理上胜任项目的要求。[1] 即使不进行传统的力量训练,也应当鼓励儿童在玩耍中竭尽全力。在使用哑铃和杠铃进行力量训练、对练习方法进行选择时，应当考虑运动员的年龄；而当他们进行跑步、双脚跳、单脚跳以及其他自重练习时，应当鼓励他们尝试更高的练习难度和更大的练习强度。这些途径将有助于发展儿童的肌肉质量，改善身体成分，提高骨骼健康度并改善动作技能。[2]

第一节　运动启蒙阶段的速度训练模型

在青春期之前的更早期阶段，儿童完成快速动作的能力呈渐进式增加；而到了这个阶段的后期，男孩和女孩都将出现快速发展。速度的获得很大程度上来自对短跑技能的学习以及更加出色的肌肉协调性。

有些孩子，尤其是那些不注重全方面发展的儿童，很可能存在四肢协调性不良的问题。由于手臂动作会直接影响到腿部动作的频率，因此手臂和肩部的协调性不足会阻碍儿童快速跑动能力的提升。造成这一问题的原因在于，处于青春期的男孩会因包括睾酮在内的激素分泌增加而获得力量的提升，女孩则因为较低的激素水平而在力量的提升方面趋于平缓。手臂和腿部的协调性可以通过中等速度下的短距离（20—30米）重复跑练习得到提升。在此类练习中，肢体的协调性才是学习的目标，不要强调跑动的速度。

跑动速度的性别差异在青春期之前的初期阶段并不明显。当儿童进入青春期后，这些差异才会逐渐显现出来，男孩在速度类的活动中会比女孩表现得更为出色。15岁之后，速度发展过程中的显著性差异将体现在跑动技术的所有阶段。[3]其他形式的速度与灵敏性也表现出了相同的趋势。[4][5]除了性别因素，运动员的实际年龄也会影响跑动速度。比如在30米的短跑中，18岁男生的跑动速度会快于15岁的男生。类似的结果在女性运动员身上同样有所体现。[6]因此，针对男女运动员应当设定不同的速度训练计划。

一、速度训练的任务

青春期之前阶段的体育活动应当将游戏性的速度发展作为主要目标。通过参与玩耍、比赛和接力活动，儿童将会掌握手臂和腿部的协调配合和快速移动，学会用前脚掌奔跑等技能，儿童的动作时间也能够通过上述的移动练习获得提升。他们还能够学会，在接收到信号指令或者在游戏的场景中，快速移动身体的各个部位。

青春期之前的速度发展主要是儿童在比赛和游戏中提升神经系统适应性的结果。随着这种运动经验的不断积累，神经系统可以最为有效地支配肢体的各种动作。因此，儿童会逐渐地具备在一定距离范围内快速移动、变向及更加快速地做出反应的能力。而在不同平面上进行活动，可以对动作协调性以及运动神经模式提出进一步的挑战。由于大多数学校的运动场地都由水泥和沥青铺就，这种地面可能会对关节造成过大的冲击力，因此应当鼓励儿童在更加柔性的地面上运动，如地板、草地或塑胶地面等。这样能够减轻对关节的冲击，提高平衡能力，通过对地面反作用力的缓冲，让肌群达到完全的收缩，同时运动平面的变化也可以增加训练的多样性。

孩子们都乐于得到对自身速度的认可。他们喜欢参与那些对速度具有很高要求的身体活动和任务，包括游戏和接力比赛等。速度练习的多样性非常重要，因为它可以帮助动作经验的持续积累。与此同时，儿童不应忽视自身的上肢练习。通过棒球、网球或轻实心球进行的简单投掷练习，对于发展上肢的动作时间大有裨益。同时，在接力游戏和练习中加入实心球的抛掷或负重训练也能够提升上半身的力量，并且能够对后期动作时间的表现产生积极的影响。具体的练习方法见第七章。

随着肢体协调性的提高，儿童可以逐渐地进行一些简单的速度练习，尤其是当进入到青春期之后。同样，在集体类项目的训练中，指导教师也应制定一些针对速度发展的专项练习。在绝大多数情况下，可以组织球类活动。教练员可以将专项练习作为训练的组成部分，但除了进行技术训练外，应让儿童参加一些其他形式的速度训练。

除非儿童参与按性别分队的项目，对于绝大多数比赛、游戏和接力，特别是在学校课程中，男女生的训练应当相同。因为男孩和女孩在这个发展阶段并没有明显的区别。[7][8]

二、计划设计

当儿童与同伴在进行户外活动或玩耍时，应当鼓励他们按照自己的节奏游戏。本节的指导原则主要适用于预先设定的训练计划或以训练为目标的游戏。儿童间的随意玩耍应当充满乐趣，强度也不应受到限制。我们经常会看到玩耍中的儿童似乎从不会感到疲倦。他们可以在蹦床上跳跃 10 分钟之后，立即投入到 20 分钟的追逐游戏当中，最后还要进行 30 分钟的骑行或篮球比赛。进行不同的游戏以及在游戏中彼此碰撞、交流，能够提高儿童的自尊心以及技能，同时有助于了解自身可以承受的运动强度。有些儿童为了能够赶超体能素质、优于自己的同伴，会不断地自我挑战；有些儿童则会将掌握的技能应用在游戏和比赛之中，使自己变得更加聪慧。然而，无论以何种方式，儿童都能够在与家人和朋友之间充满乐趣和惬意的各种活动中收获心智和身体上的帮助。

应当将青春期之前的每项速度训练计划都视作发展早期神经系统适应各种动作的机会。随着神经肌肉协调性的逐渐完善，儿童发展速度的能力也将进一步提升。

训练的持续时间或跑动练习的距离不应当过长。不要让儿童在这个年龄阶段经历不适。他们进行高速跑动的时间不应超过 4—6 秒，这是因为更长的跑动距离需要专门的训练才可以进行。如果在组间练习中能够让孩子们休息 2—3 分钟，那么他们便可以饶有兴趣地重复相同的练习动作。一旦儿童经历了不适和疼痛，他们就不会在训练中感受到快乐。

与其他能力的训练相似，教练员应当针对速度制定多年训练计划。教练员应该使用包含周身运动的多样性练习，促进跑动速度以及手臂和腿部的动作时间表现。青春期之前阶段的儿童，比赛、游戏和接力是构成训练计划的主要内容。

青少年运动员，特别是接近青春期的运动员，应当随着年龄的增长逐渐增加跑动距离，可以从 20 米进阶到 40—50 米。儿童的跑动训练应当以直线跑为主。在进入到青春期之后，可以将之字形折线跑、反复制动与启动（Stop and Go）、障碍跑和跑动中快速转身等练习加入到训练当中。反复制动与启动练习属于速度训练的一种方法。在该练习过程中，运动员首先全速冲刺 5—15 米，得到"停下"指令之后迅速制动；当再次得到"启动"指令后，朝教练员指示的方向全速冲刺 5—15 米。

在团队训练或比赛过程之中，教练员可以将速度任务与技能表现（如投球和击球）结合起来，此类练习属于综合发展跑动速度和动作时间的典型训练。青春期之前阶段的儿童，在速度方面都具有极佳的可训练性，而随着青春期的到来这种特征将更加明显。然而，教练员还是应当谨慎制定计划，阶段性地实施包括跑动、踢射、投掷等练习在内的每项训练。

表 5-1 列举出了适用于绝大多数项目的速度训练要素。其中，"训练形式"表示儿童参与活动的形式，"活动时间（距离）"代表每项活动形式对应的活动时长或跑动距离，"重复次数"则表示每项活动建议重复的次数。为了避免强度过量，两次活动之间应当让儿童进行休息和放松。因此，表 5-1 中最后一列代表合理的休息间隔。

表 5-1　青春期之前阶段的速度训练周期模型

训练的形式	活动时间（距离）	重复次数	间歇时间（分钟）
游戏	20—30 分钟	1—2	——
接力	10—15 米	3—5	2—3
速度训练	10—50 米	4—6	3—4
包含转身、变向以及制动与启动模式在内的速度训练	5—15 米	4—8	2—3

对于青春期之前阶段的儿童，比赛的持续时间不应超过 30 分钟。在冰球或足球项目中，可以将儿童的比赛划分为两节。我们不建议在青春期之前阶段就采用与成年运动员相同的比赛时长，因为儿童的耐力不足以完成一场 90 分钟的足球赛或是三节 20 分钟的冰球比赛。精疲力竭的儿童很难继续专注于接下来的比赛，而理想的情况应该是儿童在略感疲劳的同时仍然保持着对下一场比赛的憧憬。在加拿大和美国，一些足球联赛已经将青春期之前阶段的运动员的比赛时间缩减至 60 分钟。其中，前 30 分钟主要用于相关训练，后 30 分钟

进行比赛。这种模式能够帮助儿童有效热身，在精神上为比赛做好充分准备，并且可以将训练中的各项练习和技术迅速迁移至比赛之中。事实上，由于触球的机会十分有限，因此技术练习很少能够在实战比赛中实践吸收。但是在练习过程中，运动员却可以根据训练的时长得到 100—300 次的触球练习。因此，从训练向实战的快速迁移能够提高比赛中的自信度以及各项技术的运用。

儿童通常可以较为轻松地进行 3—5 组 10—15 米的接力训练，尤其是采用不同接力形式时。然而，无论儿童是否对接力练习表现出强烈意愿，都要确保每次接力练习之间的休息间隔。

对于集体类项目而言，速度训练必须采用转身跑、变向、制动与启动等多种形式。因为这类训练的距离并不会太长，在确保 2—3 分钟的间歇时间基础上，儿童能够完成更多次（一般 4—8 次）的重复练习。表 5-2 展示的是速度训练课的设计案例。

表 5-2　速度训练课模板

训练课部分	目的	训练内容	持续时间（重复次数）
1	热身	同表 2-1	10 分钟
2	速度提升		6 组，每组进行 25 秒
	专项速度提升	加入快速变向的短距离快速技战术训练，或具有技战术目标的比赛或训练	20—30 分钟（8 组，每组进行 15 秒）
3	放松、休息及回味	接力放松、慢跑	3 分钟（3 次）

发展反应时间的练习并不需要使用复杂的器材，简单的足球比赛或追逐游戏就能够实现。这两项练习都需要爆发性的速度和变向能力，因此可以提升功率表现和灵敏性。有学者进行了一项针对 4—6 岁儿童上肢以及全身反应时间的研究。该研究将喜爱动态活动（如跳绳、追逐游戏等）的儿童群体与偏爱静态活动（如"过家家"游戏、阅读或搭积木）的儿童群体进行了比较。结果显示，偏爱静态活动的儿童反应时间更长，而喜欢踢足球或追逐游戏的儿童则具有更短的全身和上肢反应时间。[9] 当然，本书并不是反对静态活动，因为

这类活动能够在心理层面带来诸多益处，包括提高创造力和专注度，我们提倡的是要通过多学科的方法，实现动态、静态活动的结合。

第二节　运动能力形成阶段的速度训练模型

速度能力会在青春期得到显著提升。绝大多数的儿童，无论男孩还是女孩，都会在这一阶段经历速度能力的加速增长。产生这一趋势主要与身体和肌肉体积相关。

力量增长能够对速度的提升产生积极影响。从青春期开始，男孩体内的睾酮水平会呈显著升高，力量表现也会随之提升。从而直接改善跑动速度和动作时间的表现。

与男孩的速度表现在青春期后期才出现明显提升相比，女孩的速度发展趋势在同期则进入到了一个平台期。虽然在很多快速动作中，速度的提升来自于肌肉和神经系统的协调配合，但是更多的情况是因为力量的发展以及肌肉收缩能力的增强。此时，无论摆臂动作还是蹬地效果都将更具爆发力。

上半身爆发力的增加，尤其是手臂力量的发展，有助于提升动作速度的表现。这主要反映在更远地投球或更具爆发力的挥拍动作。另一方面，腿部力量的提升可以转化为更加有力的踢球动作。对于绝大多数强调跑动速度的集体类项目而言，快速变向能力同样至关重要。这种能力的提升是神经系统协调能力和肌肉力量发展的双重结果。

一、速度训练的任务

想要进一步提高速度水平，青春期阶段的速度训练必须具有专项性的特点。然而，速度训练仍然应当成为全方面运动能力发展的组成部分，并且要与其他能力的发展联系起来。

在青春期，反应灵敏和加速能力的训练能够更好地促进神经系统适应，加强支配手臂与腿部动作主导肌群的协调配合能力。随着力量开始提升，特别是对于男孩而言，动作时间也会得到提升，因而对于上半身的反应灵敏和跑动速度产生影响。与此相似的是，当腿部力量增强时，儿童的腿部可以更加有力地蹬地，从而推动身体更加快速地向前移动。

尽管在青春期之前的阶段中，男孩和女孩都可以进行相同的速度训练，但是一旦进入青春期，我们建议速度训练要根据性别区别对待。男孩从青春期开始将变得更加强壮，这会直接影响肢体的动作和速度。正是由于这些差异的存在，将男孩和女孩分组训练是更好的选择。

二、正确跑步技术的教学

为了提升跑步效率，运动员应当开展跑步动作的训练。提高跑步效率的重要条件之一便是优秀的摆臂动作。手臂应当自如地前后摆动，上摆时应当达到面部高度。腿部频率应当随着摆臂速率的提高而增加，因为腿部的动作频率始终受制于摆臂的速度和频率，并且与之保持协调同步。驱动腿（Driving Leg，此处以右腿作为驱动腿）的大腿达到与地面平行的高度之后，脚部向前方快速落下。足底接触地面时完成一次"蹬擦地面"动作。当身体向前移动时，另一侧腿（左腿）向前摆动。此时，右腿蹬地主导身体向前。在整个冲刺跑阶段中，不断重复上述动作。

当儿童进行这些速度练习时，教练员或教师应当持续观察他们是否保持着正确的跑步姿态——肩部保持放松下沉，双臂同步摆动，膝部高抬；上身保持竖直，双眼直视前方；双脚快速蹬地，在前移时处于身体的正下方。以下是跑步技术的几个阶段（在一个跑步周期中，以右侧腿为例）：

（1）蹬伸离地阶段（Propulsion Phase）。此时右侧腿的髋关节、膝关节、踝关节快速伸展，脚部用力蹬离地面，推动躯干快速向前。

（2）折叠前摆阶段（Drive Phase）。右侧腿蹬离地面后向前摆动至大腿与地面平行。手臂沿身体两侧摆动，左手上摆至肩部高度（肘关节屈曲90°）。在进入落地阶段之前，确保踝关节的稳定。

（3）下落着地阶段（Landing Phase）。此时右侧腿的脚部下落触地，并迅速置于身体正下方。

（4）支撑缓冲阶段（Recovery Phase）。此时右侧腿的脚部完全着地支撑身体，左侧腿的足跟快速后摆至臀部，同时右侧手臂迅速前移。

三、计划设计

　　一旦运动员结束青春期，他们就可以增加速度训练的总量。无论是进行游戏、比赛、接力还是冲刺跑训练，他们都可以在高速情况下，逐渐完成更长距离的冲刺跑，跑动范围可以从20米延长至50或60米。

　　对于运动员和教练员而言，速度训练能够变得充满乐趣。儿童可以进行包括游戏、比赛、接力竞赛等多样式的练习；教练员则可以组织各种形式的接力竞赛或游戏，如冲刺跑、冲刺跑接转身、围绕标志桶接变向、手持或抛掷实心球及小障碍物的跨越练习等。

　　教练员还应当组织一些针对反应时间提升的专项练习。目的是减少儿童移动肢体的时间，如跑动过程中的四肢动作或投球中的手臂动作。该目标可以通过两个步骤实现：

　　（1）在提高动作速度表现的初期，指导教师应在运动员的前方，面对运动员站立。指导教师向运动员发出视觉信号（拍手）或声音口令（哨音），运动员根据指令执行任务。由于运动员能够看见教练员，因此可以更加快速地做出反应。

　　（2）随着运动员在反应时间上的表现不断提升，经过数月乃至1—2年的练习之后，教练员可以选择立于运动员身后，让运动员无法看到自己的动作，仅靠声音获得指令。该项练习的要求与之前相同：运动员应当在获得指令后立即作出反应。

　　与速度和动作时间的练习相同，运动员还应当进行一些提升爆发力的简单训练。对于上半身爆发力的练习，他们可以采用多种实心球投掷的方法进行练习。网球和棒球的掷远练习以及发展上肢平衡能力的双臂交替投掷练习，都是非常有趣且有助于提升上半身爆发力的训练手段。对于腿部爆发力的发展则可以通过一些简单的上下跳箱练习及跳跃安全障碍物的练习加以实现（详见本书第七章）。

　　进入到青春期之后的阶段，运动员可以逐渐过渡到最大强度（速度）与爆发力的练习，以提高神经系统的协调能力。由于运动员此时能够表现出更好的训练适应性，因此他们也可以根据训练的耐受水平，增加重复次数。

组间休息是速度训练中的一个重要因素。由于重复高质量练习的能力受制于神经肌肉系统的兴奋性，因此间歇时间对于完全恢复和身体的能量再生十分重要。

如表 5-3 所示，教练员可以采用接力练习发展青春期儿童的速度能力，练习的跑动距离可以比青春期之前的练习稍长：范围设定为 10—30 米，重复 4—6 次，组间休息 2—3 分钟。在进行直线跑动的速度训练时，距离范围可以设定为 20—50 米，重复 5—8 次，间歇时间延长至 4 或 5 分钟。测试时，为了达到更高的放松效果，儿童应当进行肌肉拉伸活动。对于集体类项目，儿童的速度训练可以在 5—25 米的跑动距离内加入变向、转身以及制动与启动练习，重复 5—10 次，组间休息 2—3 分钟。进行基于比赛的快速专项训练也能提高专项速度的水平。

表 5-3　青春期阶段的速度训练周期模型

训练形式	运动时间或强度	重复次数	间歇时间（分钟）
接力	10—30 米	4—6	2—3
速度训练（包含启动）	20—50 米	5—8	4—5
包含转身、变向以及制动与启动练习在内的速度训练	5—25 米	5—10	2—3

如果儿童在一堂训练课中只是完成速度训练或是进行包含转身、变向以及制动与启动练习在内的速度训练，那么应当增加更多的重复次数。通常，教练员可以在速度训练环节之后，安排一些技战术练习、游戏或争球比赛等。

针对青春期儿童的训练课构成可以与表 5-2 相同。但是，每种训练模式对应的距离和重复次数应当同表 5-3 一致。

第三节　专项化阶段的速度训练模型

速度通常随着年龄的增长而提升。当运动员进入青春期之后的阶段，速度的提升和动作时间表现提升将变得更加明显，这种趋势在男孩中尤为突出。女孩速度的最大提升一般出现在青春期晚期以及青春期之后的早期阶段。之后，如果不执行针对速度的训练计划，她们的速度水平将进入到平台期，并一直持续至青春期之后的整个阶段。

男孩的速度将在青春期之后持续增加。他们的身体在变得强壮的同时，快速移动能力也随之得到提升。此时，男孩与女孩之间的最大差异表现在上肢力量方面，因为从青春期开始，男孩的上肢力量就在不断地增强。

对于接受运动训练的儿童而言，速度表现的增强也同肌肉协调性的提升紧密相关。在全方面训练的影响下，运动员在学会支配肌群工作的同时，也掌握了使肌群高效协调的方法。如此一来，速度的提升就可以受益于肌肉与肢体间的良好协调。另外，神经系统在建立快速反应时将更具选择性，并能够将这种联系应用在运动场景中。在处理指令或是某场比赛的情景时，神经系统可以做出行为选择，刺激必要的肌群收缩，完成快速的动作。

一、速度训练的任务

青春期之后的阶段，速度训练应当更具专项性特征，与项目的需求保持高度相关。教练员要减少游戏的比例，为专项速度的训练留有更加充足的时间。

对于那些想要攀登至运动表现高峰的运动员而言，青春期之后的阶段将是非常重要的一级"台阶"。一方面，运动员在发展之初的前两个阶段，错失的任何能力都能够在此时得到弥补练习；另一方面，如果在青春期之前的阶段运动员不能满足速度训练的专项需求，那么将会对此时高水平表现的达成产生极大的不利影响。当然，尽管速度训练会逐渐变得更具专项性，但是运动员仍然不应完全忽视乐趣体验以及多方面训练的元素。

大部分速度训练都具有动态特征，要求高强度下对神经系统的持续刺激。因此，该类训练需要以更高的腿部动作频率和更快的速度完成跑动。

速度训练中需要持续关注的一个问题是，如何让运动员学会在以主动肌收缩执行动作的同时，放松拮抗肌。因此，在训练课中应当安排特定的时间，帮助运动员学会掌握放松的方式，使其流畅、自然、协调地完成各种技能练习或动作。首先，可以通过较低速度的重复性速度训练，让运动员专注于拮抗肌的放松。然后再逐渐增加动作速度，直至能够以最大速度完成相同的重复次数。然而，运动员不可能在一天、一周甚至一个月当中就可以实现这一训练目标。有些时候，这样的训练或许要持续1—2年。当然，综合考虑学习流畅自然的跑动技术与动作所带来的诸多益处，增加这类练习的时间比重十分必要。如果运动员在专项化阶段没有进行过此类练习，那么他们跑步动作将会非常僵硬。动作僵硬意味着更高的能耗，以及不必要的肌肉收缩，最终就会导致更慢的跑动速度。

到了青春期之后阶段的后期，教练员应当以年度周期计划安排训练。从此刻开始，教练员制定的训练计划必须要满足一个完整赛季的训练需求。教练员应当在准备期（赛季前期）安排全方面训练，并针对某些存在"短板"的肌群进行补强训练；从准备期的末段开始，训练应当体现专项性特征。此时，教练员或指导教师应当使用那些直接有助于运动表现提升的练习方法；最后，在年度计划中的休赛期或过渡期，应当继续回到全方面的非正式训练，并放松调整。此时的安排旨在消除疲劳和放松身心，同时可以进行一些身体活动和休闲娱乐活动。

二、计划设计

青春期之后的阶段，比其他两个发展阶段中的训练，我们对速度训练提出的建议也更加复杂。除了速度训练之外，运动员还必须通过以下的训练要素发展速度和动作时间。

（1）速度

高强度下的高速、高频训练应成为重要的组成部分，大致占全部速度训练时间的60%—70%。

（2）动作时间

动作时间是指从作出反应的第一个明显动作开始，至整个动作完成后的耗时情况。[10]动作时间不仅表现为肌肉对某个刺激源作出的反应，同时体现了肌肉快速的和爆发式的收缩能力。包含速度与功率的训练能够有效地发展运动员快速移动肢体的能力。

（3）克服外部阻力的能力

在绝大多数的运动项目中，力量（即肌肉快速收缩产生的力）是完成一系列快速动作的决定性因素。然而，在训练和比赛期间，制约运动员快速运动的外部阻力有多种形式，如重力、器材、环境（雨水、雪和风的影响）和对手。为了克服这些外部阻力，运动员必须提高自身的力量水平。通过增加肌肉收缩的力量，运动员可以提升动作的加速能力，快速完成技能。克服外部阻力的训练内容之一，就是要求提升运动员爆发式的踢摆、击打、投掷、挥拍等能力。

（4）技术

动作和动作时间的速度频率通常是技术的一种功能。有效动作模式的习得有助于快速、正确且高效地完成一项技能。同时，运动员必须有意识地放松拮抗肌，轻松协调地完成技能动作。

（5）专注度以及意志力

各种快速动作的执行需要具备一定水平的力量。由于反应灵敏度是中枢神经系统对运动信息加工处理的结果，因此神经冲动的频率以及运动员的最大专注程度决定了动作的速度。运动员的意志力和专注度是实现高速运动的重要因素。

（6）肌肉弹性

肌肉弹性以及主动肌和拮抗肌交替放松的能力是实现高频动作和正确技能的重要因素。另外，关节柔韧性也是进行大幅度动作（如长距离的跨步）的要素，它在任何需要快速跑动的项目中都极其重要。因此，每日的柔韧性训练，尤其是针对小腿和大腿肌群的训练，必不可少。

表5-4列出了青春期之后阶段的速度训练周期模型。该表提供了很多训练形式，但是需要根据自己所在运动项目的需求进行选择。

表 5-4　青春期之后阶段的速度训练周期模型

训练形式	运动时间或强度	重复次数	间歇时间（分钟）	每周速度训练次数
快速启动训练	10—30	6—10	3—4	1—2
最大速度训练	20—60	4—8	3—4	2
速度耐力训练	60—120	3—6	4—5	1—2
专项速度训练				
加速训练	10—30	4—6	2	2—3
减速训练	10—20	4—6	2	2
制动与启动训练	10—20	4—8	2	2—3
包含变向的加速训练	10—30	4—8	2	2—3
动态训练（投掷、脚踢、跳跃）	——	2—4 组，每组重复 5—10 次	1—2	2—4

注：由于上述训练的组织和实施过程较为繁琐，因此应当根据运动员的能力在每堂训练课中安排 2—4 种不同的训练形式。同时要平衡训练课中技战术练习内容的比例。表 5-5 和表 5-6 提供了一周当中不同时间的训练形式安排案例。

快速启动对于所有集体类项目而言非常重要，如足球、橄榄球、棒球、冰球、长曲棍球以及篮球，因为这些项目的运动员需要连续进行快速的加速运动。进行快速启动练习时，运动员需要双脚开立，做好准备姿势。接到指令后，运动员应当迅速加速，跑动 10—30 米，重复相同的跑动练习 6—10 次。教练员应当给予运动员 3—4 分钟的组间休息。放松和简单的拉伸能够保持肌肉的弹性。快速启动练习也可以从技战术训练中独立出来，以提高快速启动能力，或将其作为专项练习的内容。

加速训练是提高短跑成绩或集体类项目运动员的最大加速度进而达到最大速度提升目的的一种训练形式。运动员要进行 4—8 组 20—60 米的加速跑训练，组间休息 3—4 分钟。另一方面，速度耐力训练要在较长距离范围（60—120 米）内保持最大速度水平。由于该项训练对身心要求较高，因此一般进行 3—6 组，组间休息的时间延长至 4 或 5 分钟。这项训练对于橄榄球中的外接手、棒球运动员以及田径中径赛项目的运动员非常重要。

运动员还必须进行符合专项要求的速度训练，如在大多数集体类项目的训练中加入球的辅助练习。当然，除了快速加速能力之外，集体类项目中的减速能力和高速跑动中的快速制动能力同样非常重要。由于集体类项目中的运动员很少会进行直线加速跑，因此他们必须进行包括转身、变向以及制动和启动在内的专项速度训练。跑动距离在 10—30 米左右，并不需要过长，重复 4—8 组。为了让不论是否处于疲劳状态的运动员，都能够具备加速和减速的能力，组间休息设置的时间应当较短（2 分钟）。更多灵敏性训练的内容可详见本书第六章。

在弹动（Ballistic）或动力性训练中，运动员必须进行动态的爆发式投掷、传递、踢射、击打以及跳跃动作的训练。例如，进行 2—4 组、每组重复 5—10 次的练习动作，组间休息 1—2 分钟。通常情况下，大多数集体项目都要求运动员在疲劳状态下完成训练。

另外，有两个重要的方面需要给予考虑。第一个方面是运动员无须在一堂训练课中完成所有形式的训练。田径项目的短跑运动员或许会在同一次训练中进行启动和最大速度练习。然而，由于难度问题，速度耐力训练可能会安排在专门的环节单独训练。橄榄球项目的外接手以及棒球运动员可能在一次训练课中同时涉及快速启动、加速以及变向加速的训练。在棒球项目中，变向意味着在菱形场地内跑动。而速度耐力训练，则安排在其他训练日单独进行，采取结合项目需求的专项训练形式（如变向）。对于其他集体项目的运动员，多种训练形式可以按照以下方式进行组合：

（1）每周安排 1—2 天，训练形式包括快速启动、最大速度训练以及带有变向的加速训练；

（2）每周安排 2 天，训练形式包括加速、减速以及制动和启动的冲刺跑训练。

第二个需要考虑的方面是力量和功率训练有助于最大速度和动作时间的提升，具体的内容我们将在第七章进行讨论。表 5-5 和表 5-6 对个人项目和集体项目的训练安排做出了进一步举例说明。

表 5-5　个人项目的最大加速训练计划

周一	周二	周三	周四	周五	周六	周日
热身	热身	热身	休息	热身	热身	休息
启动练习：6—10组，每组10—30米（组间休息：4分钟）	最大加速训练：6组，每组30米；4组，每组50米；3组，每组60米；4组，每组30米（组间休息：4分钟）	速度耐力训练：4组，每组60米；2组，每组80米；2组，每组120米；2组，每组40米（组间休息：5分钟）		启动练习：4组，每组10米；2组，每组20米；2组，每组30米	速度耐力训练：2组，每组80米；2组，每组120米；4组，每组60米（组间休息：5分钟）	
力量训练				最大速度训练：3组，每组40米；3组，每组60米（组间休息：4分钟）	力量训练	

注：力量训练详见本书第七章。功率训练可以从速度训练分离出来，单独排在上午进行。组间休息时可进行轻松的拉伸练习。

表 5-6 集体项目的最大加速训练计划

周一	周二	周三	周四	周五	周六	周日
热身	热身	热身	休息	热身	热身	休息
技术训练：加速—减速训练：10组，每组30米	战术训练：变向、制动和启动练习：16组，每组3分钟	技术训练：最大加速训练：6组，每组15米；6组，每组30米（组间休息：4分钟）		针对速度和灵敏的技战术训练：12组，每组30米（组间休息：4分钟）	包含转身的加速训练：6组，每组30米	
包含转身和变向的技术训练：12组，每组30米	对抗争球竞赛（组间休息：2分钟）	战术训练：12—14组，每组1分钟（组间休息：2分钟）		包含转向、制动和启动的技战术训练：8—10组，每组1分钟	加速—减速训练：8组，每组30米	
对抗争球竞赛（组间休息：2分钟）	弹动或动力性训练	弹动或动力性训练		对抗争球竞赛；弹动或动态训练	制动和启动训练：10组，每组30米（组间休息：2分钟）	

注：周六的训练安排可以由个人单独执行（如健身房或冰球馆的室外场地）。在周一、周三及周五可以加入第七章介绍的功率练习。当然，也可以将功率训练从专项训练中分离出来，在周一、周三及周六的上午单独安排。

如前文所述，从青春期之后的阶段开始，教练员或指导教师就能够实施年度周期训练模型。在这一阶段，运动员开始需要参加更多的正式比赛，并且按照结构式的计划进行训练。指导教师必须将周期的概念贯穿在一项训练计划之中，如表5-7、表5-8及表5-9所示。

表5-7和表5-8表明，速度训练从短距离重复跑练习开始逐渐进阶。在这个过程中，运动员应当找到自身所处发展阶段的最佳训练形式和最大速度。当这些目标达成后，他们应当将练习的跑动距离逐渐增加至运动项目需要或最终竞赛所需的距离。

在集体类项目中，运动员以最大速度跑动的最大距离取决于其在场上司职的位置。例如，橄榄球项目中的外接手或棒球运动员最大速度跑动的距离上限为80米；在足球运动中，这一距离缩减至40—60米；而在篮球项目中则不超过15—20米，除非运动员又以相同的速度返回至本方篮下区域。无论运动员以最大速度跑动多远距离，指导教师都应组织针对速度训练的专项训练课，按照周期理念，融入最大速度、速度功能以及速度耐力。这类训练能够让运动员成为拥有优秀加速能力的速度型选手。

对集体类项目而言，只拥有快速的加速能力仍远远不够。运动员还必须具备快速变向和减速的能力，确保能够转向并立即朝另一个方向加速。腿部越是强壮的运动员，完成这些动作的速度就会越快。因此，运动员在进行力量训练的同时应当配合速度训练。

在进行标准的100米短跑时，运动员不会瞬间就达到最大速度，在整场比赛或跑动过程中也不会一直维持同样的跑动速度。启动后，运动员需要4—5秒的时间才能达到最大速度，这个过程主要取决于腿部力量。针对100米短跑的研究已经证实，运动员会在50—60米处达到峰值速度，并且能够将该速度保持至70—80米处，速度耐力将是决定速度保持能力的重要因素。这项对冲刺跑速度的简要分析表明，速度训练要比想象中的更为复杂一些。指导教师必须知道100米短跑跑速变化的三个阶段，运动员只有满足每个阶段的能力需求，并且在训练中全面发展影响速度的各个要素（加速、最大速度以及速度耐力），才能成为速度型选手。

表 5-7 青春期之后阶段的速度训练周期模型

月份	十月	十一月	十二月	一月	二月	三月	四月	五月	六月	七月	八月	九月
训练阶段	准备期							竞赛期			过渡期	
速度训练类型距离最大速度百分比	长距离定速跑,8—12次,400—200米,最大速度的50%	短距离定速跑,8—12次,200—100米,最大速度的60%—70%	重复跑,20—40米,最大速度的95%—100%		重复跑,40—60米,最大速度的95%—100%;慢速启动,10—15米,最大速度的80%—100%		重复跑,60—80米,最大速度的90%—100%;带有起跑的20—40米,最大速度的90%—100%		带有起跑或不带有起跑的40米及以上至全程距离的跑动练习	其他身体活动或游戏	
速度训练	无氧耐力训练		最大速度训练				最大速度训练;加速度训练;速度耐力训练			—	
力量训练	功率耐力		启动力量				启动力量功率耐力			解剖学适应性训练	

注：为青春期之后阶段的短跑运动员制定的全年速度训练，最佳竞技状态必须出现在六月和七月。

表 5-8 青春期之后阶段末期的速度训练模型

月份	十月	十一月 十二月	一月	二月	三月	四月	五月	六月	七月	八月 九月
训练阶段	准备期	准备期	竞赛期	竞赛期	过渡期	准备期		竞赛期	竞赛期	过渡期
训练类型 距离 最大速度 百分比	长距离定速跑，8—12 次，400—200 米，最大速度的 50%	短距离定速跑，8—12 次，200—100 米，最大速度的 60%—70%	重复跑，20—40 米，最大速度的 95%—100%	重复 40—60 米，最大速度的 95%—100%	过渡期	短距离跑 200 米，最大速度的 75%	重复跑，40—60 米，最大速度的 95%—100%	重复跑，60—80 米，最大速度的 95%—100%	带有起跑或不带起跑的 40 米至全程以上距离的跑动练习	其他身体活动或游戏
速度训练	无氧耐力训练	无氧耐力训练	最大速度训练	最大速度训练	—	无氧耐力训练	最大速度训练 加速度训练	最大速度训练 加速度训练	最大速度训练 加速度训练	
力量训练	功率耐力	功率耐力	启动力量	启动力量	—	功率耐力	启动力量	启动力量	启动力量 功率耐力	解剖学适应性训练

注：为处在青春期之后阶段末期的儿童制定的全年速度训练。有关解剖学适应性训练的介绍请参见第八章。

表 5-9 集体项目青春期之后阶段的速度训练周期模型

月份	五月	六月	七月	八月	九月	十月	十一月	十二月	一月	二月	三月	四月
训练阶段	准备期							赛季期			过渡期	
训练类型 距离 最大速度	长距离定速跑，600米，最大速度的50%；400米，最大速度的60%		短距定速跑，100—200米，最大速度的65%	短距离重复跑，20—30米，最大速度的90%—100%；专项练习，20—90秒，最大速度的95%—100%		保持最快速度以及加速训练					其他身体活动或游戏，室外活动	
速度训练	无氧耐力训练			最大速度、转向、急停训练				通过专项练习保持最大速度/对抗争球竞赛			—	
力量训练	功率耐力			功率训练：加速和减速				功率保持：加速和减速			解剖学适应性训练	

注：为10月至次年2月联赛期制定的计划（如篮球、排球以及冰球）。

表 5-7 显示了运动员在青春期之后的阶段全年速度训练的周期模型。在这个模型中，运动员必须在 6 月和 7 月达到最佳竞技状态。表 5-7 的上半部分是全年月份和训练阶段的结构划分。下半部分则是具体的速度训练类型、距离以及按跑速阶段划分的计划比例。训练计划从长距离定速跑开始，或训练形式从 400 米跑过渡到 200 米跑的练习，以最大速度的 50% 重复跑动 8—12 次。这个范围内的训练类型主要是发展有氧兼无氧能力基础。准备期的第二阶段（11 月末至 1 月中旬）同样执行相同水平的训练，但是速度需要更快，以最大速度的 60%—70% 重复 8—9 次跑动练习。

基于 10 月至次年 1 月中旬的训练所建立的基础，运动员可以逐渐增加速度训练的强度，经过数月后，在 6 月和 7 月达到峰值。最大速度应当出现在 1 月末至 2 月，从短距离跑动练习开始，并逐渐增加至比赛所要求的实战距离。

增加最大速度训练的跑动距离取决于运动员的跑动形式。事实上，跑动形式由跑动练习的距离和运动员在该距离下重复跑动练习的次数构成。在短跑训练的初期，运动员需要在保持放松且动作正确的情况下，重复距离为 15—20 米的跑动。一旦运动员无法继续保持正确的跑步姿态，说明他们出现了疲劳，并且已经不具备完成快速跑动的能力。

当运动员能够在正确的姿态下跑动 30—40 米距离后，教练员就可以延长跑动练习的距离（40—60 米）。在表 5-7 中，体现为 3 月初至 4 月中旬的这段时间。同时，教练能够开始实施以最大速度的 80%—100% 进行短距离（10—15 米）的慢速启动练习。同样，应当始终要求运动员保持正确的跑动姿态。

经过三个月的短距离和中长距离的速度训练，运动员可以开始进行距离为 60—80 米的跑动训练。当运动员能够以正确的姿势保持最大速度时，教练员就可以继续延长跑动练习的距离。从此时开始直至整个竞赛期，运动员可以通过全程跑或超出实际比赛距离（如超长距离）的跑动练习发展最大速度和速度耐力。

4 月至 7 月，训练中的重复次数要依据运动员的训练承受能力以及体感疲劳水平再加以确认。随着比赛的临近，应当将运动员的训练量控制在平时的训练水平以下，避免过度训练。只有当运动员得到充分休息和恢复时，最大速度训练才可能会更有效果。

如果运动员期望在 6 月和 7 月达到最佳竞技状态，那么他们必须发展表 5-7 中最后两行所建议的速度与功率训练类型。当然，并不需要严格按照表 5-7 中的内容进行练习。气候因素与运动员训练潜力的不同都可能会导致一些变化。然而，无论变化如何，请按照建议中的进阶方式和训练类型进行练习。

表 5-7 与表 5-8 的区别在于后者包含了两个竞赛期：1 月至 3 月初的室内比赛和 5 月末至 7 月底的室外比赛。在两个竞赛期之间的 3 月中旬会安排一次两周左右的过渡期。每个竞技状态巅峰期的进阶方式都与表 5-7 相似，但是为了出现两个高峰期，每个阶段的时间都会略有缩短。其他所有的训练要素都与表 5-7 类似。

表 5-9 与表 5-7 相同的内容在于，都要从长距离定速跑逐渐进阶到短距离定速跑，专项速度训练在 8 月和 9 月达到最大峰值。在准备阶段的剩余两个月中，运动员要通过重复专项技战术练习或集体项目所需的速度专项练习（如转身、变向以及制动和启动练习等）实现最大量的速度训练。这类速度训练是要帮助运动员能够适应比赛要求。其具有动态特征，发展从慢跑到最大加速度的迅速变速能力。进阶式的功率训练及力量训练支持运动员在整段比赛中保持特定的速度。在这个案例中，需要在秋天和冬天的几个月中进行准备训练，并在 3 月和 4 月进行项目特定的速度训练。

第四节 训练方法

在本章中，我们介绍了 26 种练习和游戏，以帮助青少年运动员提高速度水平。这些练习适合各个年龄段的儿童和青少年。请记住，教练员必须保证运动员在完成这些训练时，保持正确的跑步姿态（参见本章第二节所介绍的

"正确的跑步技术"），并且更加强调技术而非获胜。

最后，当发展速度训练时，重点不在求新而是务实，要把必须完成的内容做好。在速度训练中存在许多谬论，从关于跑步技术到仪器设备，比比皆是。为了提高速度，我们必须专注于逐步提升力量，并按照年龄分阶段进行力量训练，还要用正确的技术进行针对全身的跑步、跳跃训练以提高神经系统的反应速度和肌肉的协调性。对于儿童，这个训练过程应当是有趣的，并且使运动员精神焕发。最重要的是，应当会提高特定项目（无论是个人项目还是集体类项目）的速度水平。这些目标只需要通过一些基础性的训练就可以实现，无需很多设备，只需要在室内和室外训练就能实现。

队列接力竞赛

练习重点　跑动姿态、速度

1. 将队员分成两组或多组，每组 8—10 人。
2. 所有队员依次纵向排列站在起跑线之后。指导教师发出指令后，排在队首的队员以最快的速度冲向距离起点 10 米处的标志桶。
3. 绕过标志桶后，该队员折返跑回至起点，并且和本组的下一名队员击掌。下一名队员只有在击掌后才能开始跑动。
4. 队员跑回起点后，直接排在本组的队尾。
5. 最先完成接力赛的小组为优胜方。
6. 在组织接力赛时，还可以加入一些技能挑战内容，如行进间运球、滚球接力或单腿跳跃接力。

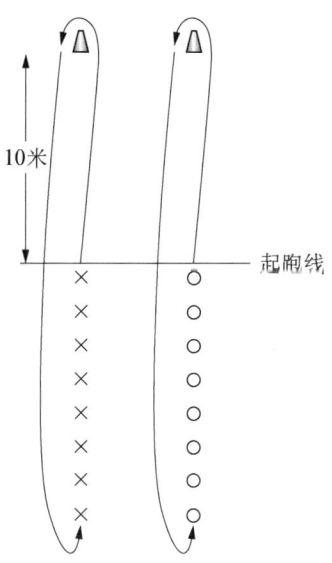

团队障碍接力竞赛

训练重点 快速跑动绕过标志桶

1. 障碍接力的组织方式与队列接力相同,只是需要队员在完成折返跑的过程中,绕过多个标志桶。
2. 与队列接力竞赛相同,队员可以跑动、运球或携实心球等其他物体负重跑。
3. 队列接力跑的规则可以应用在任何接力项目中。

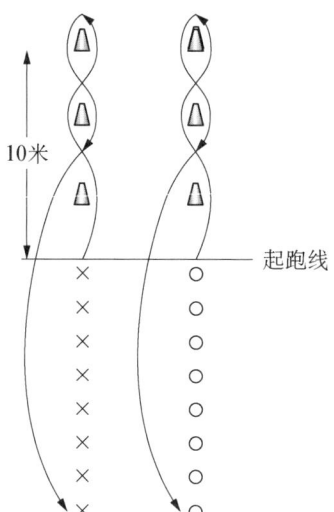

狐狸与松鼠游戏

训练重点 速度、反应时间

1. 从队员中选出两人,分别指定为"狐狸"和"松鼠"两个角色。
2. 其余队员两两搭档,相对站立,手臂相牵高举过头顶。他们的角色是"树木",分散站立在场地当中。
3. 扮演"狐狸"的队员需要在场内追逐并触碰到扮演"松鼠"的队员。"松鼠"躲避时,可以藏于扮演"树木"的两名队员之间。当"松鼠"进入"树木"之间时,处在他身后的"树木"队员成为"松鼠"。
4. 游戏可以一直循环进行,直到每名队员都扮演过"狐狸"或"松鼠"。

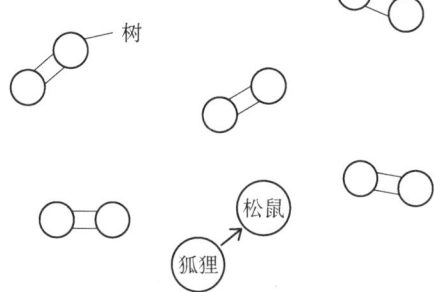

追逐与躲避游戏

训练重点 快速反应时、快速绕圈跑

1. 从队员中选出两人,分别指定为"追逐者"和"躲避者"两个角色。剩余

的队员两两结对，围成一个圆圈。

2. "追逐者"试图触碰到"躲避者"。如果成功，两人互换角色。

3. 如果"躲避者"在被触碰到之前，站到了圆环上的两名队员之间，并触碰到了其中一人的肩部，那么该名队员将成为新的"躲避者"以逃避"追逐者"。

4. 如果"追逐者"出现疲劳，那么指导教师可以指定新的"追逐者"。

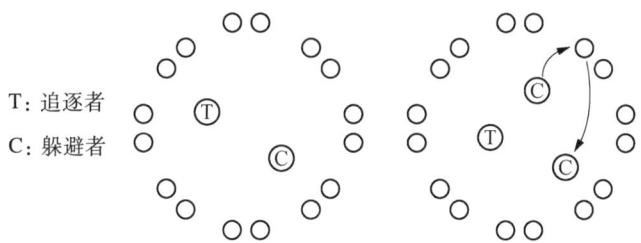

"章鱼"追逐游戏

训练重点　反应时、高速变向能力

1. 练习由20—30人组成。从中指定1—2人为"章鱼"角色。剩余的队员站成一排，背靠墙壁。

2. 扮演"章鱼"的游戏者高呼"章鱼来了"，然后所有人跑向对面的墙壁。

3. 如果"章鱼"触碰到了跑动途中的任何一名队员，则该队员也变成"章鱼"，但要单腿着地，与其他"章鱼"一同追逐并触碰试图穿越至另一侧墙壁的队员。

4. 当所有人都被触碰到之后，游戏结束。

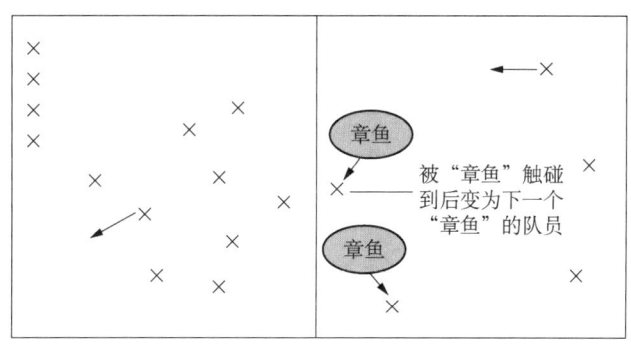

原地摆臂练习

训练重点 手臂主导、手臂协调性

1. 双脚相距 15 厘米，分开站立。肘关节屈曲约 90°。
2. 在不改变身体姿势和肘关节角度的前提下，前后摆动手臂。手臂上摆的高度与面部持平，不要耸肩。

站姿启动练习

训练重点 站姿下的快速启动能力

1. 在很多项目中，尤其是集体类项目，非常强调快速加速能力。因此，站姿下的启动模拟可以对运动员在某个方向上的快速启动加速能力进行训练。练习的预备姿势为分腿站姿。
2. 接到教练员指令后，向目标方向快速加速。

<u>变化动作</u>

快速启动后，绕过 1 个标志桶，或完成一系列弯道跑，或完成绕过 4—5 个标志桶的障碍跑。

前倾启动练习

训练重点 前倾姿势下的快速加速能力

1. 以站姿开始。
2. 听到"各就位"后，移至出发点。
3. 听到"预备"后，一侧脚后蹬，对侧手臂向前伸，双肘屈曲约 90°。身体应当保持轻微的前倾姿势。
4. 听到"跑"后，前伸手臂迅速用力后摆的同时，后伸手臂向前、后蹬腿用力蹬地跨出第一步。

快速踏步练习

训练重点　小步伐、高步频的快速加速能力

1. 以站姿或前倾姿势开始。
2. 完成 10—15 米的快速踏步跑，整个过程应当确保前脚的落地位置始终在前腿的膝关节的正下方。这种加速跑的特点是步子小、频率快。

高抬腿练习

训练重点　小腿、屈髋肌力量

1. 步行中提起前腿的膝关节至水平面高度以上的同时，支撑腿开始提踵。
2. 手臂屈曲 90°，配合腿部动作前后摆臂。
3. 连续步行 20—25 米。

抗阻跑动练习

训练重点 手臂主导、发展腿部爆发力

1. 指导者或同伴将抗阻带绕过运动员的腋下（类似于双肩背包背带的样子）。
2. 指导者或同伴拉住抗阻带末端，并对运动员的向前移动施加轻微的阻力。
3. 为了克服阻力，运动员必须用力蹬地，身体轻微前倾，膝关节发力主导向前。
4. 重复跑动 10—15 米。

大步跑练习

训练重点 腿部爆发和大步跑

1. 以站姿开始。
2. 指导者在地面放置 10—15 个标识盘或标识圈，其间距可以让运动员完成大步跑。
3. 进行跨步跳时，应当确保每一步都踏入标识圈内。完成所有大步跑之后，走回起点。

加速跑练习

训练重点 快速加速能力

1. 以站姿开始，一侧腿在前，做好准备姿势。

2. 以最快的速度反复进行加速跑练习，同时注意保持正确的跑步姿势：高姿跑动、手臂与双腿协调配合、屈臂、足跟上提至臀部、目视前方以及放松肩部。

团队沙袋接力竞赛

训练重点　加速、减速、腿部爆发力

1. 两组队员相距20米，分别呈一字排开，两两相对。
2. 第一组站在队首的队员跑向对面的队员，将手中的沙袋传递给对方之后走向该组的队尾坐下，后者接到沙袋后立刻出发跑向对面组的第二名队员。
3. 当每个人都接到沙袋并完成跑动坐下后，接力练习结束。

团队沙袋接力往返跑竞赛

训练重点　快速加速能力

1. 这是一个可以以两组竞赛形式体现的跑动取物游戏。将偶数名队员平均分成两组，分别依次纵向排列在起跑线之后。在距离起点20、30或40米处，放置两个储物箱，分别正对每组队员。
2. 每组排在队首的一名队员跑向储物箱。将手中的沙袋放入箱内后，每组第二名队员出发尽力跑向储物箱，拾起沙袋后迅速返回队列将沙袋交给下一名等在起跑线的同组队友。
3. 当最后一名队员拾起沙袋并跑回起点时，游戏结束。

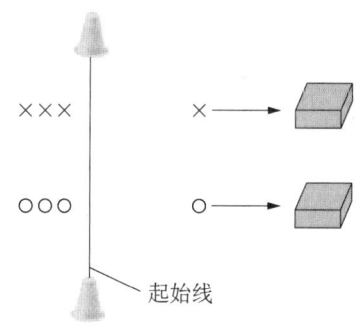

团队围绕障碍跑走竞赛

训练重点　启动、快速向前并环绕标志桶

1. 将运动员分成若干小组，每组6—8人。在距离起点20、30或40米处放置

标志桶，分别正对每组队员。每组运动员站姿开始，跑向标志桶。
2. 绕过标志桶后，运动员快速走回起点。

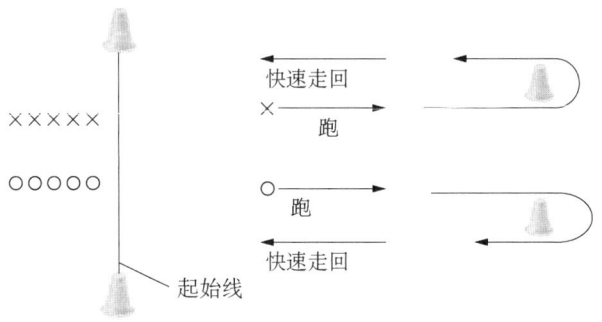

兔子与公鸡追逐游戏

训练重点　快速加速中的迅速转向

1. 两组队员距离 4 米分开站立，两两相对。每组游戏者身后有一块 3 米宽的安全区域以及大本营墙。
2. 指导教师指定一组队员为"兔子"角色，另一组队员为"公鸡"角色。
3. 指导教师随机喊出"兔子"或"公鸡"后，被叫到的一组队员迅速去追逐尚没有跑进安全区的另一组队员。
4. 被触碰到的队员随即加入另一组。
5. 当某一组的所有队员都被另一组队员触碰到后，游戏结束。

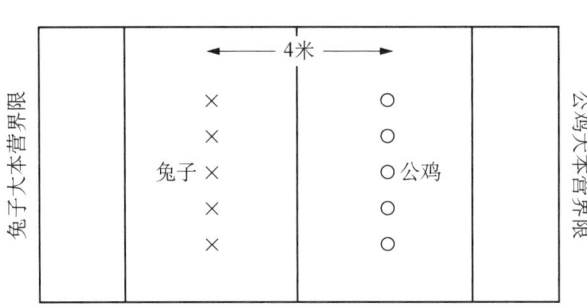

争先夺后游戏

训练重点 加速、减速、腿部力量

1. 将运动员分成两组，每组 4—5 人。在地面放置两个圆环，相距 15 米。每个圆环内分别放置 4 个沙袋或圆球。每组分立在一个圆环的右后方，对应的圆环就是该组的"大本营"。竞赛的目标是让本队大本营中的袋子变成 6 个。
2. 在开始口令发出后，每组排在队首的运动员迅速跑向对方大本营的圆环内拿回一个沙袋或圆球，然后放置在本队大本营的圆环内。
3. 一旦本方队员将沙袋或圆球放置到自己大本营的地面上时，本组的下一名队员迅速启动，到对方大本营的圆环内继续取回沙袋或圆球。
4. 开始时，两组同时出发，尽量多的去取回对方的沙袋或圆球。
5. 当大本营圆环内的沙袋或圆球数量首先达到 6 个时，游戏结束。

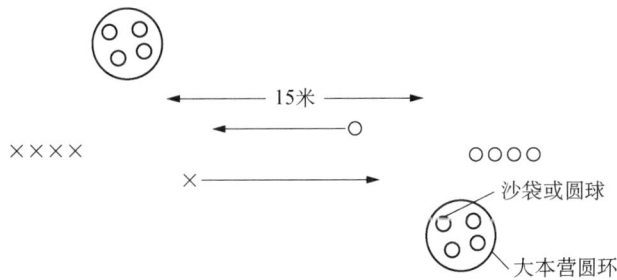

换位跑游戏

训练重点 反应时间、加速

1. 运动员两两组队，绕成一个或多个直径为 15—20 米的圆圈。配对的两名运动员中，一人角色为"帐篷"，双脚分开站立；另一人角色为"露营者"，坐于帐篷前。
2. 教练员以喊出角色名字的第一个字开始游戏——"帐"或"露"。但是，当教练员喊出完整的角色名字"帐篷"或"露营者"时，每队中与指令对应的运动员迅速绕圈跑动，之后，要么站在"露营者"的后面，要么坐在"帐篷"的下面。
3. 无论教练员喊什么角色，每个人都要移动。
4. 每个人都应该在教练喊出第一个字时就移动。而当完整的"帐篷"或者"露营者"的名字喊出来时，对应角色的运动员跑动，而另外的角色则需要停在原地。

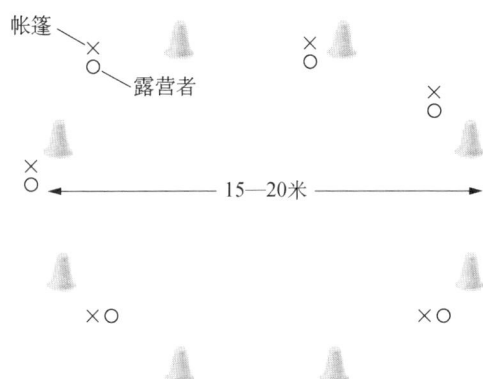

团队跨越障碍练习

训练重点　腿部爆发力、绕圈跑动、跨越障碍

1. 设置一个障碍跑路线，如跳跃长凳、绕过标志桶、跳入圆环、垫上前滚翻、翻越鞍马或跳箱等。
2. 开始时，运动员采取步行速度跨越障碍，然后随着能力的提升，可以逐渐加快速度。运动员之间应保持足够的间隔，尤其在进行前滚翻时。

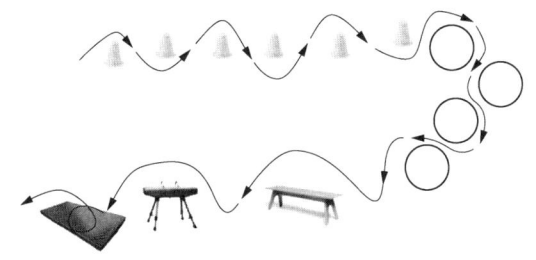

团队低障碍接力竞赛

训练重点 加速、腿部爆发力

1. 用若干标志桶摆成一条或多条直线形的跑动路径，路线上的标志桶作为障碍设置点（每条跑道上跑动的运动员越少越好）。在线路上应当设置低矮障碍物，但要确保运动员能够跑过，而不是双腿或单腿跳过。当障碍物的间距设置较近时，可以提升运动员的步伐速度；当间距设置较远时，则可以发展运动员的步长或步频。
2. 初次练习时，可以让运动员在每个低障碍物间完成2次步伐的跑动。然后，扩大障碍物之间的间距，再次让运动员用3—4次步伐完成跑动。

注：这个训练的目的是提高步伐速度，这对于很多运动项目都非常重要。

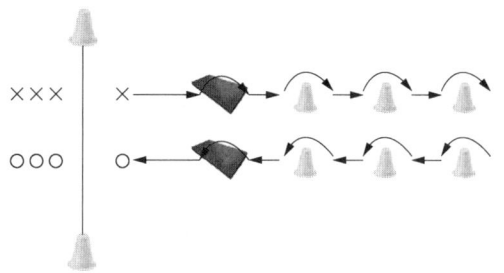

前交叉步伐练习

训练重点 腿部快速动作、灵敏性

1. 向左侧移动，右腿在左腿前方进行10米交叉步移动。然后，向右侧移动，左腿在右腿前方进行10米交叉步移动。
2. 重复动作。

向后交叉步伐练习

训练重点 腿部快速动作、灵敏性

1. 向左侧移动，右腿在左腿后方进行 5—8 米交叉步移动。然后，向右侧移动，左腿在右腿后方进行 5—8 米交叉步移动。
2. 重复动作。

前后交叉步练习（卡里奥卡舞步）

训练重点 灵敏性、步伐速度

1. 面对一个方向，快速移动脚步，交叉 3—4 次，之后再后交叉 3—4 次，应当边做边行进 8—10 米。
2. 在 10 米交叉步行进的末尾迅速转向，然后向反方向重复相同的动作。
3. 每个方向进行 2—3 组。

手脚触碰练习

训练重点 快速脚步、灵敏

1. 保持站姿的同时，在体前用左手触碰右脚跟，然后体后换成右手触碰左脚足跟，交替完成动作。
2. 尽可能快地重复动作。

注：简单反应时训练应当成为绝大多数儿童活动中的一部分。当对玩耍的要求作出反应时，也能够起到反应时训练的效果。

"前进"与"立定"游戏

训练重点　反应时间、加速、减速

1. 挑选一名队员作为"发令员"，站在其他所有队员前方的 10 米处，背对大家。
2. 发令员连续发出"前进"的指令，然后突然发出"立定"指令。
3. 当喊出"前进"时，队员接近发令员；当喊出"立定"时，他们应当停在原地。
4. 喊出"立定"指令后，发令员立即回头查看，是否有人仍在移动。
5. "立定"口令结束后，还在移动的队员，成为下一轮的发令员。

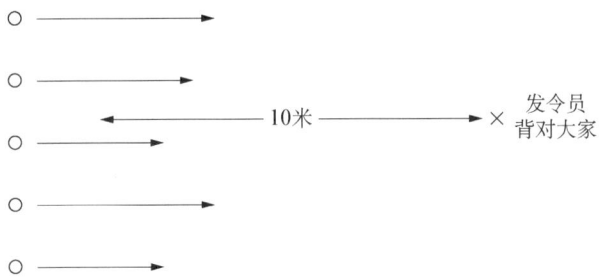

第六章 | 灵敏性训练

灵 敏 性 训 练

  如果一名青少年运动员能够快速变向或迅速改变他的动作模式，那么就可以被认为具有灵敏性。高频率的脚步移动，快速的动作和反应速度，以及运动员移动的时机和节奏，都是反应灵敏的要素。灵敏性并非独立存在，而是如前文所述的那样依附于其他能力的发展，其中爆发力是一个决定性因素。

  在很多集体类项目、持拍类项目和武术项目中都能观察到速度、灵敏性以及力量的诸多特性。例如，篮球运动员为了能够始终处于自己盯防的运动员的前方而快速移动双腿。他们的双腿为了应对比赛中可能出现的任何情况，而时刻做好移动的准备。迅速的反应、快速的步伐移动以及高频率的脚步动作直接取决于小腿肌群的力量。因此，具有冲击力的快速反应型运动员，总能够比对手先一步作出战术判断采取行动，这有助于在比赛的过程中建立起巨大的战术优势。

  一些体能教练将灵敏性视为由速度能力发展而来的能力。这种认识有失偏颇！事实上，速度完全取决于运动员蹬地的力量。当然，一名速度型运动员应当同时兼备力量和灵敏性。正如很多教练员——尤其是足球教练员——经常提到："我们需要的是速度型球员。"速度型运动员要么具备影响身体灵敏性的遗传基因——先天快肌纤维比例高于慢肌纤维（快肌纤维具有极短的收缩时间，而慢肌纤维则不然），要么后天接受过系统的力量训练。

全年包含灵敏性练习的训练计划并不能保证运动表现一定能得到提升，因为运动员可能很快就会达到一个平台期。之后，灵敏性的提升会由于训练负荷（如训练距离或某项练习的强度）缺少变化而出现阻滞。由于速度能力直接受制于运动员的腿部力量，因此可以说具有冲击力的运动员才能成为一名速度型运动员。对于灵敏性也同样如此，具有爆发力的运动员才能成为一名敏捷型的运动员。

直到最近的30—40年，灵敏性才开始被当作一项独立的身体素质进行训练。灵敏性训练始于美式橄榄球项目。在过去的几年当中，很多"所谓的"灵敏性训练指导人士已经推出了适用于美式橄榄球的练习方法，然而这些训练却不能有效地满足欧洲其他集体类项目对运动员的身体需求。这些指导人士中的很多人似乎并不能很好地理解美式橄榄球与其他集体类项目之间的生理学差异。从美式橄榄球与世界最具影响力的项目——足球——的简单对比中可以发现，灵敏性因运动项目和场上位置而具有特殊性。

表6-1　美式橄榄球和足球的简单比较

	美式橄榄球	足球
每回合的时间	4—12秒*	一般持续数分钟
主要供能系统所占比例	磷酸肌酸系统供能占50% 无氧糖酵解系统供能占40% 有氧氧化系统供能点10%	磷酸肌酸系统供能占70% 无氧糖酵解系统供能占15% 有氧氧化系统供能点15%
运动表现的限制因素	功率以及最大力量	力量耐力以及速度耐力

＊具体时间取决于运动员场上司职的位置，因此运动的强度将会始终保持在较高的水平。

对比之后，不难发现上述两项运动的明显差异，但仍有很多教练员忽视了它们在身体需求上的差别。事实上，美式橄榄球的灵敏性训练强度以及持续时间与足球、英式橄榄球、手球项目存在很大的区别。采用4—6秒的灵敏性训练对于足球项目中的后卫具有很好的效果，对于中场球员却远远不够，因为他们通常需要在整场比赛中不间断地奔跑5—10分钟。英式橄榄球或手球运动员存在同样的因场上位置不同而对灵敏性训练需求不同情况。在灵敏性训练中，教练员制定的计划以及运用的方法必须强调并提高运动员加速和减速的能力。

第一节　灵敏性的基本因素：减速—加速能力

如果运动员想要快速地变向，首先必须减速，然后再向另一个方向迅速移动。具体而言，这个动作会在两种情况下出现：加速后减速，或减速后加速。减速或减速至停止通常是由股四头肌肌群离心运动（拉长）主导的。减速过程中，储存在肌肉中的弹力势能会在加速阶段得到释放，帮助运动员再次快速地跑动。

为了有效完成上述两种动作，必须进行针对腿部和手臂的专项技术训练。在减速情况下，双臂的移动应当配合腿部动作，降低动作的幅度和力量。换言之，双臂附加的轻微动作都可能会对加速效果产生影响。快速的减速动作主要依靠腿部力量。因此，运动员如果希望实现迅速减速，就必须提高股四头肌的力量，该肌群主要在减速过程中发生离心收缩。

另一方面，影响加速能力的主要因素来自于手臂的动作。为了迅速进入到一次灵敏动作或快速脚步动作的加速环节，手臂就应当首先移动。如果想要腿部快速移动，手臂就必须前后有力地摆动。

第二节　灵敏性的肌肉支撑

运动员想要具备高水平的灵敏度和反应能力，应当首先发展小腿主要肌群

（腓肠肌、比目鱼肌以及胫骨前肌）和大腿主要肌群（股四头肌）的力量和功率。快速加速和减速的能力主要依靠这些肌群强有力的离心和向心收缩。在减速—加速过程中，减速能力将是决定性因素，同时也是制约运动表现的限制性因素。如果力量没有得到有效的发展，那么减速—加速过程将变得非常缓慢。

所有对灵敏性和快速脚步移动提出较高要求的动作都依靠腿部力量。盯防进攻队员或躲避防守队员时的快速腿部动作，取决于两个重要因素：运动员第一步移动的合理程度以及运动员蹬离地面的发力程度。

一、第一步移动的技术分析

运动员做出第一步移动的速度取决于对侧手臂的摆动速度。如果一名运动员希望左腿率先向前迈步或在体前做交叉步时，那么脚步的速度将由右侧手臂的摆动速度所决定。在短跑冲刺和灵活跑动中，手臂和腿部的交替运动应当保持最佳的协调性。具体的动作可以按照以下顺序：摆臂，然后迈出左腿（即跟随摆臂迈步）。摆臂与迈出左腿的动作应当先后在瞬间完成。

二、脚部推离地面的力

脚部蹬离地面的力越大，向相反方向获得的地面反作用力就会越具爆发性。在离心运动中（如屈曲踝关节、膝关节或髋关节），左腿肌群发生离心收缩。腿部蹬地的动态移动（跑步的蹬伸离地阶段），取决于离心收缩过程中腿部能够承受的力量。能够承受的离心负荷越大，身体向前推进时就会越具爆发力。因此，越来越多的教练员之所以开始重视力量和功率训练正是意识到了强有力的蹬地的重要性。

事实上，很多物理学定律都可以直接体现于运动员的训练之中。如牛顿第三定律：作用力与反作用力大小相等、方向相反。因此，在跑步过程中的向前推进或蹬地阶段，运动员施加给地面的力与地面反作用于运动员的力大小相等。蹬地时作用在地面的力越大，地面对其反作用力也就越大，这种情况对蹬地力量以及灵敏性练习中肌肉反应的积极影响显而易见。

第三节　灵敏性训练的周期安排

灵敏性训练可以看作是一个解决很多集体类项目运动能力受限的长期性方案。灵敏性训练应当分为两个阶段。

1. 学习阶段

在儿童训练中使用任何灵敏性练习，尤其是在运动启蒙阶段（6—10岁），甚至是运动能力形成阶段（11—14岁），都应将重点放在技术学习而不是反应灵敏或快速步伐。对于后者的训练应当随着力量和功率的不断增强而逐渐予以强调。经过重复一些简单的灵敏性练习、游戏以及比赛之后，儿童将会体验到速度的提升。正如前文所述，这是因为肌肉"学会"了互相协调工作（即肌肉同步性），从而变得更加高效。

2. 发展阶段

尤其是在专项化阶段（15—18岁）之后，进行灵敏性训练有助于运动员通过发展最大力量和功率提升反应速度。

最大力量在发展和提升灵敏性方面的重要作用往往被人们低估而没有充分得到利用。绝大多数的教练员只依赖于重复的灵敏训练方法，但对于运动员必须尽可能使用最大的力蹬地才能做到快速移动的因果关系缺乏必要的理解。当运动员掌握一项练习，并使最大力量得到了发展，他同样可以变得非常敏捷。如果仅仅通过重复提升灵敏性的练习，可能会在短时期内让运动员的表现得到提升，但是进行最大力量和功率训练却能够实现灵敏性发展的最大化。

第四节　灵敏性的长期发展

灵敏性的长期提升需要在训练的早期阶段就开始持续地重复各种灵敏性练习，遵循渐进原则，从简单的灵敏性动作逐渐发展到复杂的灵敏性动作。腿部力量的受限程度也会在学习阶段（即初级运动员时期）得到提升。然而，一旦运动员具有了较高的竞技水平，通常就会遭遇运动表现的平台期。此时，灵敏性的提升就会变得十分困难，除非按照力量训练的基本原则，实施周期性的力量训练计划。如果最大力量和功能训练没有作为要素纳入整体的训练计划之中，那么灵敏性的提升将很难突破瓶颈。

一项长期的年度训练计划对于培养训练有素的运动员而言十分必要。任何针对儿童进行的灵敏性训练都应该有长期的计划和安排，并且要基于运动员力量和功率训练的背景构建。长期的灵敏性训练的周期安排主要由长期训练计划和短期训练计划两部分组成。表6-2列举了一项长期训练的周期计划；表6-3则是针对短期训练计划的建议，主要对灵敏性周期训练安排融入年度计划进行了说明。

表 6-2　长期力量与灵敏性训练计划的周期安排

阶段	训练类型	训练目的
运动启蒙阶段（6—10岁）	简单的游戏、参与有趣的运动项目	掌握灵敏性练习
运动能力形成阶段（11—14岁）	解剖学适应性训练、简单的灵敏性练习	灵敏性技能习得
专项化阶（15—18岁）	力量训练（负重为最大力量的40%—79%）与灵敏性训练	提高灵敏性
高水平运动表现阶段（19岁及以上）	最大力量（负重大于最大力量的80%）、灵敏性以及灵敏性耐力训练	高水平的灵敏性和反应能力

一、运动启蒙以及运动能力形成阶段（儿童早期）

如表6-2所示，我们建议在运动能力形成阶段（11—14岁）开始进行灵敏性训练。在运动启蒙阶段（6—10岁），运动训练应当采用非正式的形式，乐趣是训练的主要目标。当然，参与不同的游戏以及简单的运动技能练习也能够提升基础灵敏性。通过改变方向和节奏的走跑练习还能够使神经肌肉协调性得到发展（即让肌肉学会配合工作），从而在一定程度上提升力量以及灵敏性。

在训练的早期阶段（11—14岁），训练的主要目标是让身体适应基本的力量训练（如解剖学适应性训练），掌握一些简单的灵敏性技能。当运动员逐渐适应并且能够在训练和比赛中重复这些灵敏性技能时，他们的运动能力将随之提升。然而，此时运动员的力量并不会得到显著提升，这也再次表明灵敏性的提升主要来自神经肌肉系统间的协调配合。因此，在早期发展阶段中，重复灵敏性练习至关重要，因为它能够通过提高肌肉间协调能力发展灵敏性。

二、专项化阶段（青少年中晚期）

随着儿童年龄的增长，力量训练计划的制定则逐渐趋于复杂。从 15 岁开始，可以将最大力量训练逐渐谨慎地加入到计划之中，训练负重不要超过最大力量的 80%。因此，当进行灵敏性练习时，最大力量水平的提升就可以转化为使更多的快肌纤维参与到运动当中的能力。除此之外，最大力量的提高还能够促成快肌纤维放电率（即肌肉收缩速率）的提高，使功率训练的效果提升。

三、高水平运动表现阶段的初期（青少年之后阶段）

在许多项目中，高水平运动员都是从青少年阶段结束之后（19 岁及以上）开始涌现，为了能够让力量水平得到进一步的提升，更大的负重（大于最大力量的 80%）可以在这个年龄阶段逐渐谨慎地被采取入训练计划之中。较高的力量水平有助于力量和灵敏性的发展。从这个阶段开始，灵敏性训练应根据项目对供能系统的需求，更加突出专项性。这类训练旨在提高比赛的质量。

第五节　灵敏性训练在年度计划中的进阶

与构成训练的其他单元一样，灵敏性训练计划也应当以年度为单位制定（见表 6-3）。这个计划的前提是，要求运动员具有 2—4 年基础力量、功率以及灵敏性训练的基础。力量训练通常按照传统的训练周期进行安排，主要目标是帮助运动员在赛季来临前达到最佳的力量与力量耐力水平。这些训练同时要让运动员在整个赛季中为技战术的实施做好必需的身体支撑。

表 6-3　力量与灵敏性训练的周期安排（年度计划）

具体内容	训 练 阶 段			
	准备期			竞赛期	过渡期
训练周数	3	6	4—5	剩余赛季	4—5
力量训练周期计划	解剖学适应性训练	最大力量	力量、力量耐力	最大力量与功率的保持	解剖学适应性训练
每次练习的时间（秒）	8—10	15—20	20—90	与场上位置相关的专项灵敏性训练	与项目无关的常规训练活动
训练的进阶	个人练习	个人练习	个人练习与团队混合训练	单独训练以及团队灵敏性练习	一般性的个体与集体活动，与专项无关

注：有关解剖学适应性训练的介绍请参见第八章第四、第五节。

在制定年度训练计划时，教练员应当根据主要的训练阶段——准备期、竞赛期以及过渡期——的不同要求，充分考虑灵敏性训练的进阶。表 6-2 列举了年度训练计划中，三大训练阶段分别对应的训练目标以及由个人练习向团队练习的进阶，一年内每个主要训练阶段下个人以及团队的训练。

初期的灵敏性训练应当专注于个人练习——掌握并完成一些短距离的灵敏性练习，主要发展反应能力、爆发力、快速变向、练习模式的快速变化及快速移动脚步等能力。然而，随着训练向竞赛期临近，应当将发展动作灵敏性、反应灵敏性、速度及力量训练与项目要求或场上位置相结合的专项练习（如排球项目中的主攻手和自由人、冰球项目中的守门员和前锋、橄榄球项目中的外接手和前锋队员等）。一项练习的时间必须要能够反应出比赛的具体动态进程（如一个往返回合、一次轮转换位或一套战术组合的时间）。

第六节　灵敏性训练指南

这一节提供了针对年轻运动员进行灵敏性训练的重要训练指南。在这些建议的指导下，根据训练环境、运动员自身技术和能力以及运动条件，就可以取得良好的训练结果。请记住，根据自身经验并发挥想象力也是制定最好的训练计划的秘诀。

一、训练强度

除了专注于技能学习的灵敏性训练，绝大多数的灵敏性训练都要求在高强度下进行训练——强度应达到运动员最佳表现的80%—95%。为了能够从灵敏性训练中获得最大的收益，运动员在蹬地时使用动态力量。强度过低的训练通常不会使灵敏性发生明显的提升，更不要提对运动表现产生的正向迁移。为了能够给训练设定合理的强度，教练员必须定期通过测试以评价运动员完成练习的最大能力。

由于训练强度的提升主要依赖于神经肌肉系统，同时灵敏性训练的质量取决于神经反馈和神经肌肉系统的反应，因此灵敏性训练一般都会被视为神经肌肉系统训练。神经系统快速、有力且高频率地向参与灵敏性练习的快肌纤维发送神经冲动，从而影响着快肌纤维的收缩速率，并最终决定了灵敏性或快速步伐能力的强度和质量。

二、持续时间

为了从灵敏性训练中获得最佳收益，教练员就必须根据运动项目的主要功能特征，决定灵敏性训练和各项练习的时间。我们建议教练员按照下列要求对灵敏性训练进行分级。

（1）磷酸肌酸系统：高强度（大于90%）的蹬地和快速反应动作，持续5—10秒，组间休息1—2分钟。

（2）无氧糖酵解系统：高强度（80%—90%）运动，持续20—90秒，组间休息2—3分钟。

需要注意的是，很多教练员通常采用中等强度、短时间（4—12秒）的灵敏性训练。当练习强度以及蹬地的用力程度过低时，训练能带来的效果就会收到质疑。所以，这种情况下的练习或许对于青少年运动员的热身有很大帮助，但是对于高水平运动员而言就毫无用处。在专项化阶段，如果希望灵敏性获得提升，那么训练强度就需要处于较高的水平。

为了避免高强度灵敏性训练的过程中因疲劳而对运动表现产生不利的影响，每节训练的总时间应当控制在 5—10 分钟。如果将间歇时间（通常持续 2—3 分钟）考虑在内，那么每堂训练课的总时间能够达到 35 分钟。例如，如果一堂灵敏性训练课中，以磷酸肌酸和无氧糖酵解系统供能为主的练习包括 10 组 10 秒的练习、5 组 15 秒的练习以及 5 组 30 秒的练习（三组练习合计用时 5 分 25 秒），那么间歇时间大约为 27 分钟（10 秒练习共有间歇时间 1 分钟，15 秒练习共有间歇时间 1.5 分钟，30 秒练习共有间歇时间 2 分钟）。在这个过程中，教练员应当对运动员的状态和进步、练习持续时间、重复次数、每项练习的组数等方面做好监督。

三、依据场上位置的专项灵敏性训练

由于持拍类项目和集体类项目的运动员都要司职场上不同的位置，项目本身对技战术和身体素质都提出了非常具体的要求，因此灵敏性训练必须与既定位置的生理学需求相匹配。英式橄榄球、足球、美式橄榄球、手球及排球等项目中的各个位置之间的差异性非常明显。以足球项目中拖后中卫与中场队员两者场上位置的差异为例，前者的角色要求具有更多的爆发力、灵敏性和反应能力；而后者则多半扮演场上指挥者的角色，负责全队的组织工作，需要经常前插和后撤，在队内承担各种任务。拖后中卫在比赛中的主要供能系统为磷酸肌酸系统和无氧糖酵解系统，而中场球员则是以有氧氧化系统供能为主。这些差异说明灵敏性训练应当依据供能系统进行安排。教练员必须认识到这些差异性，根据不同队员的生理需求实施训练，特别是在执教处于专项化阶段（15—18 岁）至高水平运动表现阶段（19 岁及以上）的运动员时尤为如此。

第七节　灵敏性训练的组织与实施

高强度的灵敏性训练应当在热身后迅速开始，因为此时神经系统仍然比较兴奋，还未疲劳，可以对不同的刺激做出迅速反应。当然，教练员同样可以在

疲劳状态下，制定提高反应时间表现的灵敏性训练。此时，灵敏性训练可以放在训练课的最后阶段进行。虽然疲劳会干扰到中枢神经系统的反应能力，但运动员能够逐渐适应较高程度的疲劳，执行绝大多数项目所要求的快速反应动作。这类训练的目标是保持短时（4—12秒）且以最快的动作频率完成练习内容。如果希望运动员在比赛的最后阶段依然可以像比赛之初一样动作犀利、敏捷且极具爆发力，那么就要进行上述的训练。

在灵敏性训练中，随着快肌纤维神经中枢的反应性和牵张反射（肌梭的牵拉反射会引起肌肉的收缩）有效性的减弱，神经系统将最先感受到疲劳。疲劳通常会伴有明显的技术变形——运动员很难有效地进行灵敏性练习。运动员的动作看上去很挣扎、步伐凌乱、脚部触地时间增加。上述情况清晰地表明神经肌肉处于很高的疲劳程度。在这种情况下，教练员应当停止训练，提供更长的休息时间（如4—5分钟）或出于必要的考虑，可以终止该堂灵敏性训练课。

第八节　灵敏性练习方法

教练员应当在训练课中始终为运动员提供多种灵敏性练习。虽然我们提供的练习清单较为有限，但是这些训练足以构建起坚实的基础，为教练员设计出自己的练习方法而提供灵感。当然，让运动员在一堂训练课完成下述建议的所有练习并不实际，但是教练员至少应当从中挑选3—6种方法作为日常的灵敏性训练。

教练员在指导运动员灵敏性或快速步伐练习时，应当着重关注以下问题。

1. 观察脚部触地情况

应当始终以前脚掌触地，使牵张反射的效果最大化。这种"步态轻盈"的跑步方式是由肌肉弹性主导的运动形式。与之相反，足底偏硬的着落方式导致的是沉重的脚部动作。触地时间（脚部与地面之间的接触）的增加会明显造成动作的迟缓。因此，要强调通过"步态轻盈"的跑步方式进行快速的灵敏性练习，将肌肉弹性最大化的同时，将触地时间最小化。

2. 听察步伐的声音

在灵敏性训练中，除了观察运动员的动作之外，还要听察运动员的脚部与地面接触后发出的声音。运动员触地的声音能够提供关于灵敏性练习完成质量的重要反馈。如果发出的是一种拍击声，说明运动员脚部触地的部位是足底而非前脚掌，这种情况下会明显降低速度和灵敏性练习的有效性。运动员脚部与地面接触的声音越趋于安静，越说明他们的动作更加流畅而富有弹性，力量和灵敏性训练的效果就越能体显。当听到拍击声或较大的脚部声，特别在接近训练的尾声时出现这种情况，那么最大的可能性说明运动员正在经历神经肌肉疲劳。一旦发生这种情况，教练员就应当清楚地意识到灵敏性训练可能出现了问题，并及时终止训练课。

3. 观察步伐移动时的高度

运动员步伐转换的高度应该尽量保持低位，因为这样可以确保运动员的脚部能够迅速收回，完成下一次蹬地动作。具体动作应当遵循以下两个方面：

（1）步伐移动时的高度应低于踝关节。向上的动作不仅低效，而且会削弱灵敏性表现。

（2）尽可能快地完成两次灵敏性步伐之间的衔接动作（如蹬地和落地阶段）。需要速度和敏捷的动作的动态性要素便是蹬地和推起阶段。运动员蹬离地面的频率越快，说明他或她移动越快。

4. 评估身体的力学结构

运动员应当保持正确的身体姿态和站姿：双脚与肩同宽分立，足尖指向前方，身体重量均匀地分布在两腿之间。重心的投影（身体重心至地面的连线）垂直于身体的支撑面（如双腿之间）。然而，为了让动态的身体力学结构尽可能接近比赛场景中的真实情况，一些灵敏性练习应当在非平衡的姿势下进行（即运动员的重心在支撑面之外）。

5. 蹬地阶段的力量最大化

虽然灵敏性训练通常具有步伐轻盈的特点，但有些情况下（如初次进行灵敏性练习或变向练习的时候），教练员教导运动员以足跟接触地面十分重要。这样可以充分利用小腿肌群的爆发力，使蹬地动作更加有力。当足跟抬起时，推进的力量会削弱至最大力量的50%。

在蹬地阶段，力量的生成取决于脚部和腿部连线与地面的角度。夹角越小，向前的爆发力就会越大。然而，很多运动员由于踝关节柔韧性的限制，导致他们无法将这个夹角保持为锐角。

特别是一些集体类项目的运动员，在比赛中必须持续不断地进行爆发性动作。虽然功能发展的积极效果已为人熟知，但是很多教练员仍然没有意识到功率与最大力量之间的紧密联系。教练员和运动员都希望速度、灵敏性随着训练年限的增加有所提升。但是，非常重要的一点是，如果最大力量没有得到有效地发展，那么这些能力就无从谈起。

发展功能和灵敏性的最佳方法，是要将应用科学带入训练之中。为了实现运动能力的最优化发展，集体类项目的运动员需要将最大力量训练阶段（以提升快肌纤维募集为目标的训练）同功率训练阶段（以增加快肌纤维募集的释放或者激发率为目标的训练）整合起来。这是唯一可以同时提升以比赛为导向的速度与灵敏性等身体素质的路径。如果训练中没有遵循这一策略，那么运动员的爆发力将被削弱，然后直接对速度和灵敏性的发展产生负面影响。

当然，灵敏性训练的训练量和训练强度取决于技术水平和运动能力发展的阶段。不应要求处于运动启蒙阶段的儿童运动员按照运动能力发展阶段所建议的强度等级精准地完成灵敏性练习。因为自身有限的动作技能发展会使孩子们在完成练习方面存在极大的困难。训练的关键是要依照运动员现阶段的发展水平以确定练习动作的强度和爆发性（即灵敏性）。随着运动员力量和速度训练的量与强度逐渐地增加，他们对抗地面的发力能力也将随之缓慢地增加，进而对灵敏性的发展和提升产生影响。针对灵敏性的并不是独立开展的训练，而是一项重要的技能养成，必须通过包含力量、柔韧性、功率以及速度训练的合理计划加以实施。

下面列举出的各项练习，可以同时应用在运动能力形成阶段和专业化阶段。练习的量与强度可以根据训练阶段以及运动员的基础技能水平修改。

一、一般灵敏性练习

对角线跳跃接冲刺跑练习

练习部位 三伸肌（小腿肌群——腓肠肌、比目鱼肌和胫骨前肌，膝伸肌——股四头肌，伸髋肌群——臀大肌）

1. 在体育馆的地板或操场上，用胶带或画出一条约 3—4.5 米长的线段。
2. 在上述标记直线的长度范围内进行之字形跳跃（类似于回转滑雪模式），然后向前冲刺跑约 9—13.7 米的距离。

建议与计划

重复 1—3 组，每组重复 3—5 次动作，组间休息时间为 2 分钟。

变化动作

可以每次向不同的方向进行冲刺跑。

首先进行向后的之字形跳跃，然后完成一组不同方向的冲刺跑。

在进行冲刺跑部分的练习时，首先加速至位移 4.5—9 米，然后制动，立即变向，再进行加速跑动 4.5—9 米。

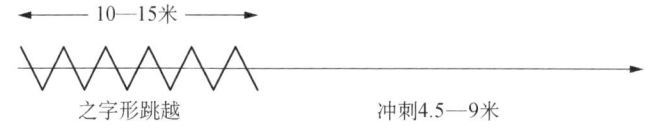

原地空中换腿跳

练习部位 三伸肌

1. 以站姿开始，双腿前后分立。
2. 进行垂直跳，双腿迅速在空中前后交换（如起跳时右腿在前、左腿在后；落地后右腿在后、左腿在前）。连续重复该跳跃方式。要注重向上跳跃的高度，尽量缩短落后与地面的接触时间。

建议与计划

重复 2 或 3 组，每组 5—10 次的连续跳跃，组间休息时间为 2 分钟。

变化动作

运动员每次跳跃时，可以按既定的方向进行跳跃（如向右或向左，稍微向前或向后等）。

障碍跳跃

练习部位 三伸肌，肩部肌群，屈髋肌群（髂腰肌）

1. 将 8—10 个标志桶成一排摆放，间隔约 3—4 米。
2. 以高步频（如采用小步伐）单腿起跳，跑过每个标志桶（类似跳远的动作），脚部接触地面的时间要尽量少。运动员跳过所有障碍物后返回至起跑线。

建议与计划

重复 2—4 组（每组可以作为一次长距离的灵敏性训练），组间休息时间为 2—3 分钟。

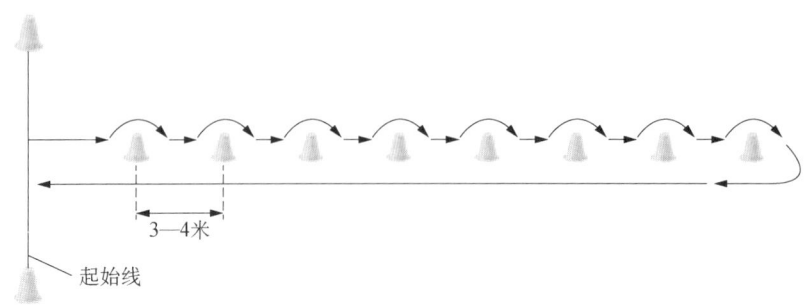

3—4米

起始线

交叉步法练习

练习部位　小腿肌群，股四头肌（小范围）

1. 以右腿在前、左腿在后的交叉步向左移动 10 米。
2. 向相反方向重复动作。

建议与计划

　　每个方向重复 3—5 组（建议设置 10 米的参考线），组间休息时间为 1—2 分钟。

方格跳跃练习 1

练习部位　三伸肌，胫前肌

1. 在地面上用胶带或绘制 4 个长 50 厘米、宽 50 厘米的正方形，在竖直和水平方向上拼接在一起，组成一个大的正方形。
2. 运动员在大方框中依次跳跃每个小方框。跳跃的方式可以是单腿跳跃或双腿跳跃。

建议与计划

重复 2—4 组，每组连续跳跃 10—12 次，组间休息时间为 2—3 分钟。

变化动作

运动员可向前、后、侧方跳跃。

方格跳跃练习 2

练习部位 三伸肌

1. 在地面上用胶带或绘制 4 个长 50 厘米、宽 50 厘米的正方形，在竖直和水平方向上拼接在一起，组成一个大的正方形，如"单腿或双腿跳跃练习"的格子一样。
2. 双足并拢站在图中标记"1"的位置，按照正方形上标记出的 8 个数字，依次在方格内完成跳入和跳出。
3. 可以按照以下的跳跃顺序进行：从"1"侧向跳到"2"，向前跳到"3"，再向前跳到中间位置，向后侧向跳到"3"，向前跳到"4"，侧向跳到"5"，向后跳到中间位置,向前跳到"5",侧向跳到"6",向后到跳到"7",侧向跳到中间位置,侧向跳到"7",向后到"8",最后侧向跳回至"1"。

建议与计划

重复2—4组(每组是指依次跳跃练习中,完成所有4个小正方格的跳跃),组间休息时间为1—2分钟。

变化动作

采用单腿跳跃的方式完成相同顺序的跳跃练习。可以按照教练员的指令改变跳跃方向。

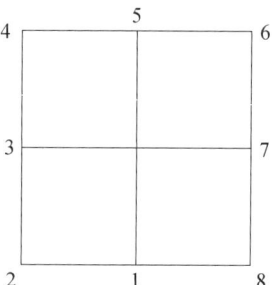

绳梯练习

练习部位 三伸肌,胫前肌

1. 在地面上或场地内,绘制或放置一根绳梯。构成绳梯的每个正方形区域长约50厘米、宽约50厘米。优秀运动员的跳跃区域可以稍微减小一些。
2. 用不同的方式跳入、跳出方格。可以侧向跳出绳梯,或单腿(双腿)跳入、跳出方格。进行绳梯练习的每个动作都应是爆发式地起跳。
3. 应用前脚掌着底,保持快速的节奏性动作模式。应当保证快速的脚步动作,所有步伐动作应尽可能贴近地面。运动员应当在跳跃时,避免触碰到绳梯边缘。
4. 虽然绳梯练习是一种非常流行训练方法,但很多教练员认为,如果绳梯练习时缺乏爆发力的跳跃,那么绳梯练习就不能有效地提升灵敏度。

变化动作

一只脚在绳梯内,一只脚在绳梯外。得到指令后,前脚掌着地,以小步伐、高步频的脚步动作向前跑动。双脚抬离地面的高度不超过10—15厘米。

垂直站于梯子一端(即一侧肩部正对绳梯),以交叉步完成穿越绳梯中的每个方格区域。

面对梯子一端的第一个方格区域,前脚掌着地,以小步伐、高步频的脚步动作跑入第一个方格区域，然后转身在方格区域之外跑回至起点。再以相同的动作模式，跑入第二个方格区域，转身后在方格区域之外跑回至起点。重复该动作模式直至跑完所有方格区域。

运动员用高频次、低腾空的双脚或单脚跳跃模式代替跑动的动作模式完成第一、第二种变化动作。

运动员采用单腿跳或双腿跳的方式跳过每个方格区域的同时，进行45°的转体。

运动员以高速和慢速交替组合的方式进行单腿跳跃或双腿跳跃练习。

运动员以用向后跑的方式进行上述改进动作（如后撤步）。

建议与计划

每种绳梯练习重复3—5组，重视起跳阶段。最好多个小组一同练习，这样运动员在每组之间将会获得30—60秒的休息时间。

圆盘式灵敏练习

练习部位　三伸肌，手臂、肩部（发展快速的手臂动作）

1. 在地板或场地内用8个标志桶摆放成一个"圆盘"，每个标志桶距离圆心的距离为3—4.5米。
2. 从圆心开始按顺序分别跑向每个标志桶，到达后再返回至圆心。
3. 既可以触碰标志桶，也可以绕过标志桶完成整个绕环练习。
4. 在进行快速变向及快速脚部动作时，应当着重练习肌肉的弹性。此练习相对简单，练习过程中应当具有较好的流畅性。所以，运动员进行练习时，面部肌肉应该放松（不要面露难色）。如果面部肌肉紧张，说明练习时略带局促，躯干和肩部肌群出现不必要的紧张。这种情况会降低腿部肌群收缩的有效性，最终削弱了练习过程中的灵敏性水平。

变化动作

运动员练习时进行高姿跑，膝关节和髋关节的屈曲幅度不要太大。

运动员采用低姿态，踝关节、膝关节及髋关节微屈。

运动员进行正向跑、侧向跑及倒退跑。

运动员可以用侧向折返跑、交叉腿跑，或进行3—6米低腾空、快速跳跃。

运动员可按教练员的指令迅速变向。

运动员在圆盘的每站之间完成行进间的运球练习。此时，标志桶可以距离圆心处4.5—9米。

运动员在每次练习中，完成所有跑动的技术。

建议与计划

重复2—4组，在每个转身点强调技术和跳跃的爆发力；为了确保全力完成每组的练习内容，组间休息时间为2—3分钟。

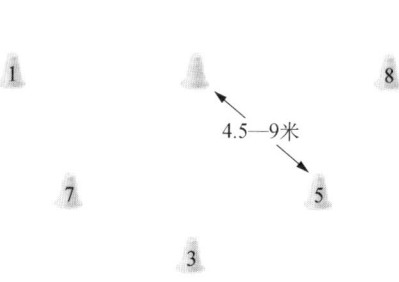

二、接力游戏

随着时间的推进，训练课可能会变得相对单一枯燥。但是，接力比赛和游戏可以为运动员提供一定的乐趣。尤其在较长时间的训练课尾声进行的话，运动员通常更愿意参加到具有一定竞争性的游戏之中。更为重要的是，接力比赛和游戏能够在调动运动积极性的同时，让运动员在兴奋并充满趣味性的氛围中，完成训练的目标，提升灵敏性、反应时间、速度及功率等能力。其他的一些接力练习和游戏还可参考本书第五章内容。

团队高低传递实心球接力竞赛*

练习部位 躯干肌群（竖脊肌、腰部肌肉）、臀大肌、腹肌、股四头肌

1. 将队员分成人数相等的2或3组。每组站成一排，每人间隔0.3—0.6米，

---

* 同第七章第五节。——译者注

或间隔一臂距离。
2. 每组将一个约4—6千克重的实心球按路线传递。队员将实心球从头上和胯下交替传递。
3. 每组最后一名队员快速带球跑回队首，继续重复传递。
4. 最先完成传递任务的小组为获胜方。教练员也可以指定胜利方需要完成的循环圈数。例如，最先完成两次循环的小组获得胜利（即每组在游戏开始前位于队尾的最后一名队员需要接到实心球后跑至队首两次）。

建议与计划

重复3—5组（在一次接力游戏中，一个小组的所有运动员均参与了接力任务即为1组），组间休息时间为1分钟。

变化动作

为提高肌群能力，可以将运动员之间的距离增加到3—4.5米。运动员采用抛掷实心球的传递方式取代手递手传球。

运动员侧向头顶抛球，抛球时躯干侧弯。

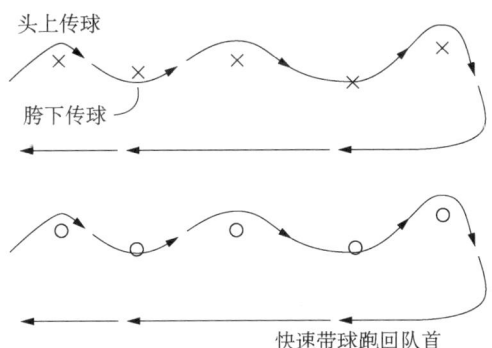

三、简单翻滚练习

简单的翻滚及空间定位练习（如侧向滚动与肩翻滚等），能够有效发展运动员的灵活性。将下面的练习进行组合，可以实现训练的多样性。

前滚翻接垂直跳

练习部位　三伸肌，肱三头肌

1. 以低位蹲姿开始，手臂屈曲至膝关节高度。
2. 将头部卷入身体下方，开始向前翻滚，以半蹲姿势落地。最后，有力地伸展双腿，从翻滚姿态中快速垂直跳起。

建议与计划

重复6—10组（每组应当完成两次翻滚接跳跃），组间休息时间为30秒至1分钟。

后滚翻接手倒立

练习部位　躯干肌群、肱三头肌、斜方肌

1. 以低位蹲姿或胸部在膝关节以上的屈体姿势开始。
2. 上半身快速向后摆动，滚动至肩关节后，双手手掌在肩部下方支撑地面。
3. 在滚动至垂直方向时，用力伸展双臂，并尽量保持倒立姿势。
4. 放下双腿，回到屈体姿势，重复动作。

建议与计划

重复6—10组，组间休息时间为30秒至1分钟。

后滚翻接垂直跳

练习部位　躯干肌群、肱三头肌、三伸肌

1. 以低位蹲姿开始，保持胸部在膝关节上方。
2. 上半身快速向后摆动，滚动至肩关节后，双手手掌在肩部下方支撑地面。
3. 后滚翻至全蹲姿势（膝关节完全屈曲，足跟紧贴臀部），然后从全蹲姿势全力向上垂直起跳。

建议与计划

重复 8—10 组，组间休息时间为 1—2 分钟。

标志桶冲刺跑练习

练习部位　腿部、手臂及核心力量

1. 摆放 4 个标志桶。1 号标志桶放置于起点位置。2 号标志桶放置在 1 号标志桶正前方 10 米处。3 号、4 号标志桶与 2 号标志桶成对角线摆放，与 2 号标志桶相距 10 米。3 号标志桶与 4 号标志桶之间的距离也为 10 米。
2. 以俯卧姿势开始，手臂向前伸展，正对前方的 1 号标志桶。
3. 迅速起身，冲刺跑向 2 号标志桶，到达后触碰标志桶的顶端；迅速返回至 1 号标志桶，到达后触碰标志桶的顶端；迅速冲刺，跑向 3 号标志桶，到达后触碰标志桶的顶端并绕过标志桶后，快速冲回 1 号标志桶，到达后触碰标志桶的顶端；转身快速冲刺跑向 4 号标志桶，到达后触碰标志桶的顶端并快速冲回 1 号标志桶。

建议与计划

重复 5—8 组，组间休息时间为 2 分钟。

第七章 | 力量和功率训练

力量和功率训练

青少年运动员的父母经常会询问，力量训练对他们的孩子而言是否安全或有必要？我们对此给出的回答是肯定的，如果父母或教练员按照本章建议的信息和训练计划进行训练，那么力量训练不仅重要而且安全。

过去20年的大量研究已经证明，力量训练在青少年运动员身体和情绪方面的发展中扮演着重要的角色。力量训练能够带来的益处有提高骨骼密度、自信心、力量、爆发力和速度，同时还可以增加瘦体重。[1] 随着越来越多发表文献和出版物证明了力量训练对青少年的上述体能要素大有益处，关于其产生运动损伤和影响骨骺板等问题已经被暂时搁置。[2][3] 除了能够提升运动表现，力量训练还可以减少运动损伤的概率，同时为保持积极的生活方式、保护儿童免于疾病的侵扰建立了坚实的基础。[4]

儿童进行力量训练的年龄可以从7或8岁开始。但是训练应当保证最小的强度，并且要注重全方面发展。自身负重练习（自重练习）应当成为力量训练的基础练习。尽管骨骺板损伤在一些有重复性冲击的运动中较为常见，如体操和棒球等项目[5]，可青少年在力量训练中出现的大多数损伤并非由于训练本身存在问题，而是在于器材设备的错误使用、推举的重量过大或动作过快、缺乏详细的说明和指导以及技术不佳[6][7]。换言之，在正确的训练监督下，如果选择适合运动员年龄的训练计划，那么所有年龄段和性别的儿童都将从力量训练中获益。

根据训练水平，青少年运动员可以通过自由重量练习、抗阻带、实心球、力量训练器械等进行训练。青少年应当参加一些多关节练习，对大肌肉群进行训练。如果需要，奥林匹克举练习（如挺举和高翻）可以在青少年时期的尾端加入到运动员的训练之中。然而，重中之重的任务是让训练计划聚焦于运动员的全面发展，促进他们的身体发育，并对自己在室外场地、冰场及室内硬地等各种场地的运动能力充满自信。上述目标的达成，是在遵循已经得到证实的身体发育规律的前提下实现的，而非在市场营销噱头的怂恿下或依靠最先进的训练设施才能做到。再次重申，在通往训练和竞技成功的道路上，你不必标新立异，但求凡事力行，把必须完成的内容做好。

简言之，力量就是运用自身的力去对抗阻力的能力。力量可以增进运动表现，有助于运动技术运作的执行。运动员进行的所有技能都是在对抗阻力的情况下完成的，因此力量的提升无疑将有助于这些任务的达成。在运动领域，游泳与划船项目的阻力通常来自于水；跑动、跳跃与集体类项目中的阻力来自于重力；在摔跤、武术和其他一些集体类项目中，阻力来自于对手。

儿童的力量训练一直都是充满争议的话题。在过去，由于担心受伤或造成生长发育停滞等问题，儿童不会被鼓励参加力量练习。运动过程中的绝大多数损伤发生在韧带和肌腱等部位，而合理的力量训练进阶能够加强韧带（将骨骼稳定在一起形成关节）和肌腱（将肌肉固定在骨骼之上）的力量，能够让运动员更好地应对训练和比赛产生的压力。从目前来看，力量训练不仅可以预防损伤，还可以为高水平运动阶段的后期表现奠定坚实的基础。在全方面发展的进阶计划中，练习内容、动作模式及器材设备的变化将会对身体的适应和成长提出挑战，使得运动员的运动技能或在项目中的表现得到提升。

对于力量训练的另一个误解是，它被认为仅适用于健美运动员或举重运动员。近几十年的实践已经证明，很多运动员成绩快速提升的原因便在于采用了力量训练而不是简单地进行所选项目的技能练习。力量训练是运动员训练中不可或缺的一部分，在足球、棒球、田径、赛艇、皮划艇、摔跤以及网球等项目中都是如此。如今运动员的"训练哲学"已经出现了巨大的变化，人们已经接受了这样的观念：没有人可以在变得强壮之前快速移动，没有人可以在接受力量训练之前提高跳跃或起跳的高度，没有人可以离开手臂和躯干的力量就能将球投远。因此，力量训练在绝大多数的运动项目中扮演着重要的角色。在一项针对7—12岁儿童的研究当中，研究者将所有儿童分成三组：其中，一组每周进行一天的力量训练，一组每周进行两天的力量训练，最后一组作为对照组不安排力量训练。进行力量训练的两个实验组儿童需要完成12项练习，每项练习分别进行1组，每组重复10—15次。所有的练习内容都安排在适合儿童年龄水平的设备上进行。研究人员对8周后儿童胸前推举和腿部推举的单次最大重量（One Repetition Maximum，以下简称1RM）、握力、垂直跳以及灵敏性等表现分别进行了测量。与对照组儿童相比，每周进行力量训练的两个实验组儿童在胸前推举的表现上呈现出显著的提升。两个力量训练实验组在腿部推举表现上全部得到了提升。在其他测试内容方面，训练频次并未对测量结果产生影响。总体而言，每周进行一天力量训练的实验组儿童并未达到每周进行两天力量训练的实验组儿童的力量提升幅度。所有年龄段儿童的力量都得到了提升。与成年人一样，力量训练课的频率从每周一次增加到每周两次就可以显著提升儿童的力量水平。[8]

除了提高运动表现和预防损伤以外，力量训练还可以促进健康。力量训练能够增加骨骼的矿物质含量，因此可以作为老年骨质疏松症的一种预防性措施。根据医学资料显示，女性比男性更易患骨质疏松症，因此力量训练应该成为体育课和青年女性训练计划的一部分。[9]力量训练还能够对社会与心理方面产生积极影响，包括提高纪律性、坚定决心、增加自尊及提升自信。最后，力量训练还应该成为健康生活方式的重要组成部分，因为身体瘦体重比例增加的同时也会促进新陈代谢，并且在训练的过程中可以帮助消耗更多的热量。

虽然力量训练可以成为儿童积极生活方式的重要构成内容，但是教练员必须针对特定的年龄或运动项目，精心谨慎地设计训练计划。[10][11]开始一项力量训练计划之前，青少年运动员必须做好身心上的双重准备，掌握正确的推举技术，了解力量在提升运动表现方面的重要作用。无论教练员还是儿童都应当清楚与安全相关的因素，包括不同类型器材与设备的摆放地点及其使用方法。同时，负责现场监督的教练员也要精通力量训练，熟悉力量推举技术和训练方法。

儿童在开始力量训练计划之前，应该接受一次全面的体检，从而检测出任何可能妨碍儿童进行力量训练或任何身体训练的潜在疾病（如心脏病）。在医嘱明确的情况下，患有身体或精神障碍的儿童也能够在专业人士指导下，安全地参加力量训练计划。近年来，随着医学的不断进步，很多制约运动参与的障碍和疾病都已经得到了有效解决。例如，为避免促发哮喘，很多哮喘儿童的父母都曾经被要求对自己孩子参与体能活动时的运动量加以限制。现如今，在医疗看护、药物及吸入剂的合理配合下，哮喘儿童也可以参与到锻炼和玩耍之中，享受体育活动带来的乐趣。事实上，规律的锻炼和体育活动有助于强化儿童的呼吸道系统，改善他们呼吸的机能。

第一节 专业术语

本文中将涉及以下几项专业术语——负重训练、抗阻训练、功率训练以及力量训练，这些用语有时经常交换使用。因为个体可以在无负重或非对抗阻力的情况下发展力量水平，因此术语"力量训练"指的是一组肌肉产生的力。

力量也可与速度及耐力等其他因素结合在一起。力量与速度构成了功率，或表现为个体的发力功率。通常情况下，力的产生要求快速而具有爆发性，例如挥拍或跳跃。力量与耐力是第二种结合形式，即肌肉耐力。它是在对抗阻力的情况下，多次重复动作的能力，如赛艇、游泳及自行车。第八章将对耐力训练的发展、进阶以及训练计划的制定等内容进行讨论。

运动技能通常由特定的肌群完成。而其中强壮有力的大肌群主要承担着各种技能动作的首要任务，即我们常说的主动肌。其他协助完成动作的肌群则被称之为协同肌（也称为促动肌）。拮抗肌主要附着在骨骼的另外一侧，对抗协同肌的运动。人体所有的运动都受到协同肌收缩与平衡的、可控状态下能够放松的拮抗肌的影响。

一个动作的执行需要主动肌和拮抗肌之间的协调互动，其他肌群则主要为参与运动的肢体提供支撑。例如，在投掷球的动作过程中，腹部肌肉收缩并使躯干下半部稳定，使手臂可以将球投出。这些起支撑作用的肌群被称为稳定肌，因为它们是在其他肌群收缩并执行动作时确保身体某个部位或肢体稳定的肌群。

力量训练的负荷一般以千克表示，以1RM的百分比或个人可以承受的单次最大负荷进行计算。通过平板卧推练习，教练员可以较为容易地测试出运动员的1RM。例如，运动员可以从一个较轻的负荷开始，如27千克。如果运动员能够轻易地举起该重量，那么教练员可以继续增加负荷，如36千克。运动员只能完成一次推举的最大负荷即为1RM，或表示为100%1RM。我们使用该负荷的百分比来计算训练的强度，绝大多数情况下，训练负荷的区间为30%1RM—95%1RM。

重复次数是指某项练习在一组当中重复的总次数。具体遵循以下原则：

如果是最大负荷（1RM），运动员只能够重复1次。
如果是最大负荷的95%，运动员只能够重复2—3次。
如果是最大负荷的90%，运动员只能够重复3—4次。
如果是最大负荷的85%，运动员能够重复5—6次。
如果是最大负荷的80%，运动员能够重复8—10次。
如果是最大负荷的75%，运动员通常可以重复12次。
如果是最大负荷的70%，运动员能够重复12—15次。
如果是最大负荷的60%—70%，那么接受过训练的运动员能够容易地重复18—20次。
如果是最大负荷的50%，那么运动员每组可以重复25次以上。

在力量训练课中，青少年运动员每项练习可以重复 1—2 次。青春期结束后的运动员可以按照进阶的方式增加至 3 组，组数增加的时长控制在 2—4 年。青少年运动员的力量训练不应超过 3 组。当训练的组数增加时，练习次数必须下降（即 5—6 次）。每组训练之间，运动员应该休息以缓和消耗的能量，在执行下一个练习之前使它复原，放松肌肉。进行本章建议的练习计划时，应当保证 2—3 分钟的间歇时间。

第二节 力量训练的原则

一份合理的力量训练计划要满足三个基本原则。这些原则适用于各个生长发育阶段需要进行力量训练的运动员，对那些已经迈上高水平表现之路的青少年运动员尤为重要。

一、原则一：提升关节的灵活性

绝大多数力量练习——尤其是自由重量练习——都会涉及到主要关节的全幅运动，特别是膝关节、踝关节及髋关节。例如，在深蹲练习中，如果运动员的膝关节不具备良好的柔韧性，那么杠铃的重量对膝关节产生的压力可能会导致疼痛和扭伤。当深蹲练习被应用在儿童训练当中，为了避免膝关节的扭伤，一定要使用较轻的负荷。但是，出于对之前提到的年龄阶段划分的考虑（如运动启蒙阶段和运动能力形成阶段），我们建议应当采用半蹲练习（即下蹲到大腿与地面平行的位置）以达到预防损伤的目的。

在做低姿深蹲时，若运动员踝关节柔韧性不佳，将会对运动员的前脚掌和脚趾产生压力。而要想建立良好的支撑和平衡基础，应当以全脚掌与地面接触，双脚均匀受力。因此，提升踝关节的灵活性是运动员在青春期之前和青春期时必须重点关注的问题。一些简单的跑动、跳跃活动和斜坡跑练习都会有助于促进更好的踝关节灵活性和下肢的整体力量水平。应当在青春期之前和青春期时开始灵活性的提升练习，并且将这些练习一直沿用到运动能力形成阶段的后期。

二、原则二：肌腱力量先于肌肉力量发展

相对于增强肌腱拮抗、提高韧带防伤及维持骨骼与关节完整稳定的能力而言，肌肉力量的提升速度更快。由于专项训练的错误操练与长期发展视角的缺乏，很多训练专家和教练员一直都在单纯地强调某个项目的专项练习。因此，忽略了韧带力量水平的重要性，特别在时间支配较为充裕的早期发展阶段，更是如此。

运动员可以通过解剖学适应的训练计划实现肌腱和韧带力量的强化（详见本章第七、第八、第九、第十节）。如前文所述，肌腱连系着肌肉和骨骼，其主要功能是传递拉力或肌肉收缩产生拉动骨骼完成动作的力量。如果在肌腱和韧带尚未形成正确的解剖学适应之前，就进行大强度力量训练，可能会导致肌肉附着点（肌腱）和关节（韧带）的损伤。肌腱和韧带具有可训练性的特征，它们直径的增加会提升承受张力和牵扯的能力。家长和教练员应当通过强度由低至高的多种练习方式实现周身力量水平的提升，确保肌肉骨骼系统得到全面发展。如果仅仅采用一种训练计划，或将孩子送入高强度的专项训练营之中，很有可能导致他们遭遇运动损伤，并对易受伤的系统施加过分压力。当然，这并不意味着所有的专项训练营都不可取，或是他们都将儿童置于发生伤病的风险之中。我们只是要作一个非常广义的提示，并非一概而论。然而，我们还是建议父母和教练员都应当意识到长期发展的重要性，对某个专项训练营做出正确选择之前，也应当进行谨慎分析，对运动员的年龄、生理准备程度及当前的发展重点等方面都应给予充分考量。例如，如果一名 12 岁的足球运动员希望通过训练提升一般力量和有氧耐力水平，那么以灵敏性练习和功率训练为主的专项训练营就并不合适他，也并非是当前情况下他所需要的。再如，某名运动员参加了一个每节课两组练习、共 12 节课的"训练营 A"，几周后参加使用专项的高强度训练淘汰制的"训练营 B"，这并不是遵循兴趣最大化的原则发展运动员的正确选择。循序渐进对于获得解剖学适应、为满足日后运动项目的更高要求建立充分身体准备而言，都至关重要。

三、原则三：核心力量先于四肢肌力发展

训练专家往往会误解专项化原则，直接将绝大部分精力放在提升手臂和腿部的力量水平。因为绝大部分的项目都要求运动员以手臂和腿部完成动作。所以，很多教练员要求运动员集中加强身体的这两个部位，并认为运动员的手臂和腿部越是强壮有力，他们的表现就会越有效。

虽然所有运动技能都由腿部和手臂完成，但是它们之间的纽带则是躯干。因此，躯干应当与腿部和手臂一样强壮！没有得到良好发展的躯干就不能为四肢提供强有力的支撑。

长期的力量训练计划不应该仅仅注重手臂和腿部的发展，而是应该包括腹部、下背部及脊柱肌群的发展。因此在为年轻运动员——特别是处于青春期之前和青春期时的运动员——制定训练计划时，练习应该从身体的核心部分开始，逐渐将训练扩展至四肢。换言之，加强腿部和手臂的力量之前应着重发展连接它们的部位——躯干的核心肌群。

腹部和背部由一系列肌群组成，它们的排列走向各异，围绕着身体的核心区域。这种生理学结构为身体的大幅度运动提供了坚实而有力的支撑。背部的长、短两类肌群沿着脊柱分布，与负责旋转和对侧链的肌群共同配合，组成一个工作单元，参与躯干的侧屈、转体和旋转。腹肌包括躯干的前部和侧部，主导躯干的前屈、侧屈、旋转和扭转，腹肌在很多运动技能中发挥着重要作用。因此，腹肌薄弱会限制运动员在很多活动中的表现。在手臂和腿部的动作（特别是投掷类项目）中，所有的躯干肌群都可以作为稳定躯干的工作单元。

让运动员进行一些核心强化的练习非常重要。发展核心力量并非单纯依赖于一些基本的卷屈练习（Crunch Exercise），还需要包括蹦床跳跃、横向走（Crab Walks）、独轮车骑行或操场上简单的嬉戏等在内的全身性运动，这些都是锻炼腹部以支撑身体、扩大周身动作幅度的有效方法。

第三节　青少年运动员的力量训练适应

科学研究表明，男孩和女孩经过力量训练之后，力量水平都能获得提升。[12][13][14]通过对儿童生长、发育所有三个阶段的（青春期之前、青春期时以及青春期之后的阶段）比较发现，结束青春期之后的儿童，其力量水平提升幅度最大，大约是进入青春期之前的儿童的2—3倍、是正处于青春期阶段儿童的2倍。

结束青春期之后，儿童力量水平增长的主要原因来自于肌肉质量（肌肥大）和非肌纤维的因素，如神经肌肉对训练的适应性。虽然青春期之前和青春期时，儿童的力量水平也会出现提升，但是他们的力量增加并不依赖于肌肉质量的增加，因为在这两个阶段，他们内分泌系统还未发育健全。因此，幼年阶段的力量提升并非在于肌肉横截面的扩大（肌肥大），而是受到了中枢神经激活或肌肉刺激募集能力的影响。[15][16]这一点在儿童高效完成技能的能力提升方面及其表现出来的力量水平方面得到了证实。因此，绝大部分的肌群经过力量训练之后，实现了协调工作。同步收缩动力链的相关肌肉，在朝既定方向的运动中增加了力量水平。对于久坐少动，特别是长时间伏案或注视屏幕的儿童而言，将定期的抗阻训练作为生活方式的组成部分至关重要。如今的孩子或许无法通过日常活动实现最佳神经肌肉的发展。过去的给奶牛挤奶、提拎水桶、堆放柴草或在泥泞的山路上步行3千米上学等日常活动，对于当下的大多数儿童而言，已经成为过去时。但是，现在每周1—2次有组织的运动既不能满足儿童的健康需要，也不能有效地强化身体结构。因此，需要在合理的指导下，鼓励孩子们参加游戏、加入到结构化的力量训练计划之中。

对于结束青春期之后直至成熟期的男性运动员而言，从青春期开始，睾酮、雌二醇、生长激素和胰岛素生长因子的突增，使得肌肉横截面积出现增大，进而造成了力量水平的增加。[17]而处于此阶段的女性运动员，其力量水平并未出现提升，因为她们的睾酮水平低于男性运动员十倍之多。[18][19]总之，男女运动员的力量水平都能够在青春期阶段得到快速提升，并且将会一直持续到青春期之后的各个阶段。

力量训练不应该被看作是一次性计划或一组传统的力量训练计划,因为这类计划没有进阶,缺少多样性和长期的目标。如果长期目标是提升最大力量,那么短期目标就必须通过较低的负荷强化韧带、肌腱、肌肉及关节,从而帮助身体复原、生长,并为举起更大负荷所需的神经协调建立基础。在制定一份力量训练计划时,长期规划对于提升最佳运动能力、提高对自身运动能力的自信心及预防损伤至关重要。家长和教练员应该考虑建立一份多年的长期力量训练计划,将有序进阶作为计划制定的主线。这样的计划能够帮助孩子获得竞技运动的成就和健康的生活,是父母和教练员的最佳投资方式。

一、青春期之前的注意事项

青春期之前基础动作和基本技能具有持续增长的特征。儿童之间的运动表现呈现出巨大的不同,并且可以在很短的时间周期内发生变化。遗传性(儿童从父母继承而来的自然特性)无疑在个体表现和变化方面扮演着重要角色,这当中就包含了力量和有氧耐力。[20]

体型和力量通常都会与男孩存在紧密的相关性,整个身型会影响到身体表现。而身体脂肪过量,会对绝大多数的身体活动产生负面影响。

虽然体育成绩会随年龄呈现出显著的线性提高,但是一般力量的性别差异(尤其是下肢的力量水平)似乎不具有显著差异性。与下肢力量表现相比(如跳跃),男孩通常在与上肢力量相关的活动中(如投掷)表现得更好。女孩则在强调平衡能力和柔韧性的活动中表现得更为出色。[21][22][23]

二、青春期阶段的注意事项

在青春期,运动表现会随着年龄而不断提升[24],但是由于年龄、性别及任务要求的原因,发展模式呈现出非统一性的特征[25][26]。对于女孩而言,力量水平在青春期之后停止提升,但也没有明显的弱化趋势;而对于男孩而言,力量会随着年龄以平均速度增长,在生长突增期出现明显的加速趋势,此时肌肉质量也发生了明显的增加。这一现象是因为睾酮、生长激素以及胰岛素生长因子的作用，尤其是青春期阶段生长激素水平决定着力量和儿童瘦体重的增加程度。[27][28]

另外，从社会学的角度看，同辈竞争似乎更易让男孩想要变得更加高大和强壮。由于在青春期时肌肉体积不可能出现实质性的增加，尤其是在青春期早期阶段，因此每一位与青少年训练工作相关的人士都应当劝诫青少年运动员不要只是为了追求更大的肌肉维度而参加力量训练。因为这样做可能会导致疲劳、损伤或延缓伤病的恢复进程。在很早的年龄就要面临伤病问题，无疑会对青少年运动员的情绪或身体产生负面影响。在这个阶段，肌肉体积只有在荷尔蒙开始剧烈变化之后才有增加的可能，因为肌肉质量的增加与性器官保持同步发育。[29][30]

从青春期开始，男孩的上半身和手臂将明显比女孩的更加强壮。但是，腿部力量似乎不存在性别上的差异性。总体而言，力量同体型及瘦体重之间存在显著的关联，因此男孩具有明显的优势，比女孩更愿意参加大多数的体育活动。[31]

功率方面，进入青春期之前，男孩和女孩在立定跳远等测试方面的表现没有差异。但是，从青春期开始，功率在性别上的差异开始显现。与此同时，一些女孩体内脂肪的过量堆积会让运动表现出现弱化。

三、青春期过后的注意事项

运动能力在青春期过后的阶段的显著不同与性别相关。在青少年时期，男孩与女孩在与力量相关的任务和表现的差异主要体现在增速方面，因为男孩在青春期会出现生长突增。进入到青春期之后阶段，很少有女孩能够在力量上达到男孩的水平，而在青春期之前她们能够做到。上述差异反映出了性别的影响，主要原因在于男孩的体型更加魁梧。社会学和一些诱导因素也是解释儿童表现的重要原因：例如，与女孩相比，男孩在参与身体活动时能够获得更多的指导机会。

一些男孩在身高快速增长时，会出现运动表现下降的情况。儿童的身高通常每年会在此时增长 5—10 厘米，很容易对运动表现产生影响。这种情况在女孩中尤为明显，由于生长和骨杠杆的变化，她们的力量会出现明显的下降。[32][33][34]度过快速增长阶段之后，力量和功能的表现会出现再次提升，也证明了女孩对训练负荷的良好适应性。随着身高增长，男孩的体重同样会开始稳定地增加，体脂下降的同时，瘦体重比例增大。这些身体上的变化，加之产生对高大身型向往的同辈竞争压力，让很多男孩都无法抵抗增肌药物的诱惑。父母、教师及教练员必须向他们解释这些药物的危害性，并证明存在更好的选择，如力量训练的周期安排。

有些较早发育的儿童其生长速度快于同龄人。在青春期时，那些很早就经历初潮的女孩身体会略强于初潮较晚的女孩。然而，当进入到青春期之后的阶段，早发育儿童将会弱于较晚发育的儿童，这是因为受到了身体上部区域活动减少与体脂增加的双重影响。较早发育的儿童比晚发育的儿童体重更大，身材更高。在较早发育的群体中，由于生长的速度过快，因此上肢和腹部力量较弱。相较于身型，他们的力量会出现下降，因为他们的身高增长速度远远快于较晚发育者。当生长突增期结束之后，训练效果将再次凸显，较早发育的儿童似乎比较晚发育的儿童有着更加明显的力量优势，特别是腿部力量，这种力量优势有些时候在成熟期阶段依然存在。

在运动表现方面，较早发育的男孩优于平均水平和晚发育的同伴。处于平均发育水平的男孩，力量表现在青春期后期之前一直保持线性增加。青春期过后，早发育男孩和平均发育水平中的男孩在力量表现上几乎没有任何差异性。然而，先达到性成熟的男孩，在力量相关的运动中有着更好的表现。[35][36][37][38]另一方面，较晚发育的孩子很少在大多数力量和功率相关的动作任务达到早发育同伴群体的表现。此外，身型也能够对运动表现产生显著影响。然而，在运动能力发展（高水平运动表现阶段）的后期阶段，运动员群体中将不存在生长发育早期阶段的优势与劣势。因此，理解并遵循长期运动能力发展的周期计划至关重要，它能够确保所有项目必需的各项运动能力渐进式的全面发展。

总之，儿童训练计划必须考虑到生长发育各个阶段的动态特点。在运动启蒙阶段和运动能力形成阶段，男孩和女孩的计划应当保持一致并做到良好的兼顾，但是要完全与青春期之后阶段分开。作为全面发展训练理念的重要部分，力量是基础体能的主要因素。从青春期，特别是青春期之后阶段开始，女孩要注意保持上半身和下半身的力量按比例发展，训练计划应当强调上半身、躯干以及肩带力量的加强，因为她们在这些区域相对较弱。

第四节 运动损伤预防

成长中的儿童可能会因推举重物而受伤，尤其是在青春期之前阶段和青春期阶段。因此，当教师或教练员针对儿童群体实施健美、奥林匹克举以及力量举计划时，父母应当对此持有谨慎态度。有些时候，由于技术使用不当而导致的拉伤对青少年运动员而言或许具有灾难性。一些教练员非常热衷于这些推举技术，尤其在练习时使用较大负荷，正确的做法应该是在较低负荷下进行推举技术的学习。处在青春期之前阶段的儿童并不能如成年人一样激活肌群，所以更加容易出现损伤。[39][40][41]通常情况下，青少年运动员的身型并不能完全代表他们力量和功率的生成能力。由于儿童的耐力较弱，因此并不能像成人一样从力竭状态下快速恢复。[42]如果了解了青少年运动员有氧能力、无氧能力以及神经肌肉的诸多局限性，那么就能帮助教练员和父母免受一些关于儿童可以进行全身爆发力练习（如挺举和高翻）建议的干扰。青少年稚嫩且尚未成熟的身体无法募集到高阈值的II型肌纤维，而这类肌纤维能够确保安全运动，更好地控制大负荷下的爆发性动作。在绝大多数情况下，训练中缺乏相关知识，没有遵循合理的负荷渐增，推举时姿势不良以及儿童腹部薄弱的肌群，都可能成为儿童运动损伤的元凶。因此，这也不难理解为什么青少年运动员会经常遇到下背部的问题和膝关节损伤。

骨骺板损伤的后果极为严重（发生在骨干上的压迫性损伤）。儿童时期的骨骺板骨折，可能导致肢体停止生长。这类损伤绝大多数情况下发生在身体接触类的运动项目当中。尽管对于骨骺板而言，力量训练较为安全，但是在训练中骨骼和肌肉损伤却时有发生。[43]造成绝大多数损伤的原因包括缺乏对正确技术的指导、负荷过大、旋转以及弹震练习等。[44]幼童遭受突然性的冲击力极易发生严重损伤，因为保护主要关节的韧带比骨骺板更加强韧。因此，引起成年人韧带受损的创伤通常会让儿童的骨骺板发生骨折。

教练员在选择练习方式时，应当着重考虑重复次数、多样性以及降低负荷。这些方面安排不当或许会使力量训练效果不佳。但是，如果肌肉负荷过大则可能会对儿童造成极为严重的损伤。极端情况下的肌肉收缩会沿着肌腱传递，引起成年人群的肌肉撕裂，但是对儿童而言，则会导致肌肉和肌腱同骨骼的主结构处分离。一旦出现这种损伤，那么将会中断生长，造成畸形和功能性障碍。

较为常见的运动损伤包括拉伤、扭伤以及软组织受损，但是骨骺板损伤的预防难度更具挑战性。前述常见的损伤通常发生在高度组织化的竞技运动项目中，虽然它们的危害程度未必严重，但是同样可以制约运动天赋的全面发展。

身型高大的强壮儿童更有可能遭遇伤病，尤其是在青春期后期和青春期之后的阶段，因为他们会感觉自己足以应付大负荷练习。然而，这些青少年运动员并不知道自身的骨化过程尚未完成。此时，肌肉不应当以最大力量牵拉结缔组织。

结构合理的力量训练计划应当在长期的周期性理念下制定，正如本章前半部分所述，这种训练理念对于儿童而言非常安全。下面列举出了最有效的损伤预防方法：

（1）采用加入伤病预防的力量训练计划。如本章训练模型中所建议的，一个设计合理的长期解剖学适应阶段，可以帮助运动员远离伤病困扰。那些未参加过力量训练的运动员损伤发生率比接受过该训练的运动员多出3倍。

（2）不科学的训练指导、高强度以及训练负荷和强度缺少进阶都可能导致损伤。可以使用多种训练模式，如自身负重练习（如俯卧撑、引体向上、仰卧起坐以及手臂弯举）、实心球练习、自由重量练习（如轻负荷的杠铃、哑铃、抗阻带、低负荷下的力量器械练习以及更轻负荷的实心球练习等）。

（3）开始实施任何一项训练计划时，都应当首先安排10—15分钟的简单慢跑、拉伸以及自身负重练习。除此以外，使用低于训练计划安排的负荷，作为训练课的预备练习。在每堂训练课以及每次比赛之前进行充分的结构化热身，可以显著降低损伤发生率和一旦受伤时其严重程度，尤其是膝关节和踝关节损伤。

（4）为了预防肩部疼痛，应当针对所有肌群（尤其是腹部区域）设计一项补充力量计划，用以平衡下背部和肩袖的力量。这些部位在训练中经常被忽视。

（5）在儿童训练计划中不用仅仅通过适合于项目的专项练习，过度强调专项训练。在年幼阶段，全方面训练的积极效果将会在生长发育成熟期得到体现。幼年时期的专项训练很可能造成过度损伤。[45] 据全美运动训练师协会（National Athletic Trainers' Association）估计，如果基础体能练习优先得到发展，那么有接近50%的过度损伤可以得到有效预防。[46]

（6）不要在青春期之前阶段、青春期阶段以及青春期之后阶段的初期让运动员训练的最大负荷超过1RM的70%—80%，或者在自由重量练习中进行爆发性推举。这些练习对于任何人而言都具有很大的难度，更不要提在解剖学发展过程中尚未发育成熟的青少年。在训练早期，不适感不应出现在训练过程之中。

（7）在骨骼成熟之前（完全骨化），青少年运动员不应参加举重、挺举或任何最大力量举的比赛。适宜的年龄通常在18—20岁年龄左右。

（8）关于推举技术，尤其是自由力量练习技术的详细指导与说明必须作为训练计划的重要组成部分。任何认同长期发展观点的教练员都会选择在无负重或者轻负重的情况下，进行一段相对较长的推举技术学习过程。

（9）在安全的健身房中，全程需要近距离的指导和监督。儿童的专注度持续时间相对较短，尤其是处于青春期之前阶段和青春期阶段的儿童，因此对力量训练缺少足够的动机。另外，应当定期维护设备，并保证重量器械使用后重新放回至安全区域。

（10）任何时候都不要使用存在安全隐患或故障的设备。在进行自由力量推举之前，如杠铃练习，首先确认杠铃盘片已经被卡夹安全固定，不会脱落造成对他人的伤害。

（11）让孩子回归天性。不要盲目相信力量训练的流行观点，认为很多训练器材和设备可以让孩子变得更快、更强以及更加健康。人体可以接受的最佳力量水平需要提升适应能力并接受渐进式的刺激，而不是那些需要主动恢复、造成过度疲劳和肌肉压力的剧烈活动。让孩子们在自由地嬉戏、跳跃、踢射、攀爬以及在不同的平面和方向上运动的过程中增加肌肉对更高和更强能力的适应。通过身体练习以及运动员个体的实际年龄和生物学年龄判断力量输出和肌肉激活程度是实现上述目标的最佳途径。

第五节　力量训练的周期模型

表 7-1 提供了一个长期力量训练的周期模型，同时对各个发展阶段、训练方法、训练量、训练强度（负荷）以及训练方法进行了综述。建议采用循环训练计划。可以根据运动员的需求对一些练习进行调整和修改，但要确保身体的所有部位都要参与到练习当中。

表 7-1　长期力量训练的周期模型

阶段	训练形式	训练方法	训练量	训练强度	训练方法
运动启蒙阶段（6—10 岁）	简单练习 游戏或比赛	非正式循环训练	低	非常低	自身负重 同伴 轻质实心球
运动能力形成阶段（11—14 岁）	一般力量 接力/游戏	循环训练	低到中等	低	实心球 轻负荷自由重量
专项化阶段（15—18 岁）	一般力量 专项化	循环训练 功率训练 低冲击增强式训练	中等 中高	低 中等 次最大	自由重量 实心球 自身负重练习
高水平运动表现阶段（19 岁以上）	专项化	最大力量 功率/增强式训练 肌耐力	中等 中高 最高	中高强度 次最大	自由重量 器械

注：过程中的训练量、训练强度和训练方法都要由谨遵教练要求，教练需要注意从简单练习就开始特别关注，例如开始阶段到一般训练再到特殊训练。

训练量、训练强度以及训练方法的进阶应当在教练员的监控下进行，从简单的练习（如在运动启蒙阶段进行的练习）过渡到一般练习，然后再到专项练习。

一、运动启蒙阶段的力量训练模型

应当将青春期之前阶段的力量训练模型视为准备期，运动员可以在愉快并且充满乐趣的氛围中为日后的高水平表现奠定基础。事实上，运动能力成熟期的高水平表现并不依赖于青春期之前阶段的力量训练。在青春期之前阶段，过大的压力很容易让运动员遭遇损伤。利用组合器械进行大运动量、高强度的力量训练，不仅会让青春期之前阶段的运动员处于损伤风险之中，同时还会危及到其未来可能成为高水平运动员后的职业生涯。因此，应当把青春期之前阶段的儿童力量训练作为一种额外的技术训练和一般技能发展练习，它的形式仅限于身体负重训练或实心球练习。

切记，全方面发展是青春期之前阶段的主要训练方式。通过各种项目的游戏（变化越多，效果越好），儿童的基础力量、一般耐力、短距离速度以及良好的协调性可以获得发展。例如，儿童在参加娱乐性游泳计划的同时，还可以通过一些体操课来发展基本的柔韧性和平衡性。当进行游戏时，青少年运动的耐力、速度、协调、灵敏以及空间感都会得到提升，并且展现出多种技能水平。最终有助于身体的和谐发展而非某种局限性的运动专项能力。

尽管儿童会在他们选择的运动项目上花费大量时间，但是他们应当将每周训练的20%—30%的时间用于身体训练，包括力量和柔韧性练习。他们应当以非正式的形式完成这类训练，组织形式灵活多样、不拘一格，并且要充满趣味性。

在青春期之前阶段和青春期阶段，力量训练计划的目的是让肌肉、肌腱以及骨骼做好充分准备，迎接发育成熟阶段的高强度训练。而训练计划的最终目标则如全方面发展原则所倡导的，使运动员身体获得全面、和谐的均衡发展。运动员应当通过6—8年渐进式的发展，为日后发展的各个阶段做好准备，以免受伤病的困扰。

教练员可以使用简单的循环训练（如其名所示，训练由多个"练习站点"组成，依次进行形成训练环路），一般由6—9个发展基础力量的练习站点组成。表7-2和表7-3列举出了循环训练计划的示例。在进行循环训练的时候，应当注意以下情况：

（1）训练应当持续15—20分钟，在进入到青春期之前阶段的末期，可以逐渐增加至30分钟。

（2）合理安排各个练习站点的内容，确保四肢、身体各个部分以及各个肌群能够在训练中交替使用。我们建议按照这样的参与顺序：腿部、手臂、腹部和背部。

（3）训练计划应该包含6—9种练习。

（4）对于全新的练习，应当教授正确的技术动作。动作的正确执行应当先于动作重复的次数。

（5）不要命令儿童尽快地完成某项练习或某个循环练习。在运动启蒙阶段，速度并不是训练的重点。如果想要儿童从循环练习中获得乐趣，那么就应该让他们以自己的速度进行训练。

（6）儿童应该能够顺畅地完成动作，没有不适感。儿童在压力较大的活动中的痛苦表情就是身体不适的一种信号。在这个阶段，压迫感绝对不要出现。压力出现的时刻就不会有乐趣。一旦儿童产生了不适感，就要立即停止活动，不要强迫他们，让孩子们拥有积极的身体体验。

（7）尽可能地将练习整合进充满乐趣的循环训练当中，让儿童对练习产生兴趣。

（8）练习的设备和器材应当易于使用，例如实心球、抗阻带以及哑铃等。如果可能，在户外安排循环训练，并利用操场中的设备，进行同伴互助式的练习。

（9）对良好技术和个人的不断进步给予奖励和赞扬。在循环训练中营造个体发展、自我挑战和个人成就感的环境氛围，而不是强化儿童之间的竞争。应当让参与练习的儿童从一开始就知道，通往优异表现的路途上充满了曲折和挫折，运动表现不可能一直提升。从长期来看，坚持不懈地训练终会获得回报。

表 7-2　由 6 种练习组成的循环训练

练习	重复次数/持续时间	间歇时间（秒）
俯卧撑	4—6（8）次	30
原地投掷实心球	10—12（15）次	30
上臂弯举哑铃	8—10（12）次	30
悬吊屈髋（在吊桥上）	5—8 次	60
肩上推举哑铃	8—12 次	30
团身跳	60 秒	120

注：根据运动员的能力，在青春期结束阶段，孩子可以进行1—2个循环或者3个循环。也可根据需要自行选择练习。"重复次数/持续时间"一列中，括号内的数字表示可重复的最多次数（本章中其他包含"重复次数"项的表格中均如此表示）。

表 7-3　由 9 种练习组成的循环训练

练习	重复次数/持续时间	间歇时间（秒）
俯卧撑	6—8（10）次	30
坐姿挺髋	6—10 次	30
换腿立卧撑	8—10 次/每侧腿	60
双人转体投掷实心球	6—8 次	30
原地投掷实心球	10—12（15）次	30
仰卧卷腹	6—8 次	30
躲避跳绳练习	60 秒	60
上臂弯举哑铃	8—10（12）次	30
下蹲练习	90 秒	120

切记，在青春期之前阶段，儿童不应该尝试较重负荷的推举练习。不要对儿童的1RM进行测试。所有的力量训练计划应当对应特定的年龄阶段，并在专业教练员的监督下进行，与青少年运动员的生长发育特点相契合。[47]

我们建议的练习与训练指南，可以为日后力量发展的各个阶段打下坚实基础。儿童在青春期进行的各项活动，都将为他们在青春期与成熟期即将开展的训练奠定基础。而其他方式则可能意味着青少年运动员在达到最佳生理表现和心理成熟度之前产生倦怠心理,并失去参与训练的兴趣。

二、运动能力形成阶段的力量训练模型

青春期阶段,仍然要围绕运动员的专项化训练奠定基础。它对运动表现阶段的追求卓越至关重要。因此,应将青春期视作打造优秀运动员的重要阶段。

虽然在这个阶段,青春期儿童的生长非常迅速,有些时候每年可以长高10—12厘米,但是合理的力量训练对青少年运动员不可或缺。最近的研究认为高强度抗阻训练对于青少年而言安全且有益。其中的一些研究表明,当运动员进行10项以上的练习、每项练习进行1—2组、每组高强度重复8次时,力量水平获得了增加,且没有出现运动损伤[48],同时体成分获得了提升[49]。我们不建议儿童和青少年进行最大负荷的训练。因为,最大负荷需要低重复次数,极易造成多种损伤,包括软组织损伤以及由于在大负荷推举过程中无法保持正确的技术而造成的关节损伤。美国儿科学会(American Academy of Pediatrics)支持青少年运动员在神经系统进阶到可以承受并从最大负荷训练中恢复的程度之前,以次最大负荷强度训练为主。[50]

从青春期开始,男孩和女孩在力量训练中获得的收益将有所不同。男孩性器官的发育,会导致生长激素水平增加,睾酮水平比女孩高出10倍。因此,男孩比女孩更加高大和强壮。

1. 力量训练的任务

应当将力量训练视为全面发展的组成部分。但是,全方面训练仍然是一个重要的目标,旨在发展多种技能和基本的运动能力,如灵活性、耐力和速度。

力量训练计划的目标是让身体和肌肉能够按比例的和谐发展。除了那些要求运动员在青春期之前阶段以及青春期的后段就要达到高水平表现的项目,要避免落入专项训练的误区。不要强调训练方法,尤其不要采用只针对某一项运动的专项化练习。在运动能力形成阶段的早期,过度强调专项化训练意味着要求产生快速的适应,这会导致运动员过早地达到其运动表现的高峰。随着提升幅度的增加,更高表现的吸引力让儿童趋之若鹜,不惜采用更大的负荷以追求更好的成绩。训练中的这种压力将青少年运动员置于更加艰苦的竞争之中,并

形成恶性循环。结果可想而知，运动员产生心理高压和倦怠感。青春期力量训练的目标是进一步为高水平阶段构筑力量基础。

大多数获得2008届和2012届奥运会奖牌的运动员，年龄都在30岁左右。因此，要避免专项化，为全方面发展而训练，为未来夯实基础，最重要的是，营造一种愉快而积极的体验氛围。请记住古罗马的一句古语"Festina lente"，意为"从容不迫"！

2. 计划训练

青春期的力量训练计划应继续遵循力量训练的三个基本原则，进一步发展关节柔韧性，加强肌腱韧性，强化身体的核心区域。

运动能力形成阶段的力量训练目标主要是发展良好的力量基础。为运动员迎接青春期之后阶段以及成熟期阶段的训练强度做好解剖学方面的充分准备。这种长期渐进式发展的直接益处是帮助运动员远离伤病。

青春期阶段的训练计划的首要步骤是为高水平表现训练做好准备。尽管运动员会采用相同的训练手段和器械（例如，自身负重练习以及同伴间的练习），但是重复次数和阻力的难度会稍微增加。可以使用自身负重练习以及实心球练习（包括抛掷练习和接力）发展速度和力量。将实心球的重量稍微增加至2—4千克。目前，市场上可以买到有很多种类的实心球，包括配有1个或2个握柄的实心球。发展基础力量及肌腱和韧带适应性的练习可以使用哑铃、杠铃、沙袋、抗阻带以及TRX（一种悬吊训练系统）或艾伯特多功能健身架（Lebert Equalizer）。这些产品并不昂贵（与健身房的设备相比），易于携带，并可以有效地在循环训练中使用。

由于训练总量出现了轻微的增加，孩子们可能会感到一点疲劳。特别是当他们在同一天进行了专项技能练习以及30分钟力量循环训练之后，疲劳感会更加明显。教练员应当对青少年运动员进行持续观察，并了解他们在感到不适感之前可以承受的最大负荷。一旦运动员感觉到了疼痛，应当立即停止活动。

较舒适的体力消耗程度的一个表现是训练过程看上去轻松不费力气。为了防止肌肉紧张，孩子们应当在放松肌肉的同时专注于练习任务。他们应该理解，主动肌肉收缩时，拮抗肌就应该放松。

在运动能力形成阶段的训练过程中，孩子们可以使用自由重量如轻重量、简易的杠铃和哑铃。但是，上述练习的使用并不意味着他们已经开始采用奥林匹克举的技术。相反，这个阶段是他们学习掌握使用杠铃进行何种练习的阶段。此时建议使用哑铃和杠铃而不是复杂器械的主要原因在于，运动员能够以不同姿态在不同活动平面上进行多种动作练习。除此之外，还可以更加容易地模仿青春期之后阶段和发育成熟阶段需要进行的技能模式。然而，在考虑训练之前，教练员应该充分地教授正确的推举技术，这样做对预防伤病而言至关重要。而大多数健身器材在设计之初并没有将儿童的四肢长度考虑在内。

基本技术的指导中应当考虑以下关键要素：

（1）教授基本的站姿：双脚平行，与肩同宽。这个姿态可以保证对身体的良好支撑，帮助儿童很好地控制平衡。

（2）教授所有动作的正确技术。向运动员示范如何让身体的核心肌群参与到推举动作的稳定性控制以及如何进行正确的呼吸，实现最大力量水平的发挥和专注度。

将重点放在多关节的动作练习，如要求上、下肢参与的练习等。由于半蹲或深蹲是比较常用的练习，因此下面将介绍这种练习的进阶式学习：

（1）在没有任何负重的情况下，学习正确的技术（自身负重下的深蹲）。

（2）学习并掌握日后练习中保持杠铃平衡的技术，练习时可以在肩部放置横杆，并用双手抓握横杆两端。

（3）熟悉练习动作，双手各持哑铃，并从身体两侧向上举起。

（4）只使用杠铃杆进行练习，不附加任何重量。

（5）在专注于正确技术练习的同时，可稍微增加负荷。

任何不了解正确技术的教练员都应当向专业人士求教。在任何情况下都应意识到这种进阶是一个长期的过程。运动员通常需要几年时间才能开始较重负荷的练习。一般情况，从青春期之后阶段开始。

一旦儿童积累了良好的训练经验，他们就可以逐渐尝试稍具难度的技能练习，以发展技术、速度、灵敏性和力量。这有助于对更高挑战性的适应，例如，儿童对渐增训练负荷的承受能力以及逐步增加的生理潜能。上述目标的达成，要求整个训练必须遵循一定的方法理念，具体的内容如下：

（1）增加训练课的时间。以运动员每周训练2次、每次1小时为例。训练承受能力的逐渐增加，可以采取将训练课时长增加15分钟的形式。此时，儿童每周训练2次、每次75分钟，每周的训练总时间将增加30分钟。随着时间的推移，增加后的训练课时间可以进阶到90分钟。当然，90分钟的训练内容不仅仅包括力量训练。相反，它还包括技术和战术、速度、灵敏性练习，在每堂训练课末尾进行力量训练。

（2）增加每周训练次数。如果一节训练课已经达到了较长的90分钟，那么将训练次数从每周2次增加至3次，从而给运动员创造一个新的挑战。

（3）增加每堂训练课中所有类型活动和技能训练的重复次数，包括技术、战术和身体训练。如果在某一阶段，教练员认为儿童可以承受每周3次、每次90分钟的训练强度，那么接下来训练难度的增加可以是在90分钟的训练课中完成更多的训练内容，这意味着更多的技术练习或身体发展练习。此时，需要稍微减少每组训练的间歇时间，让儿童适应更高的训练要求。

（4）除了上述3种选项，还可以通过增加每组练习动作的重复次数以达到更高的训练要求。在这种方式中，新的训练任务是让儿童逐步适应在不增加间歇时间的情况下增加练习的次数。

应当在一段较长的时间里谨慎地实施渐增式训练进程。从每周2次60分钟的训练课逐渐增加到每周3次90分钟的训练课可能需要2或3年。经验丰富的教练员能够自然顺畅地完成进阶过渡。

青春期结束以前，每堂力量训练课可以从20分钟增加到30分钟，甚至40分钟。当训练内容逐渐增加至10或12种练习、每项练习重复8—12次时，循环训练的方法同样能够可以满足提升力量水平的需要。

严格执行个性化原则，使训练计划与个人能力相匹配。同样，儿童应当在没有教练员施加压力的情况下，选择完成练习的速度。这样可以让儿童根据自身生长发育的节奏选择路径，换言之，两名相同年龄的儿童或许具有明显不同的训练内容。

教练员可以将奖励（例如，任务达成后的称赞）作为一种激励工具。然而，奖励应该授予那些获得自我提升的个体，而非团队中表现最佳的运动员。

在青春期阶段，孩子们应该体验各种田径项目，但是进行投掷类项目时应当降低重量（例如，使用网球而非标枪），同时在短跑项目上缩短跑动距离（例如，采用50米跑代替100米跑）。学习基本动作技能，提升速度和力量水平所带来的优势是在于能够为日后的运动参与提供重要的正向迁移作用，例如，标枪投掷迁移到棒球中的投球，良好的冲刺跑能力迁移至橄榄球、篮球或足球。总之，在青春期之前阶段以及青春期阶段建立全方面基础，不仅仅是一种理念，同时也是高水平运动表现的必要条件。

3. 训练计划

青春期的力量训练计划可以采用循环训练的方法。表7-2和表7-3分别为包含由6和9项练习组成的循环训练计划，可以作为训练指南。在本章中，家长或指导教师可以很容易地根据孩子的潜力，调整重复次数和循环次数，使用多种练习以创建其他计划。

三、专项化阶段的力量训练模型

从青春期之后阶段开始，训练计划较之前围绕全方面训练的两个阶段出现了一些变化。由于运动员在青春期之前阶段与青春期阶段已经建立了基础，因此青春期之后阶段的训练则要逐渐满足专项化的需求。力量训练的变化体现在功率训练，并要将周期训练模型逐渐引入每年赛季。

随着生长类激素分泌的增多——男孩更加明显，因此运动员在青春期之后阶段的肌肉围度和肌肉力量将会显著地增加。从这一阶段开始一直到发育成熟期，男孩的肌肉比例将会从27%增加至40%（即瘦体重含量）。[51]在这种情况下，力量表现毫无疑问会急剧提升。女孩的力量表现也会提升至更高的境界。[52][53][54][55]

1. 力量训练任务

青春期之后阶段是所有青少年的发展阶段，包括实际年龄可能相差两三岁的青少年运动员。因此，教练员必须根据专项需求，对专项训练的执行情况进行谨慎地监控。

尽管全方面训练与专项训练的比率逐渐进阶为运动专项服务，但是在青春期之后阶段，仍然需要继续保持全方面训练。力量训练与身体核心部位的功能性训练同等重要。尽管市场上力量训练的器械种类繁多，但是能给青少年运动员带来最大帮助的还是自由重量练习的器材，例如实心球、哑铃、抗阻带以及壶铃等，因为这些器械能够训练神经系统适应非平衡环境，因此提高核心肌群的可训练性。如果在训练房或健身中心训练，教练员可以使用多种器械，包括无轨迹拉力器（Cable Machines）、高拉器械（Lat Pulldown Machines）、深蹲架（Squat Racks）、双臂屈曲架（Dip Bars），当然还有自由重量练习器材等。不要使用史密斯架（Smith Machine）。尽管它被认为是一种更为安全的深蹲替代练习，但是在史密斯架上的练习动作不具自然性，身体需要被迫"适应"一些可能弊大于利的姿势。

力量训练的专项化就是在练习中采用模拟主动肌主导的动作。运动员必须注意动作的角度和平面，使其符合项目技能的专项需求。然而，教练员也应当在实施专项化的同时避免造成拮抗肌和主动肌的非协调发展。

为了满足专项化需求，力量训练应当体现多样性的特征，因此运动员需要发展不同的力量素质，如爆发力和肌肉耐力。教练员应当在运用专项训练方法解决此类需求的同时，实施每个赛季年度的力量周期计划。

2. 计划设计

青春期之后阶段开始的一两年之后，仍然需要继续进行青春期阶段采用的专项训练，但是训练本身逐渐变得更加复杂。运动员可以使用辅助训练方法和更加复杂的器材。随着训练复杂性以及力量作用的提升，应当对训练的强度进行监控。由于运动员增加了更多的力量和更大的负荷，训练强度持续积累，运动员将会经历疲劳。因此，为了防止疲劳以及潜在损伤达到临界水平，教练员应当知道如何合理地增加力量训练的强度。我们建议采取以下进阶的方法：

（1）将间歇休息时间从 3 分钟减少至 2.5 分钟。尽管运动员可能会觉得坐下、拉伸、等待下一组练习比较困难，但是要让他们知道合理的组间休息对于提高力量并最终提高运动表现的重要性。

（2）增加每堂训练课的练习组数，其中 1RM 占比较高的练习尤为如此。

具体进行时,采取合理的间歇时间非常重要,因为当训练量与强度同时增加时,对应的不同供能系统也将出现疲劳。

(3)增加训练负荷。根据递增负荷的原则,分步骤增加负荷,通常三周之后为能量再生周(详细内容可参考第一章的台阶法)。为适应新的负荷,运动员必须保持类似强度的训练计划大约一周的时长,之后再增加到一个新的负荷。

图7-1列举了一项为期四周的训练负荷渐增计划。除了能量再生周的训练负荷会减少20%以外,训练负荷以大约10%的增量逐渐提高。切记,每一级训练负荷指的是一天之中的训练计划,每个计划通常大约进行2—3次,具体安排取决于每周训练课的次数。按照相同训练负荷进行2—3次的训练之后,运动员可以进入到下一级的负荷,以获得进一步的训练适应。

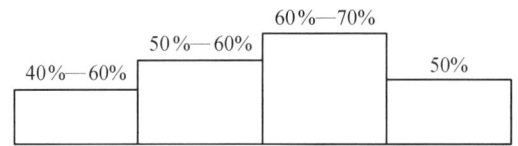

图7-1 四周循环的训练负荷增加百分比

这种进阶训练需要持续较长的一段时间。在青春期之后阶段的末期和成熟期,运动员将按照预期计划使用更高百分比的负荷(接近100%)进行训练。同样,训练组数可以增加至3—4组甚至更多的组数来刺激肌肉产生适应和提高。

随着训练复杂性的增加,教练员可能会倾向于使用更为复杂的力量器械或采用奥运匹克举练习,如高翻、挺举和抓举,并且坚信通过这些练习,青少年运动员的专项力量水平将迅速提高。但事实上,我们强烈反对使用这类方法,因为它们属于技术类练习,而非专项性练习,有时甚至具有危险性。

随着训练中专项练习及方法的使用比重增加,专项力量训练将在运动员接近高水平运动表现阶段时占据主导地位。因此,教练员必须选择最适合项目需要的练习器材。虽然一些器械可以在某个训练阶段使用(例如,最大力量阶段),但自由重量练习器材似乎更具有实用性。从力学角度来看,这类练习更类似于专项技术动作，可以协调不同的肌群工作。虽然正确技术的学习较为困难，但自由重量练习要求运动员在不同的方向和平面上运动。运动员可以在练习中模拟大部分专项动作的动力学特征，发展完整活动度范围内的专项加速度。事实上，这也是自由重量练习最为重要的优势之一。

虽然自由重量练习较为普及，但是如果使用不当很容易造成损伤。教练员除了教授正确的技术动作之外，还应确保现场有一位辅助练习的人员适时帮助训练中的运动员，其主要职责是负责安全和预防损伤。

在教授一项新的练习动作时，教练员应当按照以下原则进行：

（1）讲解推举过程中的主要技术环节；

（2）示范正确的技术动作；

（3）让运动员在较低负荷下进行动作，观察运动员动作的完成情况；

（4）介绍并演示练习辅助人员的角色和职责。

高效的练习辅助人员，通常都来自于教练员或有经验的运动员，他们具体要做到以下内容：

（1）掌握推举技术以及辅助练习的内容；

（2）为练习者提供必要的技术提示；

（3）在整个练习过程中，为了成为一名细致高效的练习辅助人员应当熟悉训练计划（例如，练习的重复次数）。

随着运动员进入到成熟期，发展力量的方法将会发生变化，并且变得越来越难。运动员需要发展最大力量或者最大力量训练的某一部分（例如，爆发力或肌肉耐力），而不是一般力量。

3. 训练计划

青春期之后阶段通常指青少年的 13—18 岁，或说成熟期的开始阶段。处于这个年龄段的青少年会表现出很大的生理和心理差异，因此我们将训练计划分为两部分：青春期之后阶段的早期和晚期。

（1）青春期之后阶段早期的训练计划

由于在青春期之后阶段的早期，儿童的生理和心理（约 14—15 岁）特征更接近于青春期而非成年人，因此训练计划仍然采用循环训练，以获得运动能力的持续增加。青春期阶段与青春期之后阶段早期的循环训练之间的主要不同在于：练习更加困难、一些练习的负荷更大、练习之间的间歇更短。

表7-4和表7-5列举了两个循环训练的案例，表7-5的案例的训练难度更大，包含了更多的功率练习和一些简单的反应力量练习（如障碍跳跃、垂直跳以及原地空中换腿跳等）。

表7-4 青春期之后阶段早期的循环训练

练习	重复次数	间歇时间（秒）
引体向上	4—8	30
坐姿腿部推蹬器械练习或深蹲哑铃负重	10—12	30
仰卧实心球转体	8—10	30
器械高拉	8—10	30
对角线跳跃	30秒	60
坐姿肘部屈伸哑铃练习	6—8（10）	30
实心球躯干抬升	6—8	60
俯卧撑	6—8（10）	30
障碍跳跃	30秒	120

表7-5 青春期之后阶段早期的循环训练（高难度）

练习	重复次数	间歇时间（秒）
坐姿腿部推蹬器械练习	12—15	20
引体向上	4—6	30
坐姿V字持实心球转体	4—6（8）	30
垂直跳	30秒	30
杠铃或哑铃胸前推举	30秒	20
俯卧两头起	6—8（10）	20
原地空中换腿跳	30秒	30
俯卧撑	6—8（10）	20
障碍跳跃	30秒	120

请灵活运用表格中建议的负荷和重复次数。它们对一些运动员来说也许难度较大，而对另外一些运动员而言则相对容易。请根据个体情况，对训练计划进行调整。

（2）青春期之后阶段晚期的训练计划

青春期之后阶段晚期的运动员年龄大约为 16—17 岁。此时力量训练在技术训练之后进行，作为补充内容安排 30—60 分钟，尤其竞赛期不能缺少。在准备期的一些阶段，力量训练课可以与技战术训练分开并单独进行。但是，无论何时进行力量训练，教练员都应该首先确保运动员进行一次全面的热身。

表 7-6 列举了一项全年计划，竞赛期预设在夏季。当然，教练员也可以将该模型计划进行调整，设计成针对秋季竞赛期（如橄榄球）或者冬季赛季期（如滑雪和篮球）的安排。表 7-6 还能够适用于大运动量、低中强度的耐力性项目。请注意，在每个训练阶段的下方都对该阶段的力量训练类型进行了说明。

表 7-6　力量训练的周期化模型：青春期之后阶段晚期的年计划

	月　份										
	11月	12月	1月	2月	3月	4月	5月	6月	7月	8月	9月	10月
训练阶段	准备期							竞赛期			过渡期	
力量训练的周期安排	解剖学适应性训练		最大力量训练					最大力量和功率训练（爆发力训练）			解剖学适应性训练	

注：有关解剖学适应性训练的介绍请参见第八章。

表 7-7 列举了该年龄段运动员的最大力量训练计划。在力量训练的周期安排中，解剖学的适应性训练部分是教练员能够继续采用循环训练的唯一阶段。功率训练将在本章后面的部分中讨论，包括具体的功率训练计划建议。请注意，19 岁及以上年龄的运动员的力量训练计划并不包含在这本书当中。因为这个年龄段的训练具有极强的专项化，旨在发展高水平运动表现，具体内容我们建议参考《运动周期训练（第三版）》[56]。

表 7-7 最大力量训练计划（<80%1RM）

练习	负荷（%1RM）	重复次数	组数	休息间歇（分钟）
坐姿腿部推蹬器械练习	70—80	6—8	2	2
杠铃或哑铃胸前推举	70	8	2	2
哑铃体前上推	——	8—10（12）	1	1
俯卧两头起		12—15	1	1
深蹲哑铃负重	60—70	10—12	2	2
跪姿下落式俯卧撑	——	6—10	1	1
俯卧屈腿器械练习	50	10—12	2	3
引体向上		最大	2	2
坐姿 V 字平衡		8—10	1	2

注：空栏表示不要加负荷，采用自身体重做负荷。

教练员应根据环境、可用器械以及最重要的因素——运动员能力与经验——等方面制定计划。如果父母或教练员自行制定计划，应当考虑以下重点内容：

（1）对于以 1RM 百分比为训练负荷的练习，在计算某堂训练课的实际重量负荷之前，应该进行 1RM 最大力量测试。

（2）不要使用超过 80%1RM 的重量负荷，因为运动员可能还没有做好承受该负荷的准备。

（3）每周交替进行最大力量训练和功率训练。

（4）在任何训练计划中，要尽量包含两种上肢练习以及两种腿部练习。

（5）运动员的功率训练必须具有爆发性和动态性。

（6）不要缩短间歇时间。如果可能的话，就增加休息时间。良好的休息对于获得最佳效果以及避免疲劳或过度训练导致的伤病而言非常重要。

（7）不要向运动员施加压力。运动员仍然需要数年之后才能采用较重的负荷（大于 80%1RM）或进行大强度训练。

训练日志对于记录运动员训练情况以及有效监控进阶情况非常重要。训练日志的模板可参见表7-8。

表7-8 训练日志

练习	组 数					
	1	2	3	4	5	6

空白处填写每组练习的重量负荷和重复次数（例如：80%×6）

第六节 青少年运动员的功率训练

随着青少年运动员接近成熟期，训练计划必须变得更加专项化，贴近所选择运动项目的需求。从青春期之后阶段的晚期（17—18岁）开始，教练员应当加入发展运动员爆发力的专项计划。爆发力是优秀运动员应当具备的基本素质。更为重要的是，必须在竞赛期引入专项的功率训练内容（见表7-9）。功率训练阶段的任务是将力量训练的效果转化为机体功能的提升。功率练习必须

表7-9 青春期之后阶段晚期集体类项目的力量和功率训练周期模型

	月 份											
	11月	12月	1月	2月	3月	4月	5月	6月	7月	8月	9月	10月
训练阶段	过渡期		准备期				竞赛期					过渡期
力量训练的周期化	解剖学适应性训练		最大力量（<80% 1RM）				功率					解剖学适应性训练

快速有力地进行，以提高神经系统的兴奋性，以及完成专项技术动作时的肌肉收缩速率。

青少年运动员进行功率训练将会带来以下益处：

（1）能够通过提高肌肉间协调性增加运动员的功率输出。即在功率练习中各肌群将学会协同工作以产生最佳运动表现。

（2）提高肌肉间协调性，意味着主动肌——产生动作的肌肉（例如肘关节屈曲时的二头肌）收缩，同时拮抗肌（如三头肌）放松，使得进行一次更加有效、快速和自如的收缩运动。完成技术动作的主要肌群被称为主动肌（Prime Movers）。这些肌群是力量和功率训练重点发展的部位。

（3）功率是所有需要高速运动和高速执行运动技能项目的要素。在很多集体类项目、持拍项目以及武术项目中灵敏性同样非常重要。正如速度能力，灵敏性的提升要求以力量水平和功率提升为基础。任何运动员都不可能在变得强壮有力之前，变得快速而敏捷。

研究表明，机体功率的提升来自更高的力量水平，而非更高速度下的速度训练。[57][58]换言之，运动员在进行速度和灵敏性训练之前，必须用较重负荷的训练来发展力量和功率水平。

在准备期，功率训练应当安排在力量训练之后，并最终能够从力量训练中获得益处。为了获得最佳的爆发力发展，功率训练的器材和方法的选择应当考虑专项进阶。在表7-10当中，功率训练器材使用的周期安排（如实心球和无弹力重力球）标注在了各个力量训练阶段之后。具体而言，在准备期后段应当使用较重的实心球和无弹力重力球训练，然后在竞赛期之前和整个竞赛期当中使用较轻的负荷。选择更轻的负荷有利于在实际运动过程中对抗阻力时（如水、重力、器械以及对手）更加快速地发力，从而增加功率输出。然而，

表7-10 青春期后期使用实心球和无弹力重力球的功率训练周期

准备期后段	竞赛期阶段
较重负荷的实心球练习：3—6千克	较轻负荷的实心球练习：2—3千克
无弹力重力球练习：6—10千克	无弹力重力球练习：3—6千克

如果竞赛期的持续时间超过 4—5 个月，功率训练可以采用 60% 的轻负荷期与 40% 较重负荷期。

教练员始终都要将安全作为考虑的重点，确保运动员不要过分伸展或者拉扯肘关节，例如在双人胸前投掷实心球练习中就应避免出现上述情况。所有的功率练习都应尽可能顺畅自如地完成动作，不要出现猛烈拉扯或者失控动作。教练员在将功率训练有效性最大化时，应当遵循以下原则：

（1）功率训练在体现专项化特征的同时，应该选择较低的重复次数，尽可能模仿运动项目中的各种技能。过多的练习可能会加剧疲劳程度。而疲劳将是反应灵敏和高速表现的最大"敌人"。

（2）当动作速度或灵敏性出现下降时，中止功率练习。功率练习中的疲劳会阻碍预期的功率、速度以及灵敏的提升。

（3）基于相同原因，在计划中安排较少的练习组数，其中运动能力形成阶段和专项化阶段尤其如此。而到了高水平运动表现阶段（年龄 19 岁以上），根据运动的生理需求以及运动员的训练潜力，可以选择更多的练习组数。

（4）一项有效的功率训练计划中，关键要素之一是每组练习之间的间隔时间。为了发展运动员的各项能力，间歇时间应该在 2—3 分钟甚至更长时间。这有助于在之前一组练习中所消耗的能量得到积极恢复，进而在接下来的一组练习中，尽可能快速地发力。

一、功率训练方法的选择

功率训练的主要任务是提高运动员在短时间内为对抗来自器械、重力或对手施加的阻力时而表现出的最大力量。当运动员的力量无法明显地超过器械的重量时，动作就会变得缓慢。与之相对，当运动员力量明显大于器械的重量时，动作就会变得快速并且具有动态性。因此，肌肉为对抗器械重量而强有力收缩产生的动作就被称为弹动模式（Ballistic）。本节将讨论一些最有效的功率训练方法。

（一）弹动训练法

为了让功率水平得到最佳发展，教练员应当在训练中使用不同的训练器材，如实心球、无弹力重力球、田径项目中采用的铅球、橡皮管（主要是针对腿的练习，例如蹲跳）和轻质球。在保持弹动模式的过程中，运动员需要在动态过程中对这些器材施加力量，练习的目标是通过一次全幅动作，让练习器材持续加速，并最终释放器材。为了将器械尽可能远地投掷出去，必须在释放的时刻实现最大加速。投掷器材的距离与所施加的力度成正比。测量并记录投掷的距离可以激励教练和运动员，因为功率水平的提升转化为了距离的增加幅度！而距离的增加反映了运动表现的提升。

1. 计划设计

弹动式练习可以在训练课的热身结束后立即开始，也可以安排在技战术训练之后进行。对于那些将功率视为最重要身体要素的运动项目或场上位置（例如，田径中的投掷和跳跃项目、跳水、跳跃滑雪、武术，棒球或足球项目中要求高速或高功率的位置）而言，弹动训练应当在热身后进行，确保疲劳不会抑制功率的输出。对于其他项目（例如，大多数集体类项目、摔跤、拳击以及持拍项目），弹动训练可以在热身后立即进行，以期产生最大功率，或是在技战术训练后进行。因为在这类项目中，运动员需要同时对功率和功率耐力进行训练，或者为了完成整场比赛或整局比赛，需要具备重复进行功率练习的能力。

在弹动练习中，动作的速率最为重要。运动员必须募集到肌肉中最多的快肌纤维，使它们能够施加最大的力量以对抗实心球、投掷铅球和铁饼或者其他任何器械。实现爆发练习质量的关键在于每次动作重复过程中都要保持快速收缩，而不是一组训练中运动员完成的重复次数。因此，首先要对所在项目的具体要求进行分析，然后再选择训练的重点是否为功率、功率耐力或二者都要兼顾。

弹动训练的负荷可以标准化，即实心球和无弹力重力球的标准重量都标记在球体上。实心球的正常重量在2—6千克之间，无弹力重力球的重量在10—32千克之间。

弹动训练法中的间歇时间必不可少。充分时间应当予以保证（2—4分钟），或让运动员完全恢复以连续完成高质量的训练。但是，功率耐力的间歇时间应该有所减少（30秒至1分钟）。

2. 训练计划

弹动训练的每周频次（例如，1—3次）取决于专项特点、运动员所处的发展阶段以及训练阶段。功率训练计划通常与技战术训练或与其他力量、功率、速度和灵敏训练结合起来一起设计和制定。

表7-11提供了一份为期三周的针对青春期之后阶段女篮运动员的功率训练计划。可以将这份计划作为其他项目功率训练计划的模板。

表7-11 青春期之后阶段早期女篮运动员三周功率训练计划

练习	第一周	第二周	第三周	间歇时间（分钟）
双人过顶投掷实心球	2×8	3×8	3×10	2—3
垂直跳和双人胸前投掷实心球练习	2×6	3×6	3×8	2—3
原地过顶后抛实心球	2×10	3×12	3×15	2—3
双人转体投掷实心球	3×10	3×12	4×10	2—3

表7-12提供了一份为期三周的针对青春期之后阶段运动员的功率训练计划。该训练计划结合了弹动练习和最大加速度练习。

表7-12 青春期之后阶段运动员三周功率训练计划

练习	第一周	第二周	第三周	间歇时间（分钟）
双人过顶投掷实心球双人过顶投掷实心球	2×10	3×12	3×15	2
垂直跳和双人胸前投掷实心球练习	2×8	3×10	3×15	3
原地过顶后抛实心球	2×10	3×12	3×15—20	3
双人侧向投掷实心球（每边）	2×12	3×15	3×20	3
双人过顶投掷实心球	2×12	3×10—12	3×12—15	2—3
原地投掷实心球接15米冲刺跑	4	6	6—8	3—5
俯卧撑击掌接25米冲刺跑	4×6—8次重复	6×6—8次重复	8×4—6次重复	3—5

（二）反应力量训练法

对某些个体而言，反应力量训练存在危险性，其中儿童尤为注意！一些教练员对这类训练的使用持有谨慎态度。现实中，我们很少会见到儿童从树上或者摆动中的秋千上跳跃下来。在训练实践中，我们将这种跳跃称为落地后跳跃（Drop Jump）。落地后跳跃是反应力量练习中的一种形式，它会增加肌肉张力，进而提高腿部力量和功率。

各项练习依旧应当从一个较低负荷水平开始，然后逐渐增加难度和强度。事实上，孩子们一直都在进行着各类反应力量类型的练习，例如操场上的嬉戏、跳格子游戏、跳绳或从悬吊架的高处跳下等。如果在监督下正确地进行训练，孩子们将体验到双脚跳跃和单脚跳跃的积极作用，并获得力量和功率的发展。

反应力量练习的基础是跳跃前肌肉处于离心负荷状态下（被拉长）的肌纤维反射性收缩，然后紧接着肌肉立即向心收缩（缩短），产生跳跃动作。例如，相比较从站立姿态起跳，运动员在起跳之前屈曲膝关节（拉长肌肉，或者激活快速收缩肌纤维）能够增加跳跃的高度。这种拉长—收缩动作能够激活肌纤维，使其将肌肉的力量转化为爆发力。

若干年良好的力量训练基础可以帮助运动员更加快速地适应，并进入到整个反应力量训练之中，同时有效地避免损伤。从运动能力形成阶段（11—14岁）开始，儿童可以逐渐进行一些简单的、低冲击性的反应力量训练，通常以游戏和玩耍的形式进行。教练员不必急于向运动员展示所有的练习方法。保持耐心是儿童训练的关键所在。为了达到最佳爆发力和反应力量训练的适应，教练员应该设计一项长期的健康进阶训练计划。在运动能力形成阶段的晚期和专项化阶段（15—18岁），可以在孩子们的练习中提出更多的要求，在一些特定练习中可以增加重量和持续时间，尤其是在力量训练阶段的末期。要时刻关注运动员的疲劳迹象，在反应力量训练中，疲劳的症状表现为起跳时间的增加或者起跳速度变得缓慢。

在发展的初始阶段，要让孩子们感受到乐趣，可以安排在当地的操场上进行玩耍。让孩子们在舒适的氛围中，按照自己的节奏，发展力量、功率以及耐力等各种必需的技能。操场上的活动能够为运动能力形成阶段开展的训练任务提供积极的准备。

教练员在设计安排反应力量训练时，应当考虑以下几个方面：

（1）如果担心出现损伤，尤其面对年幼运动员（小于15岁）时，可以在柔性材质的地面上进行练习。但是对于具有良好体能训练基础的年长运动员建议使用硬质地板。这类地板可以增加地面的反应力量以及对神经肌肉系统的反作用力，最终增加肌肉功率，提高运动表现。

（2）不建议运动员使用负重背心或在踝关节捆绑负重，特别是年幼运动员。这些额外负重会对青少年运动员的双腿施加过度压力，并阻碍神经肌肉系统的反应，从而对速度和灵敏性的发展产生负面影响。

根据强度和对神经肌肉系统的影响，反应力量训练可以分为三个大类。这种分类可以让教练员和家长更好地设计反应力量训练的强度，并更好地满足一周的训练要求。表7-13可以作为功率训练（采用实心球和无弹力重力球）和反应力量训练强度的进阶安排指导，这个训练计划针对的是专项化阶段（15—18岁）以及高水平运动表现阶段（19岁以上）的运动员。

表7-13 专项化阶段后期的反应力量训练

强度等级	练习类型	训练要求	重复次数和组数	每堂训练课的重复次数	间歇时间（分钟）
1	跳跃练习：双腿跳跃、单腿跳跃	次最大	重复8—15次进行5—8组	50—75	3—5
2	低强度反应式跳跃（20—40厘米）	中等	重复6—10次进行5—8组	40—60	3—6
3	低冲击力跳跃以及投掷练习：固定器材	低	重复8—15次进行6—8组	40—75	2—3

在年度训练计划中的各个阶段，运动员应当使用不同的训练器械和方法。表7-14列举了力量和功率训练的周期安排，可以帮助教练员更好地理解力量

和功率训练在年度计划中的制定方式。从基础力量训练（解剖学适应）进阶到最大力量，之后再进入到功率训练，非常便于掌握。这种进阶方式可以确保运动员达到最佳运动表现，教练员和运动员也能够直观地看到训练期和准备期的效果。可以将表 7-14 作为专项化阶段和高运动表现阶段的指南。请注意不同类型的力量训练以及不同重量的器材在年度计划中的进阶方式。

表 7-14 力量和功率训练的周期安排

整合式的周期模型	训 练 阶 段			
	准备期初期	准备期末期	竞赛期初期	竞赛期末期
力量训练的周期安排	解剖学适应性训练	最大力量	保持最大力量并向功能转化	保持最大力量和功能
实心球和无弹力重量球（重量）练习的周期安排	大重量中等重量	大重量	中等重量中等或轻重量	中等或轻重量
反应力量训练的强度周期安排	Ⅲ级强度练习（低强度）	Ⅲ级强度练习（低强度）和Ⅱ级强度练习（中等强度）	Ⅱ级强度练习（中等强度）和Ⅰ级强度练习（高强度）	Ⅲ种强度等级练习（低、中、高强度）

表 7-13 的计划可以视为最低要求，尤其是当运动员具有很好的力量训练基础时，运动员需要为更高的挑战做好充分准备。为了能够顺利实施表 7-14 中的建议计划，明确每个训练阶段持续的时间（以月份为单位）和训练方法非常关键。

除此之外，我们建议将下列练习作为表 7-13 的补充内容：

（1）Ⅰ级强度练习（次最大负荷）：连续立定跳和三级跳，跳跃高度和距离要更高；单脚跳和双脚跳，跳过绳索或较高的训练凳（35 厘米或更高），跳上、跳下和跳过跳箱（35 厘米或更高）。

（2）Ⅱ级强度练习（中等强度）和Ⅲ级强度练习（低强度）：行进间跳绳，原地跳绳，单腿跳和双腿跳过训练凳（25—35 厘米），实心球和无弹力重力球投掷。

功率训练对于要求速度、灵敏性和爆发性功能输出的个人项目与集体类项目而言都是必须的。然而，运动员只有变得强壮之后才能在高速下完成动作，因此任何包含了实心球、无弹力重力球或反应力量练习的功率训练计划都应当在结构合理，达到最大负荷且帮助运动员主动肌群得到发展的重复力量训练计划之后再实施进行。力量水平的提升并不取决于练习的多样性，而是对那些可以让身体为项目或比赛需求和预期做好准备的各类动作保持专注。

下面列举的练习将有助于不同发展阶段的青少年运动员提升力量和爆发力水平。

第七节　青春期之前阶段的练习

下列练习仅为指导参考，并非强制要求。教练员可以根据训练环境和具体设备，使用其他练习方式。

深蹲哑铃负重

练习部位　腿部

1. 以站姿开始，双脚分立，双臂放置于身体两侧，双手各持一哑铃。
2. 屈膝，臀部后引直至大腿与地面平行。
3. 回到起始姿势。

变化动作

仅仅依靠自身负重，屈膝，臀部后引，双手触碰同侧踝关节后，还原至起始姿势。

上臂弯举哑铃

练习部位　肱二头肌

1. 以站姿开始，双臂伸展，置于髋关节前，掌心向上，双手各持一哑铃。
2. 右臂肘关节屈曲，向右肩方向弯举哑铃。
3. 右臂返回至起始姿势。左臂重复相同动作。

肩上推举哑铃

练习部位 肩部（尤其是斜方肌）

1. 以站姿开始，双手各持一哑铃，屈肘，与肩同高。
2. 竖直向上推举哑铃过肩。
3. 回到起始姿势。

仰卧提拉哑铃

练习部位 肩部、背部

1. 仰卧平躺，双手在空中握住哑铃一端。
2. 向头部伸展手臂，将哑铃放下至地面。
3. 回到起始姿势并重复动作。

变化动作

单臂持握哑铃,双臂交替,重复动作。

仰卧哑铃飞鸟

练习部位　胸部、肩部

1. 仰卧平躺,手臂在身体两侧向外伸展,双手各持一哑铃。
2. 抬升手臂,直至手臂于胸部上方与地面垂直。
3. 回到起始姿势。

抗阻带划船练习

练习部位　背部、手臂

1. 双手抓紧抗阻带。采用坐姿时,手臂置于体前,双膝微屈。将抗阻带绕过足底。如果采用站姿,让同伴抓住抗阻带另一端,或将抗阻带缠绕到固定物体上,或使用固定器。
2. 将抗阻带拉向身体中线或肚脐附近。手臂完全伸展时,手应当保持在肚脐高度,整个动作过程中保持腹部肌肉紧张。
3. 缓慢地回到起始姿势,然后重复动作。

4. 尽可能避免躯干的摆动，动作要有控制。

变化动作

尝试采用不同的抓握方式进行练习（如手掌相对、手心向下、手心向上等）。让一个队员抓住抗阻带一端，另一个队员用力拉，或用固定器进行练习。

绝大部分运动员进行实心球练习的方法是以接抛为主。投掷实心球时，要求运动员的动作逐渐加快，在动作快结束时达到最大加速度。接球时，要求练习者向来球方向伸展手臂，做好接球准备。运动员在接触球的一瞬间，手臂逐渐屈曲以吸收冲击力。当冲击力得到吸收后，运动员可以继续进行一个半圆运动，完成下一次抛球的加速动作。对于未进入青春期的儿童，建议实心球的重量为 2 千克；对于处于青春期的青少年，建议实心球重量为 3—4 千克；对于已过青春期的青少年，建议实心球重量为 4—6 千克。

双人胸前投掷实心球练习

练习部位　肩部、伸臂肌群（肱三头肌）

1. 两人互为搭档，距离 2.5—3 米相对站立。同伴 A 双手在胸前持实心球。
2. 同伴 A 向前上方伸展手臂，向同伴 B 的胸部高度投出实心球。
3. 同伴 B 接球后，再向同伴 A 掷回实心球。

双人转体投掷实心球

练习部位 手臂、躯干、腹斜肌

1. 同伴 A 将身体左侧朝向同伴 B，双手持实心球于身体右侧髋关节高度。
2. 同伴 B 面向同伴 A，手臂向前伸展准备接球。
3. 同伴 A 向左侧转身，手臂伸展，侧向将球抛向同伴 B。
4. 同伴 B 接住来球并顺势转体，身体右侧朝向同伴 A，转体后将球以同样的方式掷还给同伴 A。

双人过顶投掷实心球

练习部位 胸、肩、臂、腹部肌肉

1. 两人距离 2.5—3 米相对站立，同伴 A 在头顶上方双手持实心球。
2. 同伴 A 向后伸展手臂，然后立刻向前，从头上方将球抛向同伴 B。
3. 同伴 B 接到球后，以同样方式掷还给同伴 A。

原地投掷实心球

练习部位 踝关节、膝关节、髋伸肌、肩部、背部肌肉

1. 以站姿开始，双脚分立，双手持实心球置于双腿之间。
2. 屈膝，之后快速伸膝，双手将球向上抛出。
3. 手臂向上伸展接球，回到起始姿势。

变化动作

可以与同伴进行练习。

仰卧实心球举腿

练习部位　腹肌、髋屈肌

1. 仰卧平躺，手臂置于身体两侧。用双脚夹住实心球，双膝轻微屈曲。
2. 将膝关节向胸部方向提起。
3. 放下双腿，回到起始姿势。

变化动作

与同伴进行练习，腿部夹球，越过头部，将球传给同伴。

注：当球经过头部上方的时候，双手要保护头部和胸部，以防实心球滑落。

仰卧实心球转体

练习部位　腹斜肌

1. 仰面平躺，膝关节屈曲90°。双膝夹紧一个轻量实心球。
2. 双腿从身体的一侧转向中立位。向两侧重复扭转。

变化动作

　　双腿扭转的时候中间没有停顿，直接从身体的一侧转到另一侧。整个过程保持动作控制。

　　以坐姿开始，身体稍微向后倾斜。躯干尽可能地转向身体左侧。返回到起始姿势之后，躯干尽可能地转向身体右侧。

实心球之字形投掷

练习部位　手臂、肩部

1. 4—6名或8名队员按之字形排列，两两间距3米。指导教师双手持球传给队员。
2. 队员接到球后，将实心球继续按照队列方向逐一抛递。
3. 队员可以采用过顶传球、低手传球或侧向传球等方式连续传递实心球。
4. 队员可以选择击地传球或直接传球的方式传递实心球。击地传球的时候要让球击打在地板上之后再去接球。

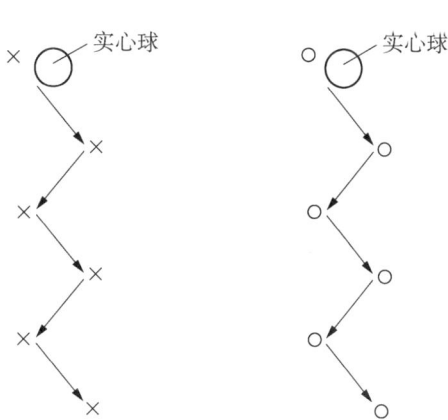

变化动作

　　练习者可采用单手传球、双手过顶传球以及侧向传球等方式。

坐姿实心球接力竞赛

练习部位 腹斜肌、肩部肌肉（三角肌）

1. 人数相同的两个小组成一排坐于地面，双脚分开。队员的坐姿应当可以舒适地进行传递实心球。排在队首的队员持球。
2. 第一名队员向右侧转体，将球传给相对的队员。
3. 队员以最快的速度将球传递至队尾。
4. 排在队尾的运动员接到球后，起立，跑至排在队首的队员左侧坐下。再次开始传球。
5. 当最初排在队首的队员变成队尾的队员时，接力竞赛结束。最先完成的小组为获胜方。

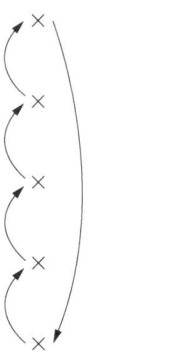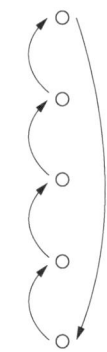

变化动作

往不同侧进行传球。

向后过顶传球。

将球用双脚夹住，前滚翻后将球传给下一名队员。

俯卧单腿后向抬升

练习部位 伸髋肌群、脊柱肌肉

1. 俯卧于地面，双臂向前伸展。
2. 尽可能高地抬起左腿。
3. 放下左腿的同时，尽可能高地抬起右腿。

俯卧胸部抬升击掌

练习部位　下背部肌群

1. 俯卧于地面，双臂向前伸展。
2. 保持双臂伸展状态的同时，尽量抬升胸部，击掌 2—3 次。
3. 放松躯干，将手臂放回地面。

多人跳绳

练习部位　小腿、膝伸肌

1. 两名队员分别手持长绳的两端，第三名队员以站姿开始，准备跳绳。
2. 持绳者甩动长绳。位于中间的队员要跳起并避免触碰跳绳。
3. 练习持续 15—20 秒之后，换下一名队员练习。

变化动作

　　单腿原地跳绳。
　　双腿向前连续跳跃。
　　单腿向前连续跳跃。
　　双腿向后连续跳跃。
　　单腿向后连续跳跃。
　　单脚或双脚、向前或向后交替跳跃。

障碍跳绳接力竞赛

练习部位　小腿、膝伸肌

1. 两组纵向排列，站在起始线之后。距起始线 15 米处，正对每个小组分别放置一个标志桶。
2. 听到指令后，队员以最快的速度开始向前行进跳绳，绕过前方的标志桶后折返回起点。
3. 将跳绳传递给下一名队员后，排到队尾。
4. 所有队员最先完成跳绳路线并返回起点的小组为获胜方。

变化动作

个人计时赛（例如记录每名队员从开始到返回的总时间）。

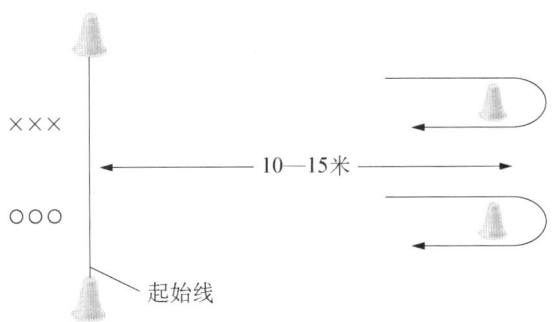

躲避跳绳练习

练习部位　小腿、伸膝肌群

1. 一组队员围成圆圈站立。圆心处站一名队员，手持跳绳的一端，跳绳的长度略长于圆圈的半径。
2. 圆心处的队员挥动跳绳，高度约在站于圆周的队员踝关节的高度。当跳绳的另一端接近站于圆周的队员时，该名队员跳过绳端。
3. 如果跳绳打中了某名队员，那么该队员站到圆心处替换原队员继续挥动跳绳。

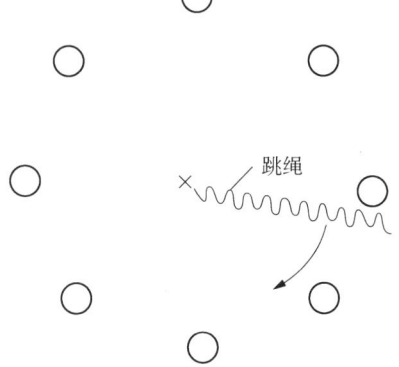

仰卧卷腹练习

练习部位 腹肌、屈髋肌

1. 仰卧平躺，双手在胸前交叠，膝关节微屈，全脚掌着地。
2. 向前抬升躯干，肘关节触碰膝关节。整个过程中，足底始终紧贴地面。
3. 放松，躯干缓慢着地。练习中要保持正确的姿态。

第八节　青春期阶段的练习

青春期的练习通常采取玩耍或游戏的方式，让孩子进行基础力量训练。各种动作的练习能够帮助他们发展基本的协调性、灵敏性，让他们能够感知不同姿势下肌肉工作的方式。

换腿立卧撑练习

练习部位 肩部、背部肌群

1. 以俯卧撑起的姿势开始，双手在肩关节正下方，手掌触地。右腿在胸部下方屈曲，左腿向后伸展。
2. 换腿重复动作，左腿在胸部下方屈曲，右腿向后伸展。
3. 重复动作直至疲劳。

变化动作

双腿立卧撑：双腿伸展，以俯卧撑起的姿势开始，然后双腿屈曲收回至胸部，再返回至起始姿势。

俯卧撑练习

练习部位 肩部肌群、肱三头肌、背部肌群

1. 以俯卧撑起的姿势开始,伸肘,双腿向后伸展。
2. 屈肘,身体贴近地面。
3. 伸肘,返回至起始姿势。

俯卧撑击掌

练习部位 肩部肌群、肱三头肌、腕伸肌、背部肌肉

1. 以俯卧撑起的姿势开始,伸肘,双腿向后伸展。身体的重量应分布于双手和双脚尖。

2. 屈肘，身体贴近地面。
3. 快速伸肘。当身体抬升至最高点的时候，手掌推离地面，并快速地双手击掌。
4. 随着身体的下落，手掌重新置于地面。再次快速推起身体，重复练习。
5. 完成一定数量的练习后，返回至起始姿势。

原地过顶后抛实心球

练习部位 髋关节、伸膝肌群、背部、肩部肌群

1. 以站姿开始，双脚分立，双手持实心球置于双腿之间。
2. 伸展膝关节、髋关节以及上半身。向后摆臂的同时，过顶投掷实心球。
3. 取回实心球，重复动作。

双人侧向投掷实心球

练习部位 腹斜肌、伸腿肌群、肩部肌群

1. 同伴 A 双手持实心球，置于身体右侧髋关节高度，背对同伴 B。
2. 同伴 A 动态转动躯干、髋关节和肩关节，将球投掷给同伴 B。
3. 同伴 B 接球后，转体背对同伴 A，重复相同的抛球动作。

向前投掷实心球

练习部位 伸腿肌肌群、髋、背、臂、肩部肌肉

1. 双脚分开站立，与肩同宽，面朝投掷方向，屈膝。双手持实心球，置于双腿间，双臂完全伸展。
2. 双臂在双腿间前后摆动。向前摆动上半身和双臂、伸展髋关节和膝关节的同时，将实心球投掷出去。
3. 取回实心球，重复动作。

<u>变化动作</u>

与同伴一起练习。练习者相距4.5米。

坐姿挺髋

练习部位 腹肌、屈髋肌群、手臂、肩部肌群

1. 以坐姿开始，双脚置于训练凳或任何高约0.3米的物体上。双手在臀部后方撑地。
2. 向上挺髋，使其与地面平行（或更高），完全伸展身体。
3. 放松，髋关节下放至起始姿势。

变化动作

仰卧于地面，膝关节屈曲，双脚置于训练凳上，手臂在身体两侧伸展。快速挺髋，返回至起始姿势。如果要增加训练难度，双膝中间夹住一个实心球，然后上挺髋关节。

悬吊屈髋

练习部位　腹肌、屈髋肌群、指屈肌群

1. 双手抓握横杠或吊环，让身体竖直悬吊在半空。
2. 抬升双膝至腹部高度。
3. 放松，双腿返回至初始姿势。

变化动作

每次抬单侧腿。

抬腿的时候膝关节伸直。

双人仰卧起坐投掷实心球

练习部位　腹肌、肩部肌群

1. 同伴 A 双脚分开站立，双手持实心球。同伴 B 坐于地面，双腿分开，双膝微屈。
2. 同伴 A 将球掷向同伴 B 的胸部位置。同伴 B 接球后倒向地面。然后，利用坐起时上半身向前的冲力，将球掷还给同伴 A。
3. 双方回到起始姿势。两人互换位置继续练习。

双人胯下向后投掷实心球

练习部位　腹部、肩部肌群

1. 同伴 A 双脚分开站立，双手过顶持实心球。同伴 B 朝向同伴 A，立于同伴 A 身后。
2. 同伴 A 进行动态屈髋，双手摆动至双腿间，并从胯下将实心球向后抛掷给同伴 B。
3. 同伴 B 接住实心球，转身背对同伴 A，以相同方式将球抛回给同伴 A。

双人仰卧直腿侧举

练习部位　腹部斜肌

1. 同伴 A 双脚分开站立，同伴 B 的头部位于同伴 A 双脚之间仰卧平躺，双手抓住同伴 A 的踝关节。
2. 同伴 B 举起双腿至与地面垂直。双腿同时倒向身体一侧后，再重新回到垂直位，然后倒向身体的另外一侧。
3. 同伴 B 双腿返回至起始姿势。两人互换位置，继续练习。

团队胸前传球接力竞赛

练习部位　手臂、腿部肌群、核心、加速能力

1. 两组或两组以上运动员纵向排列，面向各组队长。
2. 队长将球传给本组的第一名队员后，该队员再将球传回给队长，然后跑到本组队尾坐下。
3. 队长继续将球传给本组的下一名队员后，该队员再将球传回给队长，然后跑到本组队尾坐下。
4. 所有队员最先完成胸前传球并坐下的小组为获胜方。

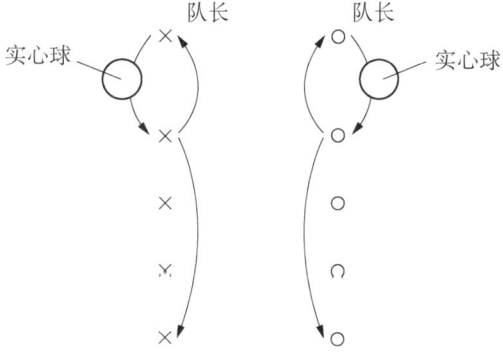

团队高低传递实心球接力竞赛

练习部位　伸膝肌群、腹肌、腰背肌群

1. 将运动员分成人数相等的若干组，纵向排列，采取过顶和胯下交替的方式传递实心球（同"高低传递实心球竞赛"练习）。

2. 每组最后一名队员接到实心球后,迅速跑至队首,开始新一轮传球。
3. 当全队最后一名队员接到实心球,并迅速跑至出发线坐下时,游戏结束。

团队胯下滚动传递实心球竞赛

练习部位 肩部、腿部

1. 各组运动员纵向排列,双脚分开站立。排在队首的运动员将实心球在双腿间向后沿直线滚动至最后一名队员。
2. 排在队尾的运动员接到球后,迅速持球跑至队首继续传球。
3. 所有队员最先完成接球且跑回起点线的小组为获胜方。

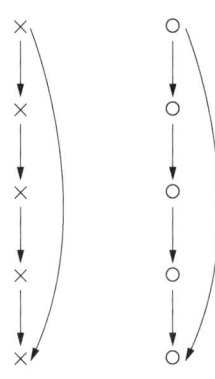

团队障碍接力跑竞赛

练习部位 平衡、腿部力量(冲刺)

1. 利用设备和器材设计一条障碍跑路线。
2. 对线路进行标记,确保每名运动员都必须完成相同的任务。
3. 记录每名运动员完成的时间,追踪个人表现提升的情况。

变化动作

将运动员分为人数相等的若干小组进行比赛,分别记录每组的用时。

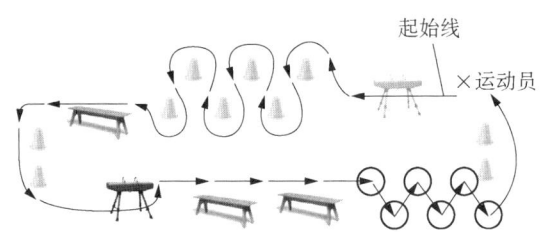

第九节 青春期之后的前阶段练习

本节的大部分练习不需要额外的设备,因此可以在家里或是一般健康俱乐部中进行。

进阶俯卧撑练习

练习部位 肩部肌群、伸肘肌群(肱三头肌及斜方肌)

1. 面向墙壁进行站姿俯卧撑练习(双脚分开站立,与墙壁保持一定距离,双臂发力将身体向垂直于墙壁的方向推离)。
2. 双手置于矮凳或跳箱之上,进行上斜俯卧撑练习。
3. 双膝跪地,进行跪姿俯卧撑练习。当运动员进行常规俯卧撑练习存在难度时,可以从跪姿俯卧撑开始,然后再进阶到常规俯卧撑。运动员也可以从一组常规俯卧撑练习开始。当不能达标完成练习时,退阶到跪姿俯卧撑,直至完全疲劳。
4. 进行常规俯卧撑练习。
5. 进行俯卧撑击掌练习(即在支撑身体的过程中双手离地击掌)。
6. 双脚放置于矮凳或跳箱之上,双手撑地进行下斜俯卧撑练习。
7. 在下斜俯卧撑练习中加入双手离地击掌动作。

仰卧胸部推举

练习部位 伸肘肌群(肱三头肌)、肩部、胸部

1. 仰卧平躺于长凳之上,双手各持一哑铃、杠铃或卧推器。双膝弯曲,双脚着地或置于长凳上。当脚部着地时,注意不要使背部过度伸展。

2. 向上推起负重。
3. 缓慢放下负重,回到起始姿势。

站姿前臂屈伸器械练习

练习部位 伸肘肌群(肱三头肌)

1. 双脚分开站立,面对拉力器拉杆。双手手掌向下抓紧拉杆,屈肘,双手位于胸部高度。
2. 双手将拉杆拉至髋部位置。
3. 缓慢回到起始姿势。

坐姿肩上高拉器械练习

练习部位 手臂屈肌、背阔肌

1. 以坐姿开始,面向拉力器。双手抓紧拉杆。
2. 身体稍微后倾,将拉杆拉至胸部高度。
3. 返回至起始姿势。

坐姿肩上推举器械练习

练习部位 肩部、肘部伸肌(肱三头肌与斜方肌)

1. 当使用拉力器练习时，采用坐姿，双手抓紧拉杆，手掌向上；当使用哑铃练习时，双手各持握一哑铃于耳部高度，手掌向前。
2. 当使用拉力器练习时，双手垂直向上推举，肘关节不要内扣；当使用哑铃练习时，将哑铃从肩部向上推举，缓慢地达到最高位置。想象双臂与肩部形成一个三角型，双肩的连线是三角线的底部，三角形的顶点位于头顶最上方。
3. 缓慢回到起始姿势。

坐姿肘部屈伸哑铃练习（又称牧师椅哑铃弯举）

练习部位　肘部屈肌（肱二头肌）

1. 以坐姿开始，手臂伸展，肘关节保持放松并置于弯举托板垫上。双手各持一哑铃，手掌向上。弯举托板应当位于胸部高度，练习过程中身体尽可能保持与托板接触。
2. 屈肘，持哑铃至胸部高度。
3. 返回至起始姿势。

仰卧 V 字两头起

练习部位　腹部、屈髋肌群

1. 仰卧平躺于地面，双臂在头部上方伸展。
2. 双手与双腿同时抬起，形成 V 字形姿势。
3. 返回至起始姿势。

仰卧直腿侧举进阶练习

练习部位　腹部斜肌及髋部肌肉

1. 该练习是"双人仰卧直腿侧举"的进阶。
2. 上举双腿至与地面垂直。双腿倒向身体右侧后,继续倒向身体的左侧。重复左右两侧摆动。
3. 休息,将腿置于地面。

变化动作

采用双人练习的方式,练习者双手抓住同伴的双踝,以取代墙梯的横木,或是将双手在身体两侧伸展,身体呈丁字形。在转体过程中,双臂始终接触地面。

坐姿腿部推蹬器械练习

练习部位　膝关节伸肌(股四头肌)

1. 坐于腿部推蹬座椅,双脚前脚掌放置于推蹬板之上。
2. 双脚推蹬,完全伸展双腿。
3. 回到起始姿势,避免双膝触碰胸部,当踝关节呈90°时停止腿部动作。

俯卧屈腿器械练习

练习部位　伸膝肌群（股后肌群）

1. 俯卧于器械长凳之上，双脚足跟位于腘绳肌练习器的辊垫下方，膝关节完全伸展。
2. 屈膝，将辊垫尽量向臀部方向拉近。
3. 返回到起始姿势。

变化动作

以坐姿或站姿进行屈腿练习。

杠铃半蹲练习

练习部位　膝关节及伸髋肌群

1. 使用深蹲架，将杠铃置于肩上，双手抓住杠铃杆。双脚分开站立，与肩同宽，背部保持平直。
2. 屈膝，向后引髋，直至大腿与地面平行。
3. 返回到起始姿势。

变化动作

利用标准重量的杠铃或哑铃进行练习。

对角线跳跃练习

练习部位　小腿、屈膝肌群

1. 以站姿开始。
2. 进行连续的双脚对角线方向跳跃，然后逐渐过渡到行进间的回转跳跃模式（之字形向前连续跳跃）。

原地空中换腿跳

练习部位　小腿、伸膝肌群

1. 以站姿开始，一侧腿在前，一侧腿在后。
2. 垂直向上起跳，在跳跃过程中迅速换腿。落地后继续迅速跳起，同样在跳跃过程中换腿。
3. 连续完成跳跃。

垂直跳

练习部位　小腿、伸膝肌群

1. 以站姿开始。
2. 双臂向上摆动的同时，带动双脚蹬离地面，完成垂直跳跃。
3. 落地，屈膝缓冲（减小地面对身体的冲击），保持核心收紧，双臂下摆至髋部高度。

行进间障碍跳跃

练习部位　小腿、膝关节、伸髋肌群

1. 以站姿开始，面向间隔 2 米纵列摆放的 7—10 个标志桶。
2. 沿纵向跑动，跃过每个标志桶。
3. 返回至起始线。

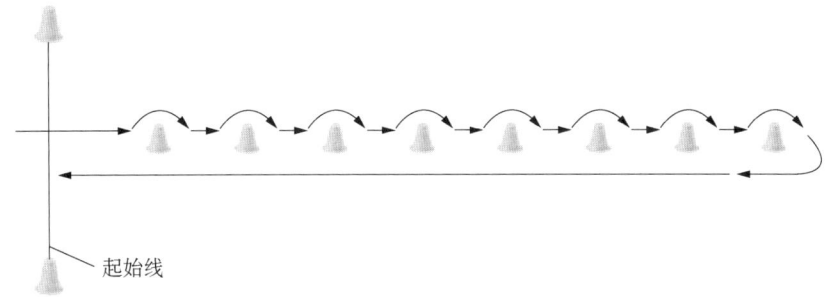

连续深蹲跳

练习部位　小腿、膝关节、伸髋肌群

1. 双脚分开站立，双手置于头后。
2. 尽可能高地向前上方跳跃，落地后再次向前上方跳跃。用前脚掌着地、降低脚跟、微微屈膝以吸收地面的冲击。
3. 重复动作。

团队精准投掷球竞赛

练习部位　肩部

1. 两组队员间隔 10—15 米，排成纵列。所有队员面对距离己方 4.5—9 米处的"目标"。目标为摆放在场地中间的两个橡胶球、保龄球瓶或者倒置的标志桶，确保目标能够被轻易的击倒。
2. 每组拥有 3—4 个网球或棒球用于定点投掷。击中目标的队员排到队尾。指

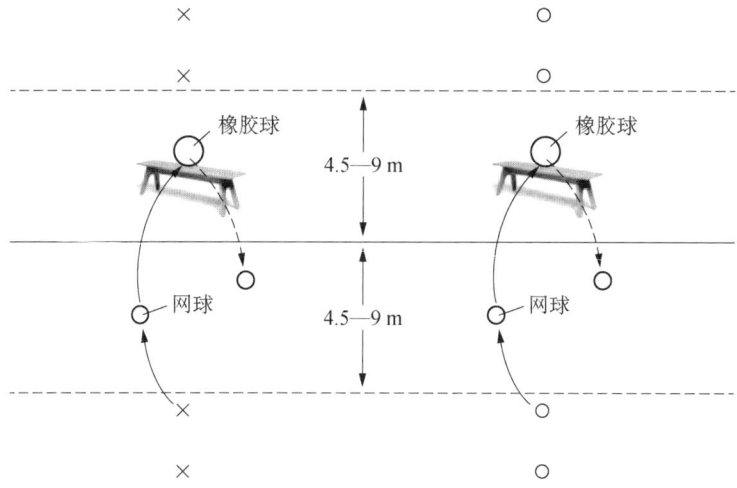

导教师或者辅助人员应当站在目标后方,收集用于击打目标的网球或棒球,并将击中后倒下的目标物摆回原位。

3. 记录每组或个人击中目标物的次数。

第十节　青春期之后的后阶段练习

青春期之后的后阶段训练安排较青春期之后的前阶段训练安排,要更接近高水平运动表现的训练水平。本节的练习多针对专项训练。除以下练习外,可以结合一些青春期之后前阶段的练习,如胸推、拉力机肱三头肌练习、肩推等。

辅助引体向上

练习部位　屈肘肌群、胸部、背阔肌

1. 双手抓紧横杠,双脚保持放松,置于训练凳或跳箱之上。
2. 屈臂,上拉身体。
3. 伸展手臂返回至起始姿势。

引体向上

练习部位 屈肘肌群、胸部、背阔肌

1. 双手抓紧横杆,手掌向前,双臂伸展,将身体挂起。
2. 屈臂,将身体向上拉。
3. 伸展手臂,回到起始姿势。

变化动作

双手正握(掌心朝外)或反握(掌心朝向自己)横杠,以后种方式进行训练也称反握上拉。

虫爬式俯卧撑（卡特彼勒俯卧撑）

练习部位　手部、屈肘肌群、肩部、背部肌群

1. 屈髋。将双脚置于地面，双腿伸展。双手与肩同宽，置于地面。
2. 屈肘，降低肩部。身体前移，抬起头部，双臂伸直。
3. 双脚靠近双手（接近起始姿势），后重复动作。

双臂屈伸器械练习

练习部位　屈肘肌群、胸部

1. 双手握住双杠器械握柄，掌心向内。
2. 屈肘，胸部降低靠近握柄。
3. 伸肘，回到起始姿势。

双人站姿触墙俯卧撑

练习部位　屈肘肌群、胸部、肩部

1. 同伴 A 面对墙壁站立，距离 1 米。同伴 B 将手置于同伴 A 的上背部。
2. 同伴 B 向墙壁方向推动同伴 A。同伴 A 轻微屈肘缓冲墙壁的冲击力。
3. 在动作过程中，同伴 A 迅速用双手推墙回到起始姿势。

在不做停顿的情况下，重复俯卧撑动作。

跪姿下落式俯卧撑

练习部位　伸臂肌、屈肌肌群、胸部肌群、背部肌群

1. 双膝跪地，双肘屈曲 90°。
2. 上半身自由下落，保持双肘屈曲 90°。
3. 进行动态俯卧撑后，返回至起始姿势。

蹲起推举哑铃

练习部位　腿部、肩部、核心肌群

1. 双脚分开站立，与肩同宽；双手各持一哑铃，与肩同高。
2. 屈膝，直至大腿与地面平行。
3. 稍作停顿后，伸髋，回到起始姿势，同时在头部上方伸展双臂。
4. 将哑铃放回起始姿势，重复整个动作，再次下蹲。

变化动作

开始时，将哑铃置于身体两侧。下蹲的同时，肱二头肌收缩，并完成一次肩部推举，所有动作一次性完成。哑铃返回至身体两侧，继续重复动作。

双人仰卧直腿上抬

练习部位　腹部、腹部斜肌

1. 同伴 A 仰卧平躺，双腿置于地面，双手抓紧同伴 B 的脚踝。
2. 同伴 A 双腿抬至同伴 B 的胸部。同伴 B 将同伴 A 的双腿推回地面或身体一侧，对同伴 A 腹部肌肉施加一定的阻力。
3. 同伴 A 将双腿放回至起始姿势。两人互换位置。

俯卧平板支撑

练习部位　双臂、腹部、腰部

1. 以俯卧撑起的姿势开始，手掌在肩部下方置于地面，双脚并拢。
2. 尽可能久地保持此姿势。
3. 为了增加强度，可以在上背部放置哑铃片或实心球。

变化动作

以肘部支撑上身，作常规平板支撑动作。

下劈上举实心球练习

练习部位 腹部斜肌、腿部、肩部

1. 双脚分开站立,与肩同宽,双手持实心球,与肩同高。
2. 身体前屈,重心过渡至左腿,将实心球向下引至左膝位置的同时,右腿抬离地面。
3. 将身体重心转移至右脚,左脚抬离地面的同时,将实心球向上托起至右肩。
4. 两侧交替重复练习。

双人双腿向前传球

练习部位 腿部伸肌、腹肌

1. 两人互为搭档,距离相距 3 米相对站立。同伴 A 双脚夹球(脚趾稍微靠向实心球下方)。
2. 同伴 A 双脚起跳。当接近最高点时,同伴 A 屈髋,双脚后引,快速收缩腹部肌群,带动双腿向前,将球甩向同伴 B 的胸部。
3. 同伴 B 接住实心球,进行相同的动作。

俯卧两头起

1. 俯卧于地面,双手向前伸展。
2. 上肢与下肢同时向上抬离地面,尽可能地抬高。

俯卧躯干反向伸展

练习部位 背部、伸髋肌群

1. 俯卧,髋关节放松,贴于器械托垫,双臂抓紧器械握柄。
2. 双腿快速向上抬起。
3. 双腿放下,返回至起始姿势,重复动作。

以下的练习主要为发展腿部的爆发力,但是并没有很好地体现在专项训练的过程之中。要获得更强的腿部力量,教练员可以在青春期之后的前阶段使用这些训练方法。

原地提膝团身跳

练习部位 小腿、膝关节、髋关节伸肌

1. 以站姿开始。

2. 双臂向上摆动，双脚用力蹬离地面，垂直团身起跳。通过高空跳起，双膝贴近胸部，完成一次团身跳跃。
3. 足尖着地，双臂下摆。迅速再将双臂上摆，并腾空跳起。
4. 落地时屈膝缓冲，停止跳跃。

原地后踢跳跃练习

练习部位　小腿、膝关节、伸髋肌群

1. 以站姿开始。
2. 垂直向上跳起，让足跟贴近臀部。
3. 足尖着地，以缓冲地面冲击，可以继续跳跃或停止。

前滚翻接垂直跳

练习部位　小腿、膝关节、伸髋肌群、肩部、双臂

1. 以低位下蹲姿势开始，手臂屈曲至膝关节高度。
2. 头部卷入身体下方，前滚翻至半蹲姿势。双脚着地，迅速伸展双腿向上纵跳。
3. 落地后重复练习。

哑铃体前上推

练习部位　核心、肩部、腿部

1. 双手各紧握一个哑铃。
2. 双脚分开站立，与肩同宽，双膝微屈，将哑铃放于身体右侧髋关节位置。
3. 伸展双臂（注意肘关节不要过度伸展），将哑铃向左肩上方推举的同时，身体稍微向左扭转，整个过程中保持核心收紧。缓慢将哑铃放回至起始姿势，重复动作。
4. 身体两侧分别进行练习。
5. 身体每侧重复动作 12—15 次，注意动作完成的技术质量。

快速投掷实心球

练习部位　肩部、伸肘肌群、背部肌群

1. 将队员分成两组，一字排开，两两相对，互为搭档，组间距离大约为 4.5 米。一组队员持实心球。
2. 按教练指示，搭档之间相互抛掷实心球，目标是在 30 秒（60 秒、90 秒、120 秒亦可）的时间内尽可能多地抛球。

注：若要向前或向后从腿间抛球，要将搭档之间距离增加至 10—12 米。

第八章 | 耐力训练

耐力训练

通常将身体维持长时间活动的能力称为耐力，对于那些必须长时间保持活力的运动项目而言，耐力至关重要。耐力并非简单等同于长跑运动员、游泳运动员、赛艇运动员或越野滑雪运动员的专项能力。事实上，良好的耐力基础对于绝大多数运动员十分必要。耐力可以帮助任何项目的运动员承受训练和比赛的压力。此外，与耐力基础不佳的运动员相比，拥有良好耐力基础的运动员更容易应对训练与学业中的疲劳，并且可以保持积极的生活态度。

对于绝大多数运动员来说，疲劳就是"头号公敌"！不能有效应对疲劳的运动员将极有可能表现不佳，在比赛、竞争或赛季中落败。疲劳还会影响训练中的专注度，导致技战术的失误，并降低投射项目的精准度。这也很好地解释了为什么越是临近一场比赛或赛季末，失误出现的频率越多。因此，运动员想要提升比赛中的表现，就必须提高自己的耐力水平。

耐力大体分为有氧和无氧耐力两种类型。在有氧耐力练习中，运动员始终在氧气供应充足的情况下运动；在无氧耐力练习中，运动员则是在高速动态且较短持续时间下完成动作，因此心脏没有充足的时间将氧气运输到肌肉以产生能量。无氧耐力更多地体现在集体类项目、网球与格斗类项目中，而有氧耐力则更多地体现在持续时间较长的项目之中，如自行车、游泳、铁人三项、长跑和越野滑雪等。对于绝大多数运动员而言，应当在具备了良好的有氧基础之后，再去考虑专项的无氧耐力训练。

耐力训练对人体健康的益处非常显著。经常参加耐力活动的人群具有更加有力的心脏、更低的心率和血压。研究表明，耐力训练的量、强度与健康之间存在着剂量效应关系。中等强度的耐力训练可以改善心率、平衡血压并调节其他心脏健康指数。但是，当耐力训练的量与强度进一步增加时，其产生的积极作用并不会随之显著提升。[1] 有趣的是，如果不能维持良好的耐力训练水平——尤其是在休赛期，那么就会导致心血管机能的下降，相同的结果也出现在竞争力较强的运动员群体当中。因此，运动员应该让耐力训练成为训练体系中不可或缺的一部分，以改善健康和运动表现，并且必须在休赛期保持足够的耐力水平。进行规律运动的人群，其心肺系统疾病发病率及心脏病导致的意外死亡率远远低于久坐人群。[2] 因此，应当让耐力练习成为你生活方式的组成部分，并定期实施一份合理的抗阻训练计划。

与速度相同，耐力表现同样受到遗传基因的显著影响，也受个人生物学构成的影响，因为慢肌纤维与快肌纤维的比例在很大程度上决定了一名运动员的耐力潜力。遗传学对个体最终运动表现的影响不低于70%，而耐力是主导因素。[3][4] 大多数人快、慢肌纤维的先天比例是50:50。但是优秀的耐力运动员极有可能拥有更高比例的慢肌纤维，而天赋异禀的短跑运动员则可能是快肌纤维的比例较高。慢肌纤维，也被称为Ⅰ型肌纤维，主要支持耐力型项目，如长跑、越野滑雪等其他有氧活动。Ⅱ型肌纤维（快肌纤维）则分为两类：ⅡA型和ⅡX型。这些肌肉纤维主要负责进行高速、爆发性动作的短时无氧活动，如短跑和投掷铁饼。很多集体类项目需要两种类型的纤维组合以求得最佳运动表现。例如，在足球比赛中，运动员必须在多个回合之间往返冲刺跑动（主要依靠快肌纤维），与此同时还要在整场比赛中保持较高的恢复水平和有氧输出能力（主要依靠慢肌纤维）。

针对人体的肌纤维构成情况，很多研究人员对能否通过训练实现运动员肌纤维类型的转变都有疑问。换句话说，如果一名运动员的慢肌纤维和快肌纤维的占比相同，那么通过训练能否让肌纤维类型的比例发生改变以匹配一定的训练水平和训练类型？耐力训练能否将Ⅱ型肌纤维转换成Ⅰ型肌纤维？爆发力训练能否将Ⅰ型纤维转换成Ⅱ型肌纤维？虽然，一些研究证实了肌纤维的组内转变（如ⅡA类型转换到ⅡX型），但是对此依然没有证据表明Ⅱ型肌纤维转化为Ⅰ型肌纤维的潜在可能性，反之亦然。尽管如此，科学家仍在继续试图破解纤维类型转换的"谜题"，并且坚信通过不同形式的训练，如长时间、高耐力的训练有可能实现Ⅱ型肌纤维向Ⅰ型肌纤维的转化。[5]在我们静候科学进步佳音的同时，作为教练员应当继续倡导最为安全有效的训练形式，帮助运动员提升耐力水平，并应用那些能够达到理想的适应效果的方法。

当然，运动员在耐力活动中表现出天赋并不意味着他始终都具有最好的表现。心理因素，如动机、意志力、竞争力也是影响耐力的重要因素。职业操守、决心和努力训练的动机往往可以弥补天赋上的不足。无论天赋如何，所有的运动员从童年到发育成熟都能提高耐力表现。在儿童期，耐力水平每年可提高多达10%—20%。随着运动员进入到运动能力成熟期，耐力的提升幅度每年可能降至5%—10%，而奥运级别的运动员每年要求提高的耐力水平的幅度为3%—7%。

耐力主导的运动表现能力，需要从青春期之前的早期阶段到青春期之后的阶段中不断提升，直至进入到青少年阶段的末期。运动员通常在发育成熟期拥有较高的运动表现水平。女性运动员出现运动表现峰值的时间略早于男性运动员，这主要由于女孩发育的时间早于男孩。纵观发展的各个阶段，男孩在整体的表现上要优于女生。[6][7]

除了游泳项目，绝大多数以耐力为主导的运动项目在儿童中的普及程度（如跑步、自行车、铁人三项、赛艇、越野滑雪和皮划艇等）并不如集体类项目。但是，医学界和健身专家经常会将这些活动视为能够促进健康的体力活动，所以这样就这意味着应该鼓励更多孩子参加到耐力活动当中。与集体类项目不同，孩子们可以按照自己的节奏，单独或小组式地进行耐力活动。参与耐力活动意味着开启健康愉悦的生活方式。它并不是要强制性地每天进行3—4小时训练，而是使孩子们享受运动。尤其是在儿童时期，较短的持续时间就能够提升耐力。[8]

儿童的器官和系统对耐力训练的适应，可以帮助改善心肺功能，并增加血红细胞输送氧气到肌肉的量。糖原和脂肪酸只有在氧气大量存在的情况下才会分解产生耐力活动所必需的能量。运动员在训练时，如果能量利用变得更高效，那么就会使运动表现获得提升。

第一节 运动启蒙阶段的耐力训练模型

青春期之前的阶段是大多数儿童开始长时间参加活动的起点。由于移动的低效性和心脏应激的低耐受性，使得儿童在早年具有较差的技能水平。青春期之前的阶段，儿童心输出量（即心脏每分钟泵出的血液量）还较差、血液携氧能力较低、最大摄氧量较少。但是，运动员的表现会始终优于非运动员，这也说明了训练适应性的效果。[9]

青春期之前的阶段，男孩比发育同期的女孩平均耐力更好，部分原因在于该时期的男孩的最大摄氧量比女孩高10%—15%。最大摄氧量与瘦体重、肌肉系统、身体脂肪的含量密切相关，男孩在这些方面的表现也更为突出。就平均情况而言，男生在耐力活动的表现方面比女孩高出10%—20%。但是在进入青春期之前，男孩和女孩的最大摄氧量和耐力表现都会因训练以及肺部、心脏和肌肉系统体积的增加而提升。[10][11][12]

肺功能是氧气传送系统的要素之一。然而，由于不正确的呼吸方法，呼吸效率和空气通气率并不能随着肺功能的提升而增加。与成年运动员更长、更深的呼吸相比，儿童可能会过度换气（即他们采取频繁的浅表呼吸方式）。例如，五岁儿童每分钟的最大通气量是40升，而成人每分钟可以达到110升。[13]呼吸频率会随着年龄逐渐下降，进入青春期之前的儿童休息时的呼吸频率大约为每分钟18—20次；随着年龄的增长，儿童进入青春期的呼吸频率会出现每分钟3—4次的降幅。另外，儿童的心血管系统（心脏、动脉和静脉）也不同于成年人。休息和活动期间的心率在青春期之前都处于较高水平（每分钟大约200—215次），并在其他发展阶段逐渐降低。[14] 随着儿童的成长，心率出现降低的同时，呼吸效率逐渐提升，肺活量（进入肺部能够被身体使用的气体总量）也逐渐开始增加。[15][16]

参加锻炼的积极效果是增加了红细胞和血红蛋白（在红细胞中的复杂分子，其含有铁和丰富的红细胞，具有输送氧的能力）。因此，人体氧运输能力得到加强，进而提高了有氧耐力的效率。在青春期之前阶段，男孩和女孩血红蛋白的浓度大致相同，耐力水平的差异多由前文提到的其他因素引起。

一、耐力训练的任务

青春期之前的阶段，训练的主要任务是让青少年在出现疲劳之前逐渐增加体能活动的持续时间。无氧或有氧耐力训练的形式包括各种活动（如嬉戏）、游戏或与耐力有关的运动项目（如田径、游泳、自行车、越野滑雪等）。延长各种练习的时长和重复次数都会对耐力发展产生积极的影响。

在青春期之前的阶段，耐力水平的发展不必一定要在严格的监控下进行，如按照既定的速度完成固定圈数的跑动。但事实上，这种做法可能对青少年造成伤害。孩子们的专注度十分有限，因此不能将他们简单视为"较年轻的成人"。[17] 传统的耐力训练，如跑圈、自行车骑行、运球练习等并不会对青少年产生积极的影响。他们很容易产生倦怠感，如果缺少乐趣，他们很可能就此中断练习，或把其归结为疲劳。儿童越早感觉到痛苦，就越容易被伤害，变得精疲力竭，甚至想要放弃运动。进行有趣的游戏和活动，开展良性的竞赛，不仅能够激励孩子更快地跑动、更高地跳跃，而且还可以利用更多的时间推动他们潜能的发展。或许我们不止一次地遇到过如下场景：孩子们被要求绕着田径场完成三圈的跑动练习，但实际情况却是他们因为疲劳而放慢脚步，边走边不停地抱怨，并且随时都可能停下来。然而，如果将练习的形式稍作改动，让孩子们在两条线路上，完成冲刺、变向、跳跃和转身动作，再冲向终点线，那么孩子们将会以更高的强度完成相同的跑动距离，而整个练习过程都不会听到关于疲劳的低声抱怨。指导儿童进行练习时，结构式的练习始终要让位于有趣且激烈的游戏。

在运动启蒙阶段，耐力活动应当成为多方面发展的组成部分，通常可以将耐力训练作为技术训练的一部分，或成为其补充练习。与耐力相关的活动应当让孩子们感到享受并充满乐趣，在促进他们心肺功能的同时提供多种形式的愉悦训练。

二、计划设计

青春期之前的阶段，儿童能够更好地完成一些快速而短时的活动，或以较慢的节奏完成时长不超过 2 分钟的练习活动。200—800 米距离的竞速比赛并不适合进入青春期之前或正处于青春期的儿童。因为，尤其是面对高强度活动时，儿童无法耐受乳酸堆积，因此上述距离的练习不应该成为青少年运动员田径计划的组成部分。只有当运动员结束青春期之后，才能开始将这类较长距离的练习纳入到训练计划之中。在这个阶段，儿童已经建立起良好的有氧和无氧基础，功率表现和心肺系统的效能都得到了提升，因此乳酸耐受性也会相应地得到改善。

青春期之前的阶段是心脏、肺、关节和肌群对长时体力活动早期解剖学适应的重要时段。该阶段的练习将为满足运动员进入到专项化阶段和高水平阶段后的有氧和无氧耐力需求建立基础。

在面对男孩与女孩一同进行训练的情况时，应当谨慎制定训练计划（即男女混班的训练计划），同时，要根据入队年龄，在至少 2—3 年的时间里逐步增加训练负荷。在训练计划的组织和实施过程中，应当运用个性化的训练原则与相关知识，因为每名儿童对训练都有各自的承受能力、不同程度的疲劳及训练动机。

应当在青春期引入不同形式的游戏和比赛，让孩子们参与到规则简单、约束性少的集体类项目当中。除此之外，为了便于组织与安排，应当让儿童为了兴趣而非压力进行练习。

另外，还可以通过在多种不同的地面上进行跑动练习的方法发展儿童的基础耐力。教练员应当发挥想象力，组织小组队员开展不同形式的跑动练习和追逐游戏。练习中不仅要强调跑动技术，同时也要在课程中安排不同的任务。这是整合全方面发展的重要方式，因为儿童需要在活动中以不同的强度、角度并动用所有的肌群完成各种动作。

儿童也可以通过一些个人项目——如游泳、跑步、自行车骑行或越野滑雪等——发展基础耐力。不要按照传统比赛的形式组织这类活动，而是应该在激发儿童竞争意识的过程中，使他们喜爱上运动和训练。

可以将表 8-1 作为青春期之前运动员耐力训练的参考模板。训练的第一种形式是玩耍和游戏，孩子们可以在快节奏下进行短时练习，或以较慢的节奏进行长时练习。重复次数（进行游戏的数量或儿童在一堂训练课中每项游戏进行的次数）为 2—4 次。休息间歇对儿童而言至关重要，要确保他们在重新开始前获得了充分的休息。

表 8-1　青春期之前耐力训练的周期模型

间歇训练的形式	距离或持续时间	运动速度	重复次数	间歇时间（分钟）
玩耍和游戏	——	中速到快速（短时间回合）	2—4	动态变化
连续接力比赛	40—200 米	中速	2—4	2—3
非压力性的有氧运动（如跑步、游泳、划船和越野滑雪）	20—60 分钟	低速并保持速度	1—2（根据距离决定）	

如果儿童进行较长距离的接力游戏（最高达到 200 米），跑动速度不应高于中速。因为青春期之前阶段的儿童不宜在高速下进行 200 米以上的跑动练习。儿童可以重复接力游戏 2—4 次，在游戏的间歇休息 2—3 分钟。

当以较低的速度进行活动时，儿童可以轻易地持续活动 20—60 分钟（如跑步、游泳、越野滑雪）。千万不要向正在活动中的孩子施加外界压力。让他们自己找到合适的速度与节奏，并对活动的距离提出挑战。对儿童而言，与用较快的速度完成较短的距离相比，以较低的节奏完成较长的距离是更好的选择。

第二节　运动能力形成阶段的耐力训练模型

当运动员进入到青春期之后，他们的耐力水平将会出现提升。如果将青春期视作正式训练的起点，那么青少年运动员的耐力水平出现快速增加的主要原因在于他们训练前的耐力处于较低水平。

儿童最大摄氧量会在青春期阶段获得提升，增幅的峰值将出现在生长突增期。尽管青春期之前，男孩和女孩的最大摄氧量会以相同的速度增加，但是进入青春期之后，男孩的耐力水平会加速增长。其主要原因在于，男孩整体上会呈现出肌肉质量增加的趋势，而女孩则表现为体脂比例的升高。因此，男孩拥有更高的有氧代谢能力和更大的心肺容量。[18][19][20]

运动员在青春期经历的绝大部分变化都由遗传基因决定。其中，有氧耐力可能会在青春期出现显著变化。青少年运动员将会经历耐力发展的停滞期。有些情况下，教练员会发现一个暂时性的有氧耐力发展平台期，甚至在持续训练中发现有氧耐力水平出现下降。

可训练性的暂时变化也会出现在青春期。在生长突增之前的大约半年，耐力训练对运动员能力的提升幅度明显下降。然而，进入到身长突增期的前后时段里，耐力水平会以较快的速度增加。至此，我们可以得出这样的结论：儿童有氧能力的提升取决于生长与生理成熟的变化。

对于女孩而言，青春期是耐力发展得最快、最好的阶段。但如前文所提及的，男孩会经历耐力的加速发展期。除非女孩在青春期之后接受正式的训练，否则她们可能不会再次达到她们在青春期时的耐力表现水平。女孩耐力表现出现下降的主要原因在于青春期之后全身体脂含量的增加。

心脏和肺部的体积会直接影响到氧气运输（心肺）系统的效率。由于肺部体积较大且男孩更多地参与到身体活动当中，他们的器官组织通常会获得较好的发育。休息时，男女呼吸频率每分钟均约为18次，然而与成人相比，儿童的呼吸较浅表、频次较高。这很容导致儿童在练习过程中换气过度，造成呼吸频率升高，氧利用率下降。除此之外，青春期阶段还存在其他方面的性别差异。由于体力活动水平的增加，男孩红细胞数量和血红蛋白浓度也会出现显著增加。

随着进入青春期并逐渐成熟，男孩的心率出现了小幅的下降，因为他们的心脏体积和心肌的力量进一步得到提升。青春期阶段，每年最高心率每分钟会下降 1—2 次。青春期前后，练习中记录的最高心率值是每分钟 195—215 次。[21][22]当然有很多因素会影响心率，如较差的体能水平、肥胖、焦虑以及热应力等因素，其中在未经训练的个体身上尤为明显。

在生长高峰期，儿童很容易因为长距离活动而出现肌肉损伤。如果在这种情况下继续进行训练而忽略损伤，那么就有可能患上过劳综合征。长时间在质地坚硬的路面上跑动，运动员很容易出现这种情况。因此，应当考虑以定期有氧训练的得益换取潜在的负面影响。家长和教练员应该谨慎使用那些可能导致疼痛或健康风险的严苛式训练。另外，长距离活动可能会延长训练时间，从而占据了儿童参加一些快乐社交活动的机会，如玩耍和学习其他技能。

一、耐力训练的任务

任何关于青春期运动员耐力训练的计划，都应该尝试增加有氧和无氧耐力的基础，并充分利用青春期之前已经取得的收益，将耐力水平推向更高的阶段。另外一个同等重要的目标，是继续发展并加强心肺系统、增加心脏向参与工作的肌群的泵血能力。这种能力具体表现在心率逐步下降及心输出量的增加（每分钟泵血的总量）。

从青春期开始，女孩和男孩的耐力水平呈现出明显的不同。因此，训练计划应当体现不同性别的具体情况。应当将青春期阶段视作有效地组织耐力训练的起点。耐力水平的提升能够对整体健康和延缓疲劳带来积极的作用。耐力水平越好，运动员就会越容易适应每周渐增的训练时间，以及青春期和青春期之后阶段的训练的总体要求。提高耐力也能够加速训练课之间的恢复，让运动员更好地承受渐增的训练负荷。

二、计划设计

青春期的耐力训练应该向专项化进阶,其中训练的专项性特征将成为主导。如表8-2所示,该计划还可以扩展到田径的中长跑项目,并可以增加至更远的距离(800—2 000米)。由于跑步是绝大部分运动项目的重要部分,所以青春期是向孩子教授正确跑步技术的最佳时段。要做到这一点,运动员应当在掌握了正确技术的基础之上再完成相应的距离和重复次数跑动练习。当疲劳出现时,技术将会出现变形,如果继续训练的话,那么结果可能适得其反。

表8-2 青春期耐力训练分期模型

训练模式	距离	运动速度	重复次数	间歇时间(分钟)
玩耍和游戏	40—200米	快速到中速	3—5	动态变化
间歇训练跑	200—400米	中速	3—5(较低次数的400米跑)	2—3
有氧运动(长时间重复)	800—2 000米	稳定的中速跑,同时伴有轻微不适	1—3	3—5

在技战术训练过程中(如适应性训练),应当继续以发展耐力为主。当然,也要考虑将适应性训练与耐力训练进行区分。因此,当把耐力训练作为技术训练、按照专项耐力训练计划(调控)进行推进时,教练员必须清楚,训练的各个部分都可能出现疲劳。在计算训练负荷时(包括调控训练),还要考虑总体疲劳的状况。

在逐步增加耐力相关训练的负荷时,可以采取如下步骤:

(1)将每堂训练的时长从45—60分钟增加至60—75分钟,最后达到75—90分钟。

(2)增加每周训练课的次数,由2—3次增加至4—5次(在一些项目中还可以安排更多的训练课,如跑步和越野滑雪)。

(3)当每堂训练课的时长和每周训练课的次数达到了上限之后,可以增加练习的内容与每组重复的次数。这样可以提升训练的需求,从而让耐力水平获得更大的收益。

（4）增加每次重复的持续时间。如果前一项练习或动作重复的时间维持了45秒，那么接下来将持续时间增加至60—70秒，甚至更久。

随着训练时长的增加，儿童将会大量出汗，因此注意训练前后和训练过程之中的补液。家长和教练员必须为儿童留有补水间歇。特别是在炎热和潮湿的环境下，要使他们能够保持身体温度平衡，避免失去过多水分。

三、训练计划

青春期时的训练计划除了应该容纳旨在发展耐力水平的正常训练内容之外，还应加入不同形式的游戏。教练员应该在其制定的训练计划中尽可能安排形式多样、充满乐趣的各式活动。尽管耐力训练通常意味着不断重复相同类别的练习，但是还要注意避免僵化刻板的训练形式。

当重复某类耐力训练时，并不一定意味着在田径场上枯燥地绕圈。教练员可以通过改变距离、地形或安排一堂兴趣课让训练充满乐趣。对于集体类项目而言，教练员应当在头脑中时刻将技战术练习持续的时间与耐力发展联系起来。持续60秒的训练既能够体现技战术的要求，也能够使专项耐力得到发展。

一份耐力训练计划应当包括不同的距离或持续时间，因为它们都是构成耐力发展的要素。例如，一项较长距离、节奏稳定的运动能够提升心脏泵血能力和每搏输出量（心脏每次跳动泵血的总量），就长期影响而言可以降低静息心律。某些以有氧训练为主的训练则有利于丰富毛细血管网络（静脉与动脉的外周分支），将氧气传输到身体的各个部分。

间歇训练是按照预设的强度、持续时间和休息间歇而多次重复一段距离或一定时间练习的方法，能够增强心肺功能。如果训练的持续时间为2—3分钟，那么运动员的最大摄氧量将获得提升。而当重复时间缩短时，运动员的无氧耐力水平将逐步得到发展。因为这类训练计划会产生无氧训练后的疲劳副产物——乳酸，所以在具体实施过程中，需要谨慎并保持循序渐进。间歇训练最常在青春期之后的阶段以及高水平训练过程中运用。由此可见，青春期的后半阶段是引入间歇训练的最佳时机。

最适合在青春期采用的是促进解剖学适应性的间歇训练，而非针对生理学的改善和运动表现提升的间歇训练。这意味着解剖学适应性间歇训练的特征包括中等距离、中等时间和中等强度以及能够获得完全恢复的间歇休息。此类训练计划旨在为儿童提供一段获得解剖学适应的时间（2—4 年），然后再让他们开始生理学上的训练。儿童能够通过非典型性的间歇训练实现解剖学组织的适应。事实上，传统的高强度、短时间的间歇训练会造成心律的极速升高（心律甚至会超过每分钟 200 次）。这种心律具有较低的每搏输出量，同时对氧气和供能所需的葡萄糖的泵送效率也将出现下降。总之，练习时间较短且过程较难忍受实际上是对间歇训练的一种误解。

青春期耐力训练的主要原则是"解剖学结构训练先于生理性功能训练"。换言之，在针对生理学上的心血管系统训练之前，应当先改善解剖学心肺系统能力。当处于青春期的运动员准备进行高强度练习，并期望从生理学适应中获得帮助之前，他们的心、肺和血管首先要强大到可以承受高强度训练负荷的压力。

第三节　专项化训练阶段的注意事项

耐力和耐力表现会随着年龄的增长稳步提升。在青春期，男孩的耐力表现会出现小幅度的提升，但女孩的变化却很少。随着运动员对训练更好地适应，能量消耗变得更加高效而经济，运动表现也将持续地增强。之后，生物学及运动表现上的差异将会延续至整个青春期之后的阶段。除此之外，女性运动员将很难完全发挥出身体上的潜能，而这种情况的出现与女性生物学上的劣势关系甚微，其主要原因来自于社会因素的影响。现实中的社会观念习惯于将男性看作为运动的参与主体。尽管在运动参与的过程中，男性和女性具有同等的社会接受度，并且媒体对于女性运动员的报道正在逐渐增加[23]，但是男性运动员仍然具有更高的曝光度。当然，一批具有影响力的女子运动员——如网球选手玛利亚·莎拉波娃（Maria Sharapova）和塞雷娜·威廉姆斯（Serena Williams）、美国女子职业高尔夫协会（LPGA）球手魏圣美（Michelle Wie）和斯泰西·刘易斯（Stacey Lewis）——激励了成千上万的女孩参与到体育运动当中。此外，由于一些女子足球明星的正面影响，如美国的艾米·万巴赫（Amy Wambach）和加拿大的克里斯汀·辛克莱尔（Christine Sinclair）等，足球项目在青少年女性中的得到了热捧。事实上，在 2012 年伦敦奥运会上，美国女性运动员的人数已经历史性地超过了男性运动员（269:261）。新兴的浪潮正在悄然发生着变化。

一、耐力训练的任务

在青春期之前阶段与青春期阶段建立的耐力基础上，为进一步满足所在项目的需求，接下来专项化阶段中的耐力训练会更具专项化。在这一阶段，全方面训练将逐渐聚焦，尤其是当运动员进入到高水平运动表现阶段。就耐力训练而言，训练的多样性主要通过改变有氧和无氧训练的总时间得以实现。

运动员的耐力水平经过青春期之前的阶段和青春期阶段的长期发展，将在青春期过后达到峰值。因此更需强调无氧训练与高强度有氧、无氧训练两者结合的部分。那些已经获得充分时间迈向成熟期并为更高强度负荷做好心肺系统准备的运动员，完全能够在生理层面执行更为专项化的长期训练计划。从青春期之后开始，教练员必须制定年度计划，其中包括有氧和无氧训练，同时要适时引入专项供能比训练（Ergogenesis）。

Ergogenesis 源于希腊语，ergon 意为工作，而 genesis 则是指开创。在运动领域，ergogenesis 的意思是为了满足专项需求而整合耐力要素的训练。因此，ergogenesis 是指有氧和无氧耐力对运动表现的总体贡献率，以百分比体现，本文统一将其称为"专项供能比"。例如，在赛艇项目的专项供能比中，有氧耐力占 83% 而无氧耐力占 17%；在 800 米跑中，专项供能比则为有氧耐力占 51% 而无氧耐力占 49%；在 200 米游泳中，有氧耐力占 70%，无氧耐力占 30%；在篮球项目中，有氧耐力占 40%，无氧耐力占 60%。因此，年度计划必须包含以专项供能比训练或有氧和无氧耐力正确组合且成为训练为主导的内容。只有这样的计划才能促成运动表现的不断提升。

二、计划设计

由于青春期之后，运动员要开始围绕某个项目或场上某个位置（集体类项目）实施专项化训练，因此训练的专项性特征将非常明显。然而，教练员不应就此放弃全方面训练。运动员必须继续加强有氧能力的基础，以具备在氧气充足条件下提高活力的能力，而心肺系统的解剖学适应（即加强心脏和改善氧气传输系统）则必须始终以有氧训练作为目标。青春期之后阶段的训练计划应当不断地发展有氧能力，更加高效地并消耗从心肺系统提供的氧气。

在青春期之后的最初2—3年内，发展有氧能力成为个人项目、集体类项目和运动员的主要培养目标。在青春期之后阶段的末期，耐力训练将根据项目的需求趋于专业化。正如前文中所提到的，从这个阶段开始，运动员应该运用无氧耐力训练和专项供能比训练建立一个强大的有氧基础。

不断地将有氧能力提升至最高水平，可以获得以下收益：

（1）有助于提升氧气传输系统的表现，其中强有力的心脏发挥着重要的作用。

（2）有助于运动员掌握深层、稳定的主动呼吸方式，使肺部充盈新鲜的富氧空气，防止换气过度。

（3）有助于发展高水平的有氧能力，从而对无氧能力产生积极的影响。因为高水平有氧能力能够延续运动员出现疲劳之前的运动功能。因此，具有高水平有氧代谢能力的运动员可以承受无氧运动和高度疲劳后伴随出现的乳酸堆积。

（4）有助于运动员从疲劳的训练课或重复训练、练习中快速地恢复。因此，具有高水平有氧能力的运动员可以略微缩短重复练习之间的间隔时间，从而完成更多的训练。训练量的增加通常可以转化为更好的运动表现。

在为青春期之后的阶段制定训练计划时，尤其是针对该时期后半段的训练，同样需要发展无氧能力。运动员在氧气供应不足的情况下产生能量，并逐渐增加对无氧训练的副产物——乳酸堆积——的耐受能力。

有氧或无氧能力的发展与训练方法的选择息息相关。长距离训练方法包括长距离匀速（稳态）训练、长时间重复的交替间歇训练以及提高有氧能力的专项竞速耐力训练。对于集体项目，教练员应当清楚运动员同样可以通过专项技能练习，尤其是战术练习来发展上述能力。较长的练习持续时间（超过3分钟)能够提高有氧能力,但是持续 30—60 秒的训练则可以提高无氧能力。因此,上述两种方法都应当在训练中使用的提高基础耐力素质。

限于篇幅,表 8-3 只能罗列有限的训练方法。但是在专项化训练阶段,尤其是该阶段的初期,需要持续强调有氧训练,即同时进行匀速长距离跑练习和长时间重复的间歇训练。在这个年龄段建立起来的有氧基础,在不施加紧张压力的情况下,最终可以确保成熟期运动表现的提升。毕竟,运动员拥有高水平表现的阶段应当是在成熟期而非青春期过后的早期。拔苗助长的心态通常会过度透支运动员,其结果不仅让青少年运动员过早地退出运动,还可能让他们错失很多良机。无论是长期还是短期利益考量,运动参与都可能对青少年产生的积极影响,引导其更好地步入成年阶段。不是每个孩子都会成为赛场上的冠军,但是所有的孩子都可以通过运动懂得如何成为生活中的冠军。

表 8-3 对练习的间歇时间提出了建议。当然,这些建议仅用于参考。实际训练中,请根据心律计算重复练习的间歇时间。

(1) 在一项重复练习结束后采集即时心律。

(2) 保持心律的监测。当其下降到每分钟 120 次时,开始下一组重复练习。

表 8-3 青春期之后阶段耐力训练周期模型

训练模式	距离或持续时间	运动速度	次数	间歇时间（分钟）
匀速训练（长距离）	2 000—5 000 米	慢速到中速	1	—
间歇训练（长时间重复）	800—1 500 米	中速	2—4 (6)	2—3
间歇训练（短时间重复）	200—400 米	中速	4—6	3—5
集体项目的战术训练（长时间）	2—5 分钟	中速	3—6	2—3
集体项目的战术训练（短时间）	30—60 秒	快速	4—6 (8)	3—5

三、最高心率的估算方法

青春期之前和青春期之后,运动员的心律可变性使得在不进行个体心率测试的情况下,很难估算最大心率(HRmax)。鉴于测试每名个体最高心率所需的时间和最大心率测量中的潜在误差,教练员常常选择使用主观用力程度(Rate of Perceived Exertion),即把运动员对训练强度的主观感受划分为容易、困难、艰难或极其艰难的不同等级。此外,"220 减去年龄"的公式适合于 19—65 岁成人的最高心率预测,但不适用于估算青少年运动员的平均最高心率。

近期,一项针对儿童最高心律估算的公式在更新后被人们所接受。该公式可以帮助教练员更准确地评价训练以及技战术练习的强度。下面的公式是目前 7—17 岁儿童青少年最大心率估算的最佳工具:

$$208 - 0.7 \times 年龄$$

一项研究证明了这种方法在预测 7—17 岁儿童最高心率时的有效性[24],与此同时另一项类似的研究也证实了该公式适用于 10—16 岁的儿童人群[25]。尽管这两项研究都指出该公式存在一定的缺陷,但它仍是进入青春期之前和处于青春期之后阶段的青少年运动员最大心率的可靠指标。

下面以 16 岁足球运动员为例,最高心率的估算方法为:

$$208 - 0.7 \times 16 = 196.8(最大心率估算值)次/分$$

如果预设的专项有氧练习的强度(如 90 秒至 3 分钟)为最大心率的 85%—90%,那么该名球员的心率训练区间的计算方法如下:

$$196.8(最大心律估算值) \times 0.85 = 167 次/分$$
$$196.8(最大心律估算值) \times 0.90 = 177 次/分$$

教练员可以使用这个公式作为制定强度水平的通用依据,并且通过修定心率范围或最高心率的百分比,以使其适用于不同个体的运动员。

第四节 青春期之前阶段的耐力练习

以下四个练习适用于进入青春期之前的运动员。

速度控制练习

训练重点　一般耐力

1. 设置一个顶点为弧形的三角形跑动路线（或要求运动员到达顶点位置时按弧形跑动），并以每个弧形顶端为起点，将跑动路线分成三段线路。将队员分成若干小组。每组站立在弧形顶端构成的起点处。
2. 任何路段的最长跑动时间为 15 秒。选择沿三角形绕行的跑动路线，顺时针或逆时针均可。使各组从各自的路段同时起跑出发。
3. 可以采用各种速度的运动（如第一路段慢跑 40 米，第二路段跑动 60 米，第三路段步行 20 米，休息之后再重复）。

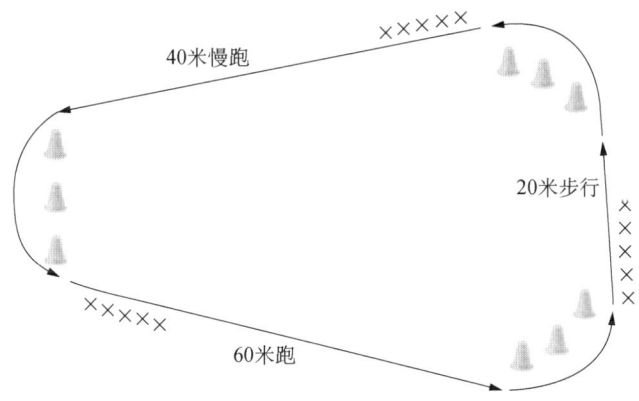

正方形线路耐力练习

训练重点　一般耐力

1. 标记一个长 50 米、宽 50 米的正方形区域。正方形的拐角为圆弧形。每组从四个拐角处开始。

2. 在正方形的第一个边采用步行（40—50 秒），从下一个边开始慢跑（18—20 秒），进入到下一个边再采用步行（40—50 秒），在最后一边慢跑（18—20 秒）。还可以进行各种形式的后退跑，并提高空间定向能力。

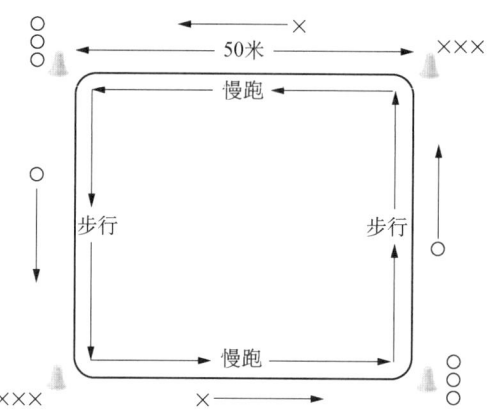

四边形耐力练习

训练重点　一般耐力

1. 将队员分成四组，分立正方形区域的四个拐角，正方形的边长为 50 米。
2. 运动员按照自己的节奏在正方形区域内步行、快走、慢跑或者快跑。
3. 运动员完成 2—4 圈无间歇的循环练习。

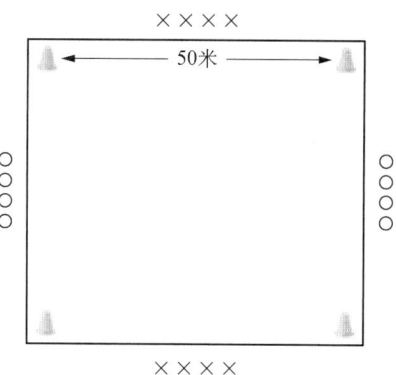

户外多路段耐力练习

训练重点　一般耐力

1. 在不规则的自然环境中，标记一段 300—500 米的跑动线路。

2. 使用自然地标将线路分为若干 100 米和 50 米的路段。
3. 运动员在 50 米的路段采用步行，在 100 米的路段采用慢跑，每名运动员完成 2—4 次。

变化练习

更高水平的运动员可以全程采用跑步的方式，但在不同的路段改变速度。

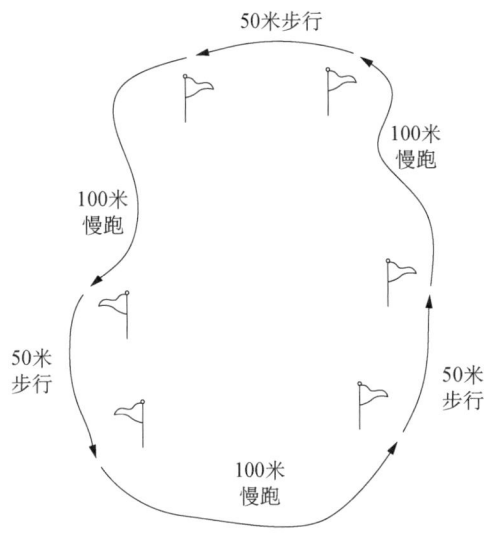

第五节　青春期的耐力练习

下面介绍的五项耐力训练最适合于处于青春期的运动员练习。

有氧技术跑练习

训练重点　跑步技巧

1. 在长跑过程中，运动员抬头高姿跑，肩膀保持放松，双臂前后摆动，与腿部动作保持协调配合。
2. 膝关节的主导动作和腿部交替摆动幅度要低于冲刺跑。脚部落地时，从足跟过渡到足尖，然后进入到一次新的蹬伸离地阶段。

3. 在耐力跑中，对跑步的稳定性和步速的判断至关重要。

长距离步速感知练习

训练重点　有氧耐力和步速判断

1. 以稳定的动作节奏，匀速跑动 800—2 000 米。
2. 为了保证速度的稳定，对每一次重复练习进行计时，并给予每名运动员个性化的反馈。这将帮助运动员与自己的步速建立联系，并且可以提升运动员对步速、心律和呼吸频率变化的感知。确保在为运动员计时的过程中，不要营造竞争性的环境。

间隔跑动练习

训练重点　有氧和无氧耐力

1. 在田径场或开放的场地上，中等匀速进行 200—400 米的重复跑动练习。专注良好的动作姿态，保持轻松和稳定的步速。
2. 以相同的速度完成每次重复跑练习。
3. 应保持中速（最大速度的 60%）跑动，不要加速。

10 分钟三角跑动练习

训练重点　有氧耐力

1. 将队员分成三组。每个小组从三角形的顶角出发。三角形一个边的路段为 50 米跑，三角形第二个边的路段为 40 米慢跑，最后一个边的路段为 30 米步行。
2. 队员根据自己的能力，可以选择在三角形区域的三个路段进行步行、慢跑和快跑。
3. 应当鼓励每名队员在自己舒适的步速下，完成 2—4 轮三角跑动训练。具有高水平有氧能力的运动员应当以更快的步速完成 4 轮跑动练习。

4. 记录运动员完成路段（可以是 1 圈，也可是预定的圈数）的用时，以评估再测有氧代谢能力的提升幅度。每几圈或每一圈完成后，运动员应步行 2—3 分钟（即完成路段围成一个完整的三角形，则完成了一圈）。

变化练习

扩大三角形跑动区域的范围。

设定完成慢跑、快跑和步行的圈数。例如，当环绕区域变得更大时，教练员可以首先将三角形的两个边的路段设定为步行而一个边的路段设定为慢跑。之后，逐渐将一边的路段设定为步行，一边路段设定为慢跑，最后一边的路段设定为快跑。最后，一边的路段为快跑，另两边均为步行或均为慢跑。这样设置的目的是循序渐进地增加线路的距离、练习强度和有氧运动的时间（如完成练习的总时间）。

逐步将练习持续的时间增加至 12 分钟，至 15 分钟，至 20 分钟，最后达到 30 分钟。

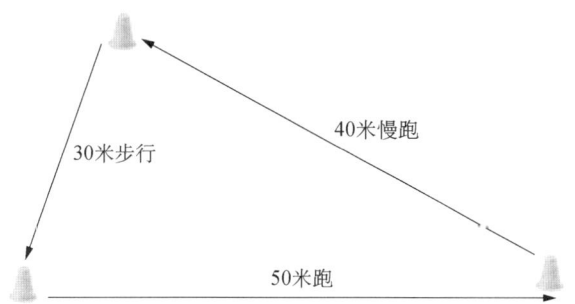

团队交替领跑练习

训练重点　无氧和有氧耐力

1. 队员纵队排列组队。每组从体育场的弯道标记点出发。
2. 各组一字纵队排列跑步。每十步后，小组的最后一名队员从队伍的右侧快速跑动至队首。
3. 每当小组队员通过起点后，指导教师鸣哨示意开始冲刺。

4. 当指导教师再次鸣哨后，所有队员再次恢复到开始的步速。
5. 完成既定的跑动圈数。

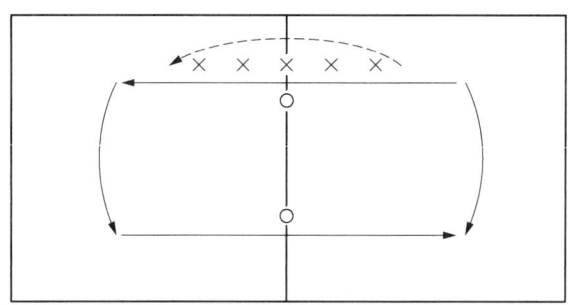

第六节　青春期之后阶段的有氧练习

基于青春期之前和青春期时建立起来的有氧和无氧训练的基础，青春期之后的阶段耐力训练任务以专项训练为主。此时，运动员可以进行绝大部分形式的训练，包括配合使用与专项训练相关的器材（如球）。表 8-4 和表 8-5 列举了青春期之后阶段耐力训练的周期安排。训练计划显示了有氧训练（10 月和 11 月）至混合训练在建议的各个阶段的进阶安排，计划执行到半程时，加入间歇训练，在继续进行有氧训练的同时发展无氧耐力。进入竞赛期后，耐力训练具有鲜明的专项特征：有氧与无氧供能比例至少各应达到 50%。

表 8-4　青春期结束后的早期耐力分期年度训练计划

	月　份											
	10 月	11 月	12 月	1 月	2 月	3 月	4 月	5 月	6 月	7 月	8 月	9 月
训练阶段	准　备　期								竞赛期			过渡期
训练类型	有氧耐力训练			有氧长时间间歇训练			混合有氧和无氧训练		混合专项耐力训练，引入有氧无氧供能比			有氧训练

注：注意训练类型与训练内容的进阶。根据各个训练阶段的目标设定训练变化的类型。

表 8-5　青春期之后阶段年度周期计划

训练阶段	月份											
	10月	11月	12月	1月	2月	3月	4月	5月	6月	7月	8月	9月
训练阶段	准备期			竞赛期		过渡期	准备期		竞赛期			过渡期
训练类型	有氧训练		混合有氧无氧供能比训练	专项耐力有氧无氧供能比训练		有氧训练	有氧训练	混合有氧无氧供能比训练	专项耐力有氧无氧供能比训练			有氧训练

在竞赛期当中，使用技战术练习的有氧和无氧耐力的专项训练可以参照以下案例。

1. 有氧训练

（1）各专项练习的持续时间为 90 秒至 3 分钟，或更长的时间。

（2）间歇时间为 1—2 分钟。

（3）靶心律（也称目标心律）为 166—174 次/分（大约为估测最高心律的 85%—90%）。

2. 无氧训练

（1）高强度的专项练习，持续时间为 20—60 秒。

（2）间歇时间为 2—3 分钟。

（3）靶心律为 176—186 次/分（大约为估测最高心律的 85%—90%）。

教练员应当根据运动员的能力、训练和比赛日程决定每种类型的重复次数。

第九章 | 在比赛中走向卓越

在比赛中走向卓越

竞赛或是为儿童提供与同伴一起玩耍的机会,能够让参与其中的儿童感到自己是团队的一员,这对塑造孩子的性格至关重要,有利于培养他们的毅力、团队合作精神和良好的体育精神,促进生理成熟,让孩子在体育环境中得到发展。如果引导得当,比赛将有益于儿童的全面发展,并在其成长和社会交往中发挥积极的作用。比赛能够让儿童有机会将练习中学到的运动技能和战术技巧应用到运动实战当中,他们经历过成败,便能树立受益终生的各种技能与价值观。但是,现在有很多竞争性的训练计划对儿童身心的要求过于苛刻。这些过早压力产生的负面影响,不仅会对成长产生伤害,还可能让儿童失去参与运动的兴趣,在运动天赋还未完全发挥之前就已早早退出。因此,教练员和父母应该将比赛视为更好培养儿童运动技能和社交能力的方式,帮助他们增进与同伴的互动和交流,而不是作为冠军速成的手段。在运动和比赛中获得的积极体验,有助于日后积极生活方式的养成,或许这比成为一名冠军运动员具有更加深远的意义。

第一节　孩子们为何会放弃运动？

仅在美国，就有超过四千五百万儿童参加了形式各异的竞技体育运动。然而遗憾的是，其中70%—80%的孩子到了15岁之后就已经从所参与的项目中退出了。[1]考虑到运动参与给儿童带来的社会和身心方面的积极影响，我们认为，让孩子保持对运动的兴趣、积极参与其中并将这份热爱延续到他们长大成人，才是最正确的选择。

当然，有些孩子参与运动的目的只是出于个人喜爱或身体锻炼，并没有提升运动技能的想法。因此，要在运动环境中为这类儿童留出安全且具备充分竞争的空间。而对于那些想要提升运动表现和竞技水平的儿童，也要给他们提供训练的计划和机会。然而，一个实质性的问题在于，我们总是急于求成，过早地让胜负取代了乐趣。如此一来，很多未来可能成为运动员的孩子就此止步，因为他们无法控制和承受比赛带来的压力，早早地退出了运动。此外，有些孩子只是把玩耍和锻炼当作释放生活中紧张情绪的方式，或是从家庭问题中暂时解脱出来的途径，还有的只是为了强身健体。而比赛胜负带来的压力会让他们对运动失望，从而转向一种"久坐少动"的生活方式，这种生活方式对健康影响的负面结果可想而知。

比赛很重要，获胜很重要。但是，过早地强调竞争或取胜，而忽视了乐趣，就会让很多孩子远离运动，我们也将继续面临70%的退出率。

在与孩子的访谈中，可以发现他们有很多退出运动的原因，其中包括：

（1）丧失兴趣

孩子们对某项运动失去兴趣是很正常的事情，尤其是当这项运动是由父母单方面选定的时候。有些孩子喜欢锻炼和玩耍，但是不喜欢有组织的体育活动。这种情况很容易理解。因此，面对注册并加入到运动队的儿童，教练员应当通过多样化的训练方法让练习和比赛变得充满乐趣。更为重要的是，不应过分强调输赢。积极营造团队的凝聚力，为所有的队员加油喝彩，不要吝惜"非常棒！""干得漂亮！""哇哦，你很拼！"之类的赞许，这类充满正能量的鼓舞能够让运动员体验到更多的乐趣和团队协作，而不是纠结于比赛的胜负。如果只关注事物的一面性，兴趣自然会荡然无存。所以，建立团队精神的最大障碍就是兴趣的丧失。

（2）乐趣不再

如果运动参与的感受由"乐此不疲"变成了"例行公事"，那么说明只有一种可能，运动参与的乐趣遭到了剥夺，取而代之的是竞争、压力和对能力的自我怀疑。这种情形应当避免出现在早年的比赛之中。尽管需要比赛的竞争和对胜利的渴望，但是对8—13岁的孩子而言，运动就是为了获得乐趣。教练员和父母的职责是要让孩子们通过运动体验到乐趣，并且努力营造一种氛围，让运动能力不足的队员能够感到自己是团队的一分子，同时坚信自己可以作出重要的贡献，并且是团队的成功不可或缺的一部分。

（3）挤占时间

我们经常可以听到类似的抱怨，尤其在高水平的训练和比赛中。一旦运动员入选了运动队，那么他就将与这支团队共同成长，无论场上还是场下，并且必须遵守有关的规定、指导与严格的时间安排。对于10岁的冰球运动员而言，每周进行两场比赛、完成两次冰上练习以及一次陆地体能训练，这样的安排非常普遍。然而对于同龄的在校学生而言，他们本质上还是孩子，每周五天的冰球活动显得过于严苛，但是运动员的标准就是如此。对于年幼或低水平的儿童来说，每周可以进行一场比赛和一次训练。有的时候，尤其是5—7岁的孩子，他们只需在比赛前练习30分钟即可。父母一定要明白什么对孩子才是最重要的，然后让孩子参加到最合适的训练计划当中，为他们提供充分的空间成为真正意义上的"孩子"。

（4）过分求胜

获胜往往被视作可以取代一切，甚至被认为可以以损害正确的战术和团队合作为代价。特别是在儿童的比赛中，进球得分和命中投篮的运动员总会得到喝彩和击掌鼓励，但是传球和防守的队员却经常被视而不见。事实上，我们总是太过于强调胜利和得分。当然，每位父母的内心深处都希望自己的孩子完成得分！但是，如果此时过分强调进球或取胜，将会削弱对重要技能和技术的学习，而它们对于运动员进入更高水平阶段至关重要。毫无疑问，得分固然重要，但是缺少势在必得的助攻，任何得分都无从谈起！考虑到获胜已在父母和教练员的头脑中根深蒂固，因此我们建议教练员在比赛结束后或训练开始前利用几分钟的时间回顾一下比赛中的亮点和不足，以及团队创造出得分良机的精彩回合。对教练员而言，一个良好的方式是在执教时以赢得比赛的名义强调技战术技能和团队配合的重要性。争取胜利无可厚非，但是带领全队走向胜利彼岸的意义更加深远。要让孩子们在曼妙的人生旅程中成为"冠军"，无论是在场上还是场下。

不久前，我们与两组家庭聊到了他们的孩子及其参加更高级别冰球选拔赛的情形。孩子们在听到教练员提出的要求和极高期望时，着实被吓了一跳。特别是其中一名教练员尤以严厉出名，经常会让表现不佳的队员坐冷板凳。而当我们问及选拔赛的结果时，两家父母的脸上都露出了满意的笑容。事实上，他们的孩子很早就已经成为了朋友，并且最终双双入选，教练员鼓舞和欢迎队员的方式让他们的父母感到惊喜。教练员会和运动员们谈心，在冰球场上给予支持和帮助，并且不会给运动员施加太多的压力。父母们的担心主要有两个方面：一是孩子们每周要训练两天、比赛两场，每月还有一到两场的周末锦标赛，有时甚至需要赴外地进行比赛；其二，他们希望孩子们不要在这种高水平的竞争和压力下气馁沮丧。就像其中一对父母所言："我不愿意看到儿子放弃冰球，他是如此热爱这项运动。但是我知道，当他面对个头高出自己的队友时，多少会有一点点不自信。"乍听起来，你可能会以为我们在谈论十几岁的孩子，但实际上这两名男孩才刚满10周岁！

关于儿童参加高度组织化的竞技体育运动始终伴随着一些争议。以下几节内容将就教练员和父母该如何利用竞赛去培养儿童热爱运动，塑造健康体魄，发展社会技能、建立友谊以及掌握生存本领等内容——如胜负、奉献、尊重以及良好的运动精神——进行详细阐述。

第二节　比赛引发的问题

儿童喜欢相互竞争，父母们更是如此！为了满足自己对比赛的渴望，父母和教练员可能会为孩子制定太过激烈或难度太大的训练计划。即使儿童能够承受身体上的挑战,但是在心理上却很难处理好训练和比赛带来的高压情绪。教练员和父母要么过早地把儿童置于要求苛刻的训练和比赛日程中,要么始终让孩子处于比赛多、训练少的环境下,这两种经常被采用的方式最终会让孩子感到压力和倦怠。

一、过早的竞争

绝大多数儿童都是在有组织的竞赛中第一次接触到某项运动。通常在4岁时,他们就开始加入到了组织体系完备的运动联盟当中,正式的规则、裁判员、统一的队服一样不少,而在比赛中取胜更是首要目标。

在美国,儿童在3—5岁就要开始参加游泳和体操的比赛,5—6岁的儿童已经开始参加田径、摔跤、棒球或足球比赛了!在巴西,6岁的儿童开始出现在足球和游泳的赛场上;在加拿大,6—8岁的儿童已经开始参加省级的比赛了。[2][3]

与此同时,令人震惊的事件层出不穷。在20世纪80年代后期,一名9岁的女孩在亚利桑那州的凤凰城跑完了整场马拉松。几年后,一名12岁的女孩在旧金山跑完了同样的里程。难道这些赛事的组织方,尤其是这些孩子的父母,就不关心孩子的健康吗?就不担心早期训练过度、消耗过大、热损伤、心肌损害影响发育并造成营养系统受损吗?在另外一个案例中,我们采访了一位父亲,他的儿子被冰球队除名了。这支冰球队八月份就开始为九月中旬至第二年三月中旬的赛季进行备战。结果,在十二月份的时候,这个孩子被告知他要另找球队了,因为明年他将被球队淘汰。教练员认为这样做的目的是为了让孩子有充足的时间和机会寻找其他球队。或许提早告知的做法是一种负责任的表现,但关键是这个孩子才刚刚满11岁!结果,这个男孩最终选择放弃了冰球训练。而且更为遗憾的是,据这位父亲介绍,他的儿子从此很难再自信起来。事实上,此类对待儿童的做法和行为在运动领域中里比比皆是。[4]

过早地参与比赛是一种向儿童施压的方式。在开始训练的前一两年里,父母或教练员就会让孩子报名参加市级、省级乃至国家级的比赛。艰苦的训练和充满挑战的比赛让教练员将高强度的训练施加在青少年运动员身上。很多时候，这种方式的确能够让孩子早早达到运动表现的巅峰，而他们的表现也的确不可思议。但是负面结果却是，这些小运动员被过早地透支，失去了待到身心成熟时在比赛中创造卓越的机会。等到他们长大，有些人早已从运动中退出，而留下的很多运动员则很难重现自己青少年时期的辉煌。更糟的是，这些运动员可能全身上下都会受到软组织伤病的困扰，因为身体系统在发育的过程中就已经经历了重复性的肌肉拉伤。如果全年进行高强度的训练并密集地参加多项运动，却很少得到休息和恢复的话，那么这些青少年运动员极可能被多种软组织伤病缠身。[5]除此之外，很多研究都表明，如果孩子们不是被迫比赛或为了赢取胜利而是在父母鼓励下享受快乐时，那么他们就会觉得体育这类活动充满乐趣。[6][7]

在田径项目中，儿童参加的项目包括400米跑、800米跑以及1 500米跑，这对他们的身心是极大的考验。进行这些项目需要具有良好的训练基础，因为它们对速度、速度耐力、无氧耐力和有氧耐力的要求很高。同样，儿童在发育成熟期之前进行三级跳远练习，也会产生一些负面影响，因为在完成这个项目的过程中会对身体造成一连串的反复冲击。这些冲力不会像在疾行跳远时，可以靠沙土和触地时的屈膝动作进行缓冲，而是会直接作用于脊柱。尚未成熟的肌肉和韧带稳定系统无法承受如此强大的地面反作用力，从而引发背部疼痛。[8]大约有30%的成年人就是因为运动或活动过度，出现过不同程度的背部疼痛。[9]8岁及以上的儿童才能参加这种对起跳力量和地面冲力承受度提出要求的三级跳远练习。但是在许多欧洲国家，青少年只有年满16岁且具有充分的训练背景的情况下，才被允许参加400米跑和三级跳远项目。

教练员、父母与赛事组织者应对上述错误做法负有主要责任。为了显示自己的能力，一些教练员还会制作胜负记录单。在某些教练员的眼中，孩子只是数据而已！儿童不应该成为教练员实现个人野心的工具。雄心勃勃的父母迫切地希望看到自己的孩子在比赛中获得成功并夺取冠军，因此他们缺少耐心，不愿等待4—6年——他们要赢在当下。如果赛事组织者和教育部门在组织比赛时，根据儿童的能力与他们参加高水平赛事的最佳年龄来设定参赛的年龄限制，那么将会对儿童的运动能力产生积极的促进作用。

二、过多的竞争

教练员和体育教师经常会参考职业运动员比赛的数量。以加拿大的冰球运动和美国的足球运动为例。在冰球项目中，8—10 岁的孩子每个赛季要参加 60—80 场比赛。这个赛制产生的逻辑来自于职业运动员每个赛季要参加 80 场比赛，所以要想成为职业运动员，就要和他们一样！我们甚至听说过有这样的父母，他们根据孩子投入运动的时间来计划孩子的周末。因为他们在一些报道中看到，有些运动员一周七天都保持相同的训练量！更糟糕的情况是，我们还听到过一位父亲向他的儿子训诫称："你尽管去参加聚会吧！但是有一点你要清楚，当你和小伙伴放松的时候，有些孩子正在练习射门呢！"

相比之下，在苏联的训练体系处于全盛时期时（20 世纪 50—80 年代），集体类项目训练课与比赛的数量比为 4:1。也就是说，每场比赛之前，孩子们已经接受了四堂训练课，练习技能并发展运动能力。但是在北美洲，很多集体类项目的儿童参加训练和比赛的比例能够达到 1:1，就已经算是幸运的了。在冰球运动中，这个比例更是严重偏离，每进行三场比赛却只安排一堂训练课！请问孩子们哪儿还有时间练习技能、发展体能？在冰球、棒球、足球和篮球这些的集体类项目中，孩子们常常周末还要参加比赛。因此，在这种情况下，训练课与比赛次数的比例或许要远远低于 1:1。所以无论是技术水平和身体素质的提升速度还是赛后恢复进程都变得很慢，与此同时，儿童的情感负荷也远远超出了他们能承受的水平。

在如田径、体操和滑雪（游泳可不必归入）等个人项目中，训练与比赛的比例要较上文提及的项目理想得多，大约为 8:1 或是 10:1。

我们必须要意识到，儿童早期取得的成功并不能代表日后可以获得同样的成就，同时也不能保证他们会成为明日之星。儿童时期的成功意味着更多的比赛，由此带来的是心理压力和技能欠缺。儿童参加的比赛次数越多，练习的数量就会越少，最终将直接导致技能熟练程度的下降和运动表现的弱化。因此，儿童训练的基本要求是增加练习并减少比赛。这是才是成功之匙——未必是赢得职业水准的成功，但一定会获得属于运动员的成就！

三、过分强调胜利

如果我们的出发点是要培养出具有天赋的运动员，那么我们在为儿童制定的训练计划中，就要重视技能的发展而非赢得胜利。过分强调获胜会让孩子倍感压力，限制运动技能的提升。最坏的结果则是让他们朝着错误的方向越走越远。

发展儿童技能的最佳途径是为他们提供一个有趣、轻松、安全的练习环境。这样的环境很难在竞技体育的训练计划中见到。很多时候，太过频繁的比赛让孩子缺少足够的时间去练习那些可以帮助他们成为优秀运动员所必需的技能。

有些联赛，如冰球项目，小孩子在一个赛季中要进行80场的比赛，他们几乎没有时间用于技能的发展。在比赛的时候，孩子们更多的是在运用技能，而非发展各种技能。但是，当这些技能在实际运用之前，并没有得到很好的练习和发展，那么最终获得强化的只是那些错误的技术并形成不良的运动习惯。错误的技术习惯一旦形成，要想改正将非常困难。这种技能在低水平的阶段或许有用，但显然不适用于更高水平的竞争。

假设一名教练员希望把一名10岁的业余摔跤选手培养成为顶尖的摔跤运动员，他可以向这个孩子传授一些酷炫的摔法，运动员一旦掌握就将在同龄运动员中出类拔萃。然而，当这名孩子长到了14岁时，由于之前的力量和爆发力基础不足以让他学习正确的技术，使得他的摔跤技法捉襟见肘。他将大量的时间用于练习摔法，而不是发展坚实的技术基础。因此，与其他可以更好地完成一些摔跤制胜所必需的基础技能（如腿部进攻）的14岁孩子相比，这名孩子的提升似乎遭遇了瓶颈。

四、晚熟儿童遭到歧视

一味追求获胜的教练员通常只让最好的运动员上场。然而，这些运动员往往是那些发育较早的孩子，他们身材更加高大、身体更加强壮、移动更加快速,同时他的耐力更加持久。结果,很多运动队的首发阵容都被这样的孩子占据着,而那些晚熟的孩子只能当替补。

在儿童时期,早熟的儿童毫无疑问都会成为更好的运动员。但是,很多研究表明,晚熟的儿童成年后在某项运动上达到国际水准的潜力更大。实际上,早在20世纪80年代,苏联阵营中的东欧国家为了在体育界占据统治地位,就把运动天赋识别的对象从早熟儿童转移到了晚熟儿童。经验表明,早熟儿童达到预期评估的比例有限。而晚熟儿童则表现出了一致性,他们通常都能够达到较高的运动水平。该结论在足球运动中也得到了印证——晚熟儿童在高水平赛事中取得了更多的成功。[10]

和早熟儿童相比,晚熟儿童的青春期生长高峰出现在生长期较晚的阶段,并且持续的时间也更久。因此,晚熟孩子成年后的运动能力发展水平要优于早熟儿童。然而遗憾的是,在很多儿童的训练计划中,因为过分强调输赢,晚熟的孩子并没有获得同等的参与机会。这些孩子往往在很多方面遭受到了歧视。

五、运动损伤风险

高强度训练除了造成身心层面的过度透支以外,还常常会导致运动损伤。在很多情况中,儿童训练计划的制定通常缺少长期的考量。父母和教练员更希望能够尽快获得成绩。因此,教练员并没有将更多的精力用于强化儿童解剖结构的适应。一旦教练员忽视了韧带、肌腱、软骨以及肌肉组织的状态,那么训练计划就将缺少损伤预防的部分。这方面的不足加之高强度的训练,最终必将导致运动损伤。我们一再强调全方面发展的重要性,尤其在运动启蒙阶段和运动能力形成阶段。在运动员的生涯中,首要任务是让解剖结构适应各种力量和压力源,这一过程要十分小心和谨慎。将一定的时间用于强化韧带、肌腱、关节及软骨,然后通过适宜的训练计划让身体所有的肌肉组织参与到练习之中,夯实力量基础,为将来的速度、耐力、爆发力,甚至更高水平的力量表现的实现提供可能。

利用一定的时间向运动员教授正确的热身方式,并提高对赛前准备活动的重视程度。一些简单的练习往往因为对比赛没有建设性作用而被忽视,但它们对强化解剖结构和预防损伤来说必不可少。在一项研究中，研究人员对来自瑞典足球协会八个分区的足球俱乐部的队员进行了实验，评价 15 分钟的神经肌肉练习对成年的女性足球运动员的效果，其中包括简单的跳跃动作。[11] 这些练习每周进行两次。在长达 278 298 小时的时间里，所有参与实验的球队共记录出现 21 次前十字交叉韧带损伤，其中 7 次发生在干预组（即完成练习的组），14 次发生在对照组。可见，一些简单的练习就能够让损伤发病率下降五成。因此，请安排时间完成这些练习吧，它们对提高运动水平和延长运动寿命来说非常必要！

从基本的练习开始，青少年运动员最终可以学会处理各类新的压力，从而建立起损伤预防的基础。即便受伤，他们也能够用正确有效的办法康复过来。运动不可避免地会出现伤病，尤其是身体接触类的项目。但是，强大且逐渐建立起来的身体基础能够更好地承受高强度的激烈比赛和训练。

第三节　什么时候孩子才适合参加比赛？

大多数情况下，做出参赛决定的都是父母和教练员，而非孩子自己。但是，那些为儿童做出决定的父母和教练员应该遵循以下五点指导建议：

（1）只有当孩子做好充分准备的时候，才能为孩子报名比赛。这种充分准备包括动机准备充分（即孩子有参加比赛的主动意愿）、技能表现达到适宜水平、运动能力符合比赛需要。

（2）确保参赛的首要目的是为了享受乐趣、学习各种技能，包括实现某种技术、战术或身体方面的目标（如在比赛中能完成五次精彩的传球）。

（3）对于个人运动项目（如跑步、游泳、划船和滑雪等），应当组织技能比赛，拥有最佳技术表现的参赛者为获胜方。对技能的重视能够让运动员在之后的发展中获得益处，有效地避免比赛带来的生理应激反应和训练过度的问题。

（4）不鼓励 7 岁以下的孩子参加竞争性比赛。这些孩子完全可以在非竞争的环境下测试自己的技能水平。如果孩子自己想要参加正式比赛，那么要时刻强调享受乐趣!

（5）儿童只有到了 12—13 岁才能明白比赛的意义以及技术和能力对成败的影响。因此，儿童参加正式比赛的年龄应当从 11 岁或 12 岁开始。

表 9-1 列举了适宜的参赛年龄以及运动员年度参赛数量的建议。其中集体项目和个人项目之间的情况有所不同。个人项目对应的参赛数字表示进行所有轮次比赛的次数（如所有预赛），而不是参加各类赛事的次数。比如说，在 100 米短跑项目中，可能需要进行三场比赛，即预赛、半决赛和决赛。

表 9-1　比赛类型与次数建议一览表

年龄（岁）	比 赛 类 型	正式比赛的次数/年
4—7	无需参加比赛——仅为了乐趣	——
8—11	非正式比赛——强调技能模式而非取胜；参加比赛项目之外的运动，享受快乐	集体类项目：5—10 场
12—13	正式比赛，目标是达到一定的身体、技术和战术水平，而不是取胜	集体类项目：10—15 场 个人项目：5—8 次
14—16	参加比赛，但不设立实现最佳表现的要求	集体类项目：15—20 场 个人项目：8—10 次
17—19	参加初级比赛以便获得省、市级和国家级比赛的资格；为在高级比赛中展现最佳水平做好准备	集体类项目：20—35 场 个人项目：短期 20—30 次，长期 6—8 次

第四节　预防压力和倦怠

压力往往被视作在受到威胁或表现不如预期时的一种不愉快的情绪反应。比赛将这些年轻的运动员置于压力之下。其中，个人项目没有其他队友的分担而会具有更大的压力。无论在何种级别的比赛中，过大的压力会带来如失眠、食欲不振和赛前生病等负面影响。

父母和教练员对势在必得的压力，会加剧儿童的紧张程度。如果仅仅在表现优异的时候才能获得父母的关爱和赞赏，那么孩子的压力水平也会处于更高的状态。在大多数的情况下，青少年群体——尤其是幼童——很难处理好来自父母、教练员以及同伴的压力。尽管训练专家和研究人员会常常提及比赛时压力的负面效应，但是却很少谈及在重大赛事之前的训练课当中，儿童所感受到的压力和痛苦。这些训练通常会和比赛一样，向孩子施加负面效应。当然，适度的压力能够激发孩子们的动力和表现。

与比赛相关的压力主要体现在赛前、赛中和赛后三个阶段：

（1）赛前压力表现为对自己表现不佳的担忧，害怕自己的表现达不到队友的期望，无法为整个团队作出自己的贡献。通常会出现睡眠紊乱、坐立不安、小便频繁以及腹泻的情况。

（2）赛中压力表现为担心失误。会由于极度焦虑而错失机会，表现不佳；对教练员或队友的批评非常敏感；缺乏活力，脸色苍白以及哆嗦发抖。

（3）赛后压力通常在输掉一场比赛或个人表现不佳时出现。表现为嗜睡、抑郁、情绪低落和易怒，刻意与家人和同伴保持距离，食欲不振、睡眠紊乱、不愿参加训练，甚至不愿在接下来的训练中出现。

倦怠是由训练和比赛引起的长期紧张的结果。倦怠的症状包括缺乏活力、疲惫、失眠、易怒、身体不适、头疼、生气、丧失信心、抑郁以及运动表现下降。有些人甚至无法继续参加比赛。

以下技巧能够帮助运动员在很大程度上预防压力和倦怠的出现[12]：

（1）珍惜训练和比赛的美好时光。享受与朋友们在一起的时刻和不断提高自身的过程。为自己设定一些与比赛结果并不直接相关的目标。

（2）将比赛表现与个人自尊心分离（尤其是针对具体的任务）。不要将比赛失利的责任全部强加于自己。设置一些自己能够实现的目标，且满足于每次目标的达成。

（3）培养自己从事的运动项目以外的兴趣。不要让比赛表现完全主宰你的生活或你对生活现状的满足感。养成一些非运动的爱好，如音乐、绘画、社交等，寻找其他快乐的源泉。

（4）把运动当成乐事——不为别的，只为快乐！

（5）抽出时间让自己放松，享受家人和朋友的陪伴。

（6）记住运动只是一场游戏而已。

（7）学会自嘲，接受犯错和失败，并从中汲取教训，同时也要学会享受成功。运动只是你生活的一部分。一场比赛的失利完全可以被生活中其他的开心事冲淡。

教练员可以遵循以下建议帮助运动员避免出现倦怠感：

（1）留意运动员情绪低落的表现（如缺乏热情、易怒以及水平下滑）；

（2）丰富训练形式，增加训练的乐趣；

（3）帮助运动员平衡生活中的各个方面；

（4）鼓励运动员发展运动之外的兴趣爱好；

（5）正确认识运动的功能（该项内容同样适用于运动员和教练员）；

（6）最重要的是，强调更好地完成技能而不是获得比赛的好成绩。

教练员也可以在训练中穿插一些其他活动，防止运动员压力过大或产生倦怠。可以根据表9-2和表9-3，制定儿童的每周计划。

表9-2 包含三堂训练课的周计划

周一	周二	周三	周四	周五	周六	周日
训练	与小伙伴一起自由活动	训练	自由活动，做游戏	训练	开展休闲运动或兴趣爱好活动	休息

表9-3 包含四堂训练课的周计划

周一	周二	周三	周四	周五	周六	周日
训练	训练	与小伙伴一起自由活动	训练	训练	开展休闲运动或兴趣爱好活动	休息

第十章 | 青少年运动员的营养补充

青少年运动员的营养补充

在较早年龄阶段进行科学渐进式的训练对日后运动表现以及专项力量、速度、耐力及其他运动能力的发展至关重要。除训练以外，合理营养（既包括成人为儿童选择的食物，也包括儿童自己选择摄取的必备食物）也会影响儿童在日常生活和运动过程中的身体健康。随着他们发育至成人阶段，合理营养能帮助青少年与食物形成良好的关系。青少年运动员的膳食结构有别于成人运动员。由于青少年运动员的身体仍在不断发育之中，他们需要充足的健康碳水化合物、大量瘦蛋白及健康脂肪。青少年运动员每日摄入的食物中，应当包含50%—55%的碳水化合物、10%—15%的蛋白质以及20%—25%的脂肪。糙米、面食、全麦面包、蔬菜以及鹰嘴豆、兵豆等豆类食品富含健康碳水化合物，是最佳的能量来源与运动表现所需的必备膳食。

除此之外，运动员还必须从动植物原料中摄入足够的瘦蛋白，以帮助自身肌肉从训练和比赛中恢复，塑造强壮有力的肌肉和骨骼。儿童需要摄入健康脂肪，如鱼类、鳄梨（Avocado）、椰子油、坚果以及籽类食品，帮助毛发及皮肤的生长代谢，优化免疫系统。优质脂肪还可为运动员提供能量，保护器官并将维生素A、D、E、K等重要元素输送至身体各部位。因此，青少年运动员营养补充的最低要求是充分摄入取自天然食材的多样的优质食物。避免食用过多加工食品的均衡膳食能够有效帮助运动员开展训练、投入比赛以及快速恢复。

优异的表现需要良好营养的支撑。那些饮食结构不合理的运动员会经常感到疲劳，在训练或比赛时缺乏动力。他们容易受到营养不良的影响，并且危及到肌肉、骨骼的生长发育，最终不可避免地影响到运动表现。家长和教练员能够帮助儿童形成正确的饮食习惯，构成食物摄取的主要结构。这方面的证据不言而喻。膳食均衡且摄入充足的儿童自我感觉更好，也更加强壮并且充满活力。当然，这方面还需要成人的适当引导，帮助儿童养成健康的饮食习惯。本章讨论的五种蓄能策略，有助于培养青少年运动员懂得尽情享受并深知营养食物、训练以及运动的真正价值。

第一节　科学蓄能策略之一：远离加工食品

在食物摄取充足的情况下，是否仍然会出现无法满足身体所需营养素的情况？答案是肯定的。根据美国心脏协会（American Heart Association）的报告，美国儿童每日额外糖分（额外糖分是指摄取除水果、燕麦、面包等富含天然碳水化合物的食品之外的糖分）摄入量超出推荐值的7倍。这类额外糖分的摄入毫无营养价值，反而会带来饱腹感，使儿童食欲下降，导致身体所需营养物质的摄入量不足。[1][2]

如能量棒、午餐肉、白面包以及方便食品等加工食品和其他"垃圾食品"含有大量卡路里，但营养价值极低。绝大多数此类食品口感上佳，能产生饱腹感，但无法提供人体所需的维生素和矿物质（帮助身体机能良好地运转）、蛋白质、碳水化合物、健康脂肪（帮助肌肉发育、骨骼生长及身体恢复）。甚至果汁、牛奶、酸奶、麦片等所谓的健康食品，都可能添加过多的糖分。经常摄入此类食品，弊大于利。

很多加工食品和垃圾食品都含有大量的钠、糖及其他能够满足味蕾、唤起食欲的化学物质。此类食品方便、省时，已成为美国家庭的主要选择。无论是成人还是儿童，都很难抵抗加工食品的吸引。相对于购买一杯果粒酸奶而言，在希腊酸奶里加入洗净、切块后的水果与之混合的选择要麻烦得多。加之，营养学家通常建议在酸奶中添加含有健康脂肪的食品，如胡桃、杏仁等营养丰富的坚果。这可能需要取用第二个容器，因此饮用酸奶变得更加复杂！添加麦片的果粒酸奶更有吸引力。但遗憾的是，它的总含糖量也大约高出3倍左右！

或许有人认为，儿童既然不喜欢酸奶，他们就不会选择这类零食，因此根本无需提出诸如"不要食用果粒酸奶"的建议。但是，加工食品的生产商肯定早已注意到了专家针对儿童提出的此类建议，并且采取了相应措施。由于儿童常常处于奔跑当中，那么为何不生产一种食品，可以边跑边吃呢？因此，液体酸奶应运而生，占据了各类乳制品的货架。液体酸奶口感好，儿童可以直接吸食饮用，十分方便。液体酸奶中除了加入了额外糖分、脂肪、玉米糖浆及其他化学添加剂之外，还可以让儿童获得一些钙元素和蛋白质。听起来真是"太划算"了！

尽管我们很愿意探讨食品加工行业、儿童肥胖以及糖分对儿童身心健康的影响等一系列问题，但是本书的内容旨在帮助读者更好地训练处于不同阶段的青少年运动员。训练计划或训练体系的构成内容之一，是要通过促进肌肉和骨骼生长的膳食供给，为发育中的运动员参加大量运动、迅速恢复并保持健康的体重和身形直至成年提供稳定的能量供应。运动员不仅需要饮食，而且需要科学膳食。普通青少年平均每天需要消耗2 500卡路里的热量来保持健康的体重水平，而对于一周两赛四训的青少年运动员，每天则需要5 000多卡路里的热量。尽管两类青少年对热量的需求有所不同，但营养结构的需求却大体相同：他们都需要摄入重要的维生素、矿物质、蛋白质、碳水化合物以及适量脂肪，保证身体机能的良好运转。如果通过食用毫无营养价值的加工食品来满足热量需求，那么青少年就会出现疲弱无力、注意力低下的情况，而运动员在训练和比赛中则会表现出体力不支。因此，儿童和青少年的膳食结构必须多样化，包括天然水果、蔬菜、燕麦、全麦食品以及瘦蛋白等食物。儿童在学校和课外活动期间的饮食搭配也需与家中保持一致。他们不可能在家中食用每餐，但是可以时刻牢记家中学习到的食物营养价值。

一、适量饮食

一直以来，我们都会遵循适量饮食的建议。适量饮食可以帮助我们保持健康体重，避免因挑食而导致对其他食物的暴饮暴食。换言之，如果你喜欢冰淇淋，偶尔品尝也未尝不可。适量原则对部分成年人有效，但并不适用于儿童。儿童没有适量的概念，他们不具备估算每口饮食中不同成分含量的能力。他们不会记得自己饮入了多少碳酸饮料和果汁，或食用了多少曲奇饼干。除此之外，一些儿童不能很好地控制糖分摄取，从而导致过敏、虚弱，或是不自然地想要摄取甜食。

父母应当在家中对膳食的种类、食用的分量以及食用的禁忌做出要求。三餐应包含健康食品、碳水化合物、蛋白质和蔬菜。对冰淇淋、曲奇等甜品类加工食品最好选择偶尔品尝一下，而不是"适量"食用。有些人错误地认为"适量"的含义代表早餐的时候吃几块巧克力曲奇饼干，然后把双层巧克力燕麦棒作为午后甜点，放学后吃一包薯片，晚餐还要喝一杯碳酸饮料。这不是适量饮食，但却是北美地区日常饮食习惯的一部分。最佳的做法是每周选择特定的一天，允许孩子品尝甜点糖果或是得到特殊的礼遇，可以是冰淇淋、蛋糕或其他乐子，把这一天作为全家人共同享受的家庭日。尽量将其固定在某一天，让每个家庭成员都有期盼，而不是随意地选择或"适量"食用。在一周的其余时间中则选择一些低糖零食作为替代品。也可自制健康曲奇、蛋糕（可添加甜菜或鳄梨等）及什锦干果。这种从"适量"向"固定场合"的转变，有助于青少年运动员构建强壮和健康的身体。

二、碳酸饮品概述

碳酸饮品是一种没有营养价值且含糖量高的加工食品。约五分之一的儿童都从碳酸饮料或其他高糖分饮料中摄入过多热量。[3] 12—19 岁男性每天摄入的卡路里当中，约 12% 来自碳酸饮品、果汁等高糖分饮料。[4] 碳酸饮品不应出现在运动员的膳食当中。研究表明，饮用碳酸饮品与儿童肥胖[5]和糖尿病[6][7]存在相关性，因为它能抑制发育期儿童的食欲，导致儿童对富含维生素和蛋白质的食物摄入不足，而这些才是身体发育的必需食物。一罐碳酸饮料含有 50 毫克以上的咖啡因（一种会对大脑发育产生不利影响的刺激物）。[8]而且，碳酸饮品属于酸性的低营养价值食物，会破坏体内碱性平衡，引起炎症及腹部不适。[9]饮用碳酸饮品的诸多后果是，它不仅会影响青少年运动员的表现，还将损害运动员身体的长期健康。尽管碳酸饮品因其独特的口感而成为北美地区的日常饮品，但青少年运动员必须拒绝碳酸饮品。低糖运动饮品或调味水可以作为碳酸饮品的替代品满足饮用和补充水分的需要。

第二节　科学蓄能策略之二：父母严控食物供给

科学膳食始于家庭。绝大多数人都明白这个道理且对此深信不疑，然而忙碌的生活让食材准备和家中烹饪难以为继。在一周的时间里，多数家庭鲜有机会做到全家人共同进食。如今快节奏的生活，经常让餐食准备简化为订购外卖或加热半成品。

下文描述的是一个典型的场景。母亲很早地离开办公室去接放学的孩子。此时她的孩子已经饥肠辘辘，这并不是因为他几小时没有进食，也不是因为他整个下午都在不停地运动，而是因为他没有食用可以满足身体需求的合理膳食。这位小朋友的早餐吃得很快，食物搭配也看似健康：一袋速溶蜂糖燕麦和一杯橙汁。但是到了早上十点，他就有些饿了，于是打开午餐袋，开心地发现了一根水果燕麦棒、一颗小苹果，还有满满一袋果汁软糖。他狼吞虎咽地吃完燕麦棒，手上抓了一把软糖，把苹果塞回包里作为午休的零食。午餐时，他走到自助餐厅：今天供应的是披萨饼，但是没有提供炸鸡柳和薯条。他吃了两小片香肠披萨、一小片巧克力曲奇，喝了一杯果汁，感到心满意足。午休期间，他拿着苹果出门踢球，边踢边咬了一口苹果，还从朋友的包里拿了一些烤土豆片。上课铃响了，他发现手中的苹果没吃几口，已经开始变色了。于是他在走进教室前把苹果扔到了垃圾桶。到了下午三点半放学的时间，小朋友上了母亲的汽车，感到饥饿难挨。截止到此时，这位小男孩总共摄入约 1 200 卡路里的热量和 80 克的添加糖，至于膳食纤维、蛋白质、全麦碳水化合物等营养物质，摄入量几乎为零（虽然他咬了口苹果）。

我们分享这个案例的目的不为博君一笑，而是强调当前北美地区的一种趋势：快餐已成为当地约三分之一儿童和青少年的日常选择，主要包括汉堡、披萨、炸鸡等，这些食物中往往添加了许多配料，还有一些不利健康甚至是有害的食材，它们会导致对儿童发育和运动表现起重要作用的营养物质从体内流失。[10] 从 1970—1990 年，高果糖玉米糖浆摄入量总共上升了 1 000%！[11] 1990—2000 年，糖和高果糖玉米糖浆的摄入量继续攀升，在 2000—2004 年出现小幅下滑。[12] 截至 2004 年，高果糖玉米糖浆和添加糖占日均能量摄入总量的比例分别为 8% 和 17% 左右。[13] 高果糖玉米糖浆是多种加工食品中的重要成分，也是软饮料中的常用添加剂。事实上，许多青少年的卡路里摄入量有 16%—17% 源自快餐和加工食品。[14] 这一数据向人们敲响了警钟，尤其是当我们还在与儿童肥胖和上升中的慢性疾病发病率进行不懈斗争的时候。更加让人担忧的是，在青少年的蔬菜摄入量中，深绿色蔬菜、橙色蔬菜及豆类的占比微乎其微。[15]

事实上，家长们正在面临着诸多难题。一方面要筛选充斥于电视和互联网上的营销信息，另一方面还要花费时间准备并合理评价提供给家庭的饮食。对于提供给孩子的饮食，我们不能盲目听从食品厂商和广告商的一面之词。例如，某种不含麸质的产品可能含有大量的添加糖或其他食材。简而言之，父母应当负责并控制家庭的食物供给。最好的方法就是向全家人介绍所有的食品种类。

根据美国农业部（United States Department of Agriculture）的调查[16]，年龄段在 6—18 岁之间的儿童群体中，在外就餐的儿童比在家就餐的儿童更倾向于去快餐店、饭店或学校用餐。而且，儿童在外就餐时通常会饮用更多的碳酸饮品，造成摄入过多不必要的糖分，影响身体健康。

回到之前的案例，当母亲接孩子放学回家后的几小时内，全家人可能又会各自出门。母亲或许要载乔伊（Joey）去参加足球训练，而父亲则带着露西

（Lucy）参加足球比赛。忙碌的生活让准备全家的餐食变得困难，父母不得不选择订购外卖，或是加热含有大量钠、糖及其他不健康添加剂的速冻食品。作为运动员发展领域的专家，我们经常会遇到这种情况。然而，家长不并知道如何解决此类难题，于是转而寻求膳食补剂和营养保健品来帮助孩子加强营养。尽管市面上的许多产品，包括多种维生素片、低糖蛋白能量棒及乳清蛋白粉，对孩子确有裨益，但首先应该保证孩子饮食健康，品尝并感知到各种食物的味道，而后再考虑使用营养补剂。

一、完善家庭食品采购

关于天然健康食品，上文已进行了大篇幅的介绍。事实上，天然健康食品也称为天然健康食品（Whole Foods），主要指未经加工、提炼或仅进行粗加工的食品，是自然界赋予我们的原生态食物。天然健康食品富含蛋白质、碳水化合物以及人体组织发育、再生所需的脂肪。多数天然健康食品，尤其是水果、蔬菜和豆类，含有数百种维生素矿物质，有助于维持生命，保持细胞健康和营养。如果我们观察一下食品杂货商店的平面分布图，会发现店内四周区域摆满了天然健康食品，例如水果、蔬菜、瘦蛋白食物、全麦食品（米饭、意大利面、全麦面包）、豆类食品（兵豆、鹰嘴豆）、坚果及籽类食物。而店内中间区域的货架上则摆放着琳琅满目的精制食品和加工食品。

在为家庭采购食物时，可遵循"90/10法则"。购物车中天然健康食品比例是90%，而加工食品的比例是10%（当然这部分食品低于10%会更加理想）！作为父母或者祖父母，我们深知并理解想要天然健康食品达到100%的比例并不可能。孩子们会想吃午餐肉、冰淇淋、巧克力羊角包、华夫饼、苹果派以及炸鸡柳，当然还有速食和快餐。此外，卷饼类食品、种类丰富的全麦面包和能量棒虽然不属于天然健康食品，但可以补充到儿童的膳食结构中，特别是对于活泼好动的儿童，因为他们需要摄入足够的能量以满足机体的能量需求。我们并不追求完美的膳食结构，只是希望通过不断完善，让孩子和家长都能体验到健康饮食所带来的活力。

然而，由于天然健康食物未经加工和提炼，因此这也就意味着要花费更多的时间准备餐食！希腊烤鸡沙拉确实美味，但总要有人负责切洗、烘烤鸡肉，清洗并切分沙拉原料，准备沙拉酱；再如，周末来一份番茄肉丸意大利面会非常享受，但是同样面临着准备食材和烹饪的繁琐工序。或许直接购买一瓶番茄酱和加工后的肉丸更加便捷，如此一来只需将面条煮好即可享用。然而方便的同时，也意味着这些食品为了延长保质期，已经加入了更多的钠、糖及其他化学添加剂。此外，也无法加入自己喜欢的蔬菜和调味品，同时还失去了向孩子传达家中烹饪的健康意义。如果食用天然健康食品，儿童还可以吃下更多分量，这是因为大多数天然健康食品都富含纤维和蛋白质，不仅能够饱腹而且还可以抑制对不健康零食和饮品的食欲。

表 10-1 中列出了各类天然健康食品。尽管无法涵盖所有种类的天然健康食品，但重点在于这些食品均取自天然原料。这些食物中所含的膳食纤维都是上乘之选，只要在正餐或加餐中包含了下表中的大部分食品，就能帮助优化青少年运动员的身体健康，帮助他们保持充沛精力及快速地恢复。

表 10-1 天然健康食品

蔬菜	水果	坚果、籽类食物	谷物	乳制品	瘦肉	辛香料
芦笋	蓝莓（鲜冻皆宜）	杏仁（无盐）	糙米	土鸡蛋	土鸡肉	肉桂
芹菜	苹果	腰果（无盐）	菰米	低脂乳酪	牛肉	姜黄
椒类	橙	核桃	小米	有机奶	羔羊肉	莳萝
甜菜	树莓（鲜冻皆宜）	南瓜子	燕麦	希腊酸奶	火鸡	香菜
黄瓜	草莓（鲜冻皆宜）	葵花籽	藜麦（籽类）	原味酸奶		芫荽
西兰花	哈密瓜		全麦意面			薄荷
花椰菜	西瓜					迷迭香
茄子	葡萄柚					百里香
菠菜	桃					
冬南瓜	李					
红薯	香蕉					
各类洋葱	芒果					
羽衣甘蓝	椰子					

二、制定家庭餐桌食谱

我们早已对"预防为主，治疗为辅"这句话耳熟能详，尽管这种说法旨在强调保持健康生活方式和预防疾病的重要性，但同样也适用于定制食谱。我们每天都需要蓄能，所以饮食的重要性不言而喻，在科学膳食的准备方面完全有必要花费一定的时间和精力加以对待。如果缺乏合理的计划，我们就会食用一些不太健康甚至有害的食品，对腰围、能量、消化以及整体健康方面都会产生负面影响。由于我们无法延长时间，因此就要充分规划、节省时间，把制定食谱当作一件要事。下文列出了一些关于为青少年运动员准备高质量餐食的建议。

（1）列出一周所需食材的清单，包括所有水果、蔬菜、豆类、全麦食物、零食清单以及瘦蛋白食品等。如果允许，带上孩子一同采购这些食物，让他们可以亲历其中理解真正的单种食物与包装食品之间的差异。

（2）为了更好地制定食品清单，先预先想好一周正餐食物的构成。从周一开始，牢记家庭成员工作与学习的时间安排。准备晚餐的时间也是用来准备第二天午餐的黄金时间。晚餐多做的菜肴完全可以成为一顿健康饱腹的午餐。

（3）早、中、晚三次正餐以及加餐都必须包括一种天然健康食品。这将帮助家庭成员减少摄入加工食品，确保每餐都能获取天然健康食品的营养成分。例如，匆忙的早餐可以选择燕麦卷搭配香蕉或苹果，午后加餐可以选择酸奶和自制什锦干果（腰果、杏仁、葵花籽和葡萄干等）。一旦掌握了配餐原则，在一日三餐中加入天然健康的食品将易如反掌。事实上，如果不食用包装食品和快餐，余下的大部分食品都属于天然健康食物。

（4）准备天然健康食品需要花费时间。食谱确定之后，可以安排周末的时间提前为接下来的餐食做好准备。将所有水果清洗干净，放入冰箱，便于儿童取食。购买当季水果可以保证家中水果品种丰富。清洗、准备蔬菜，放入相应容器，既可以直接加入孩子的午餐中，也可以清炒。清洗并切分瘦肉，浸泡于调味汁中放入冰箱，保存一至两天，方便之后用烤箱加热或烧烤。最后，还可以利用一些时间制作酱汁和辣酱，将剩余的菜肴冷冻。如果遇到实在无法抽空烹制合理餐食时，这些菜肴可以派上用场，而无需抓起电话订购外卖。我们通常会告诉运动员的家长要提前制定餐食计划，确保他们外出就餐或者订购外卖只是想要品尝一下某种特色食物，而不是因为家中缺少必要的准备。

（5）父母是家中食谱的负责人，确定食谱之后就要以身作则，监督执行。

可以尝试不同的食物搭配，丰富食材组合。如果孩子不喜欢蔬菜，可以稍作调味处理，酱汁或成品沙拉可以是最后的选择。孩子们食用蔬菜时可以摄入必要的纤维和营养物质，更重要的是，他们吃的是天然健康食品，这将逐步帮助他们改变口味，更加喜爱上这类食品。在建立和完善饮食结构时，也不必太过极端——拒绝除了天然健康食品的其他一切食物。记得重要的做法是每餐都要有天然健康食品，在家中准备绝大部分的餐食，并且让孩子理解食用水果、蔬菜以及瘦蛋白类食品可以帮助他们强身健体、保持良好感觉、提升注意力。如果孩子能看到父母乐于在饮食方面推陈出新，他们也一定会对此表以称赞。所有的一切始于家庭，源于父母。家长才是食品供给的管控者。

（6）如果家长厨艺不精，或者因为孩子对某些食物过敏或不耐受造成餐食准备遇到问题。那么可以翻阅提供相关内容且浅显易懂的烹饪书籍。市面上有许多关于食物过敏和特殊食物的参考书籍，包括全素饮食。需要注意，虽然随处都可以购买到无麸质零食、瘦蛋白类包装食品和酱料，但这些食品通常都会含有大量添加剂和化学物质。

（7）一家人尽可能共同用餐，帮助儿童及青少年理解饮食多样化的重要意义和自制食品的重要性，远离包装食品和快餐。同样地，餐桌上共同就餐也是谈论运动职业目标、如何利用合理饮食强身健体的绝佳机会。控制家庭食品供给不非要制定和推行严格的规则，这么做通常会事倍功半。与之相反，管理家庭食品供给是为了向家中的青少年运动员证明天然食品的本质特征和大自然创造这些食品的意图所在。

第三节　科学蓄能策略之三：注重健康早餐

英文中的早餐"breakfast"由两个单词组合而成：break（意为打破或终止）和fast（意为禁食）。由于人们夜晚都要处于睡眠状态，无法进食，禁食的时间可能会持续8—10小时（当然，起夜吃点心的情况除外），因此睡醒后摄入第一口食物就相当于"终止了禁食"，即早餐！

在一些文献和商业刊物中，关于成人早晨进食的观点受到了冲击。[17][18]这种新思潮支持延长禁食时间，有可能的话甚至跳过早餐，进而刺激荷尔蒙分泌变化，以达到增肌的效果，改善身体成分，促进健康。我们之所以在此次提及上述内容，主要是为了回答一些阅读过禁食文献和理论的教练员及家长关于"禁食法是否适用于青少年运动员"的思考和提问。答案是否定的，青少年运动员不能这么做。

青少年运动员起床后对能量的需求会显著增加，此时需要摄入健康有益的早餐。多项研究表明，如果在青少年时期养成不良的饮食习惯，缺乏营养，将不利于成年后的身体健康。[19][20]经过8—12小时的睡眠和禁食之后，儿童的糖原储备已所剩无几，如果没有一顿合理的早餐，孩子们将会感到无精打采，注意力无法集中，甚至不能适应学校活动的强度。

在众多导致儿童跳过早餐的原因当中，时间不足或起床时没有饥饿感是两大主因。[21]这两种原因都在情理之中，因为忙碌的生活节奏以及学校与训练的安排都会挤占合理的早餐时间。除此之外，孩子们可能会在夜晚加餐，这也是他们早上醒来时没有饥饿感的原因。因此，我们建议家长不要向孩子提供夜宵，鼓励儿童食用健康均衡的早餐。这样做的理由主要基于两点：一是夜晚加餐会扰乱睡眠节奏，影响睡眠质量；二是夜宵往往缺少营养，热量过高。从本质上看，深夜加餐会让孩子醒来时仍有饱腹感，不愿在早晨进食，而到了接近中午感到饥饿时，又会随意食用高糖、高脂、高热量的零食[22]，这些零食不仅毫无营养，同时还缺少儿童发育所需的维生素和矿物质。

所有年龄段的青少年运动员都要把吃好早餐当作一天的开始，同时父母也需要为他们树立榜样。每个周末，甚至在时间允许的情况下，一周当中的每一天，父母都应当尽量与孩子共同进食，或者营造出一日之计始于早餐的氛围。作为一天的开始，早餐一定要具有营养！

在提到早餐时，多数人的第一反应是麦片。其实早餐不应局限于甜麦片，还可以吃奶昔、原味酸奶加水果、鸡蛋吐司、燕麦、健康燕麦棒及部分能量棒和蛋白质棒。新鲜水果也是早餐的不二之选。香蕉、蓝莓、苹果、罗马甜瓜以及西瓜等，不但含有多种人体所需的维生素和矿物质，还富含纤维，能为人体迅速供能。

最近，一项研究对不同品牌麦片的市场营销广告进行了综合分析，这类产品多具有热量高、营养价值低的特征。研究发现，儿童平均每天会观看到1.7则麦片广告；87%的麦片广告都在推销高糖产品，且它们都在当地的食品商店中出售。此外，91%的广告都对麦片产品的非凡功效进行了宣传，同时67%的广告当中涉及了健康和不健康的饮食方式。[23]

可想而知，不只是儿童，就连处在运动能力形成阶段的青少年运动员都经常想把高糖麦片作为早餐。早餐摄入低糖高纤维食物的儿童在饭后2—3小时内，能够表现出更好的记忆力，可以更长时间地集中注意力，不容易出现情绪低落的症状。[24]如果运动员想食用麦片，那么就选择1杯或约28克的含糖量低于10毫克、纤维量4毫克以上的产品。这类麦片含糖量较少，但口感可能会相对差一些（部分早餐麦片单杯含糖量高达19—24毫克）。运动员可以加入乳清蛋白粉（香草味）或香草杏仁露（有无甜味皆可）进行调味。如果儿童患有乳糖不耐症，则可以选用植物蛋白粉，在麦片中加一些椰肉或坚果提高口感。

虽然从天然健康食品当中摄入蛋白质是最为理想的方式，但是蛋白粉（尤其是乳清蛋白粉，一种在牛奶生产过程中的副产品）对摄入蛋白质大有益处，可以帮助身体从训练中迅速恢复，强化免疫系统。[25]由于天然健康食品中的蛋白质含量已经可以满足儿童的日常需求，所以蛋白质粉可以作为一种补充，取少量加入到奶昔或麦片当中。家长和教练员应当实地对比研究，选择高质量的蛋白粉品牌，确保生产标准达到或超过规定要求，并且不能含有任何化学物质及可能引起过敏反应的副产品。

自制营养丰富、高纤维且富含维生素的麦片也是不错的选择。由于自制麦片的配方中含糖量较低，因此我们可以选择添加新鲜水果、籽类、坚果、葡萄干以及椰肉等配料以提高口感。表10-2中列出了健康麦片的配方。

表10-2 麦片配方

主要原料	以下每种食材各取1份混合成1杯份量： 有机藜麦泡芙或藜麦片； 燕麦片； 荞麦； 杏仁碎

（续表）

制作方法	将上述配料混合后放入烤盘，并加入5勺（约75毫升）橄榄油； 用烤箱以175℃的温度加热至棕色，约20分钟； 食用之前可根据个人喜好添加配料：亚麻籽、奇亚籽、肉桂、椰片、蔓越莓干、葡萄干或新鲜水果（蓝莓、香蕉等）； 将做好的麦片配方加到酸奶、牛奶、杏仁露或米浆中
备注	先从一杯份量开始，待找到符合个人口味的混合比例之后，一次性可多做几杯，冷却后放入密封罐等容器中，待早餐或加餐时食用

一、早餐优先

让食用早餐成为青少年运动员的一种习惯。运动员每次进餐或吃点心时，切忌狼吞虎咽。早餐优先并不是只在乎食物的摄入量，而忽视营养结构，正确的做法是注重营养平衡，每餐至少包括五类食品（谷物、水果、蔬菜、蛋白质、乳制品）中的三类，确保食物中的糖分都是天然地存在于食材当中。通过选择营养价值高且富含维生素、矿物质和纤维的食品，尽可能减少糖分的添加量。当然，口感也很重要，因此在优化食物选择的同时，尽量做到口感与营养之间的均衡。

每日早餐可从以下推荐的食物中选择一种或多种：

（1）奶昔

可用一杯水（236毫升）、脱脂牛奶、杏仁露（有无甜味皆可）或鲜榨橙汁。根据儿童的蛋白质摄入量和忌口食品（如对乳制品、坚果或豆类过敏），家长可加入一勺乳清蛋白粉或植物蛋白粉。例如，儿童每天每公斤体重需要摄入1克的蛋白质，那么一名体重为45公斤的12岁男孩，每天需要摄入45克的蛋白质。假设该男孩每天吃三餐，每餐需要15克的蛋白质才能满足每日标准。因此，一杯早餐奶昔搭配优质蛋白粉是理想的方式。鉴于一勺蛋白粉（约23—26克）约含18克的蛋白质，因此半勺蛋白粉就能提供7—9克的蛋白质，可加入牛奶奶昔、稀释奶昔或果汁奶昔中作为补充。另外，可以再加入个人喜爱的水果、坚果、籽类或一茶勺的杏仁酱。奶昔组合的选择可以有多种，未必都要加蛋白粉。实际上，蛋白粉对缺少蛋白质的饮食习惯能起到补充作用,但不一定要作为青少年运动员日常饮食的必需品。重要的是所有的奶昔中都含有蛋白质(如牛奶、酸奶或乳清蛋白粉)、新鲜水果以及含有健康脂肪的坚果酱。我们经常提到一些家长和运动员自制的奶昔中,含糖量过高,缺少必要脂肪和蛋白质,因此营养不够均衡,且不易消化。总之,要避免奶昔中只含有水果或果汁而缺少其他营养素。

(2)鸡蛋(炒蛋、炖蛋、水煮蛋等)

鸡蛋富含蛋白质和各类营养素,同时又比其他蛋白质便宜很多。棕色鸡蛋和白色鸡蛋除了外壳不一样外,所含的营养成分完全一样。你可以选择"自由放养"的鸡蛋,但必须清楚"自由放养"的概念是指母鸡可以到户外活动,而不是说真的毫无限制地到处乱跑。如果你住在农场或者农贸市场附近,最好去这些地方采买土鸡蛋,因为这类鸡蛋更加健康,营养程度也更高。与杂货店的鸡蛋相比,当地农户售卖的土鸡蛋的蛋黄通常更大,其颜色更深、更加趋于橙色。同时,也可以选择富含欧米伽-3脂肪酸的鸡蛋。可以根据自己的喜好选择烹饪鸡蛋的方法,愉快地享受自然美味。运动员在食用鸡蛋时还可以搭配一些谷物(如燕麦、全麦面包或任何其他面包),但是应当尽量避免或少吃白面包。经验表明,如果一片面包被揉搓成球状后仍然可以保持形状不变,那么这片面包可能就不太会使食用者健康。除了鸡蛋,如果再辅以一些水果或几片西红柿、几片牛油果,那么你的早餐就几近完美了。这份早餐做法简单、快捷,同时又富含蛋白质、维生素和矿物质。

(3)燕麦片和水果

燕麦片富含纤维、抗氧化物和矿物质(如镁、磷、硒、铜)。但尽量别喝速溶燕麦片,因为速溶燕麦片中添加了许多调味料(如红糖、槭蜜、苹果肉桂)。速溶燕麦片具有良好的口感,但是通常都会添加大量的糖分,从而降低了这种健康食物原有的营养价值。可以用清水或者牛奶熬煮燕麦片,不必过分在意熬煮后的黏稠程度。同时,也可以稍微加些调味品改善口味。喜欢香甜口味的话,可以加入肉桂或少量天然槭糖,也可以与不加糖的苹果酱或者新鲜的浆果混合。纯燕麦片中并不含有谷蛋白,但有时加工燕麦的设备同时也加工小麦,这种情况可能会发生交叉污染。选择不含谷蛋白的燕麦片品牌,并将其作为早餐主食的一种。除了燕麦粥外，还可以用燕麦片制作健康的松饼或者加到奶昔当中（直接倒入即可）增加质感。

近年来，在奶昔中添加蛋白粉以快速获取蛋白质的做法受到人们的青睐。广受欢迎的奶昔店和果汁店会在每一款饮品中添加一勺蛋白粉。蛋白粉能快速向身体提供大量的蛋白质，使用方便且又易于人体消化吸收。在为青少年运动员准备蛋白奶昔时，无论早餐还是加餐都需根据他们的年龄和体重考虑其身体的蛋白质总需求。缺乏蛋白质会导致肌肉无力并阻碍细胞生长，而蛋白质过量则会导致肾脏负荷增加，并转化为脂肪。尽管过量蛋白质对成年人肾脏的影响是极具争议的热门研究议题，但是过量的蛋白质摄入对青少年运动员的影响尚不明确。因此需要认真斟酌蛋白质的最大摄入量。在预估出青少年运动员一天所需蛋白质总量时，可将总摄入量均衡分配在三餐以及日常的一些点心中。表10-3 是乳清蛋白奶昔的配方。它适用于运动能力形成阶段末期以及之后阶段的运动员。对于更加年轻的运动员可将蛋白粉减量至半勺，同时根据实际需要添加或去除一些原料。这份快捷的早餐可为青少年运动员提供极佳的营养价值。

表 10-3　乳清蛋白奶昔

配方说明	这份配方的原料包含奶制品、水果以及谷物，能为儿童茁壮成长，在学习、生活以及训练的过程中提供所需各种能量、蛋白质、维生素以及矿物质
主要原料	1 杯（236 毫升）脱脂牛奶、水或杏仁牛奶（加糖或不加糖） 1 勺高品质的乳清蛋白粉或 1 勺植物蛋白粉 1 少量冰块（可选加，使奶昔口感黏稠） 1 只小香蕉 1/2 杯（75 克）蓝莓或其他水果（冷冻的或新鲜的） 1 勺生燕麦片（用蛋白粉的勺子，生燕麦片可选加，使奶昔口感更佳） 1 茶匙亚麻籽（可选加）
制作方法	放入搅拌机搅拌 20—40 分钟或更长时间直到获得满意的口感

二、蛋白质概述

许多食物中都含有蛋白质，如肉类、奶制品、豆类、谷类。我们需要蛋白质构筑肌肉、增强免疫系统以及促进恢复。抗阻训练会加大人体对蛋白质的需求以满足身体恢复、再生以及增肌的额外需要。因此市面宣传的蛋白质补充剂是增加蛋白质摄入量的有效途径，能使人们轻易获得高品质的蛋白质。然而通过增加食物摄取量或者选择更好的食物来源都很难满足人体对热量和蛋白质的需求。因此，易于消化且满足特殊需求的蛋白质奶昔在运动员、健美运动员以及健身爱好者中开始广泛流行。蛋白质奶昔种类很多，制作简单。另外，乳清蛋白粉同样是一种高品质的蛋白质，极易消化吸收（乳糖不耐受症患者以及对牛奶过敏的人除外）。天然食物是人体摄入所需一系列氨基酸（构成蛋白质的基本物质）以及其他营养成分的首选。但是出于食物多样化、满足味蕾以及便捷的考虑，青少年运动员的营养计划可以包含乳清蛋白粉或者植物蛋白粉。我们建议青少年运动员通过天然食物获取身体所需的大部分营养，可在日常饮食中适量加入一些蛋白质粉获取更多的蛋白质，或者作为正餐的补充营养品，但不能成为食物替代品。

在确定一名运动员蛋白质需求量及其补充方式之前，请务必查阅不同年龄人群蛋白质的需求情况（见表10-4）。美国疾病预防和控制中心（Centers for Disease Control and Prevention）的数据显示，人体对蛋白质需求量随年龄发生变化[26]：

（1）4—8岁（运动启蒙阶段）的男孩、女孩每天需摄入蛋白质19克。

（2）女孩在运动能力形成阶段和专项化阶段每天需摄入蛋白质46克。

（3）男孩在运动能力形成阶段和专项化阶段每天需摄入蛋白质56克。

表10-4 运动发展阶段所需蛋白质量

年龄（岁）	蛋白质（克/每千克体重）	运动发展阶段
4—7	1.1	运动启蒙阶段
8—14	1	运动启蒙阶段/运动能力形成阶段
15—18	0.9	专项化阶段
18以上	0.8	高水平运动表现阶段

要获得更精确的数值，可根据青少年运动员的年龄和体重计算其蛋白质每日推荐摄入量（Recommended Daily Allowance，简称 RDA）*。之后可将所需蛋白质量与第二章介绍的各个运动能力发展阶段对应起来。

蛋白质每日推荐摄入量给出了每千克体重蛋白质摄入量的指导大纲。我们建议处于运动启蒙阶段和运动能力形成阶段的运动员遵循该指南给出的摄入量，而运动员在专项化阶段和高水平运动表现阶段的蛋白质摄入总量可以稍微高于推荐值。研究表明，正在进行高强度训练的青少年运动员所需的蛋白质摄取量要高于蛋白质每日推荐摄入量。[27][28] 处于专项化阶段的力量项目运动员的蛋白质需求量可提升至每千克体重 1.2 克，而该阶段耐力项目运动员的蛋白质需求量可提高至每千克体重 1 克。根据身体发育情况，处于专项化阶段后期及高水平阶段的力量项目运动员蛋白质需求量可提高至每千克体重 1.7 克，而处于这两个时期的耐力项目运动员的蛋白质需求量可提高至 1.2 克每千克体重。

例如，体重 81.6 千克的力量项目运动员每天应摄入 135 克蛋白质（180 × 0.75 = 135 克）。这看上去似乎是一个很大的数字，但是可以将其平均分配至一天当中的每次进食，可以先准备蛋白质丰富的早餐，然后使其他每餐含有 20—30 克蛋白质。这样运动员就能获取肌肉生长、身体复原以及运动技能提高所需的蛋白质量。

第四节　科学蓄能策略之四：比赛前后合理蓄能

比赛前后的能量补充与日常均衡饮食的结构并无二异。食物的主要成分由富含健康碳水化合物、瘦蛋白质以及有利于心脏的健康脂肪等构成，包括坚果、籽类食物、鱼类（如三文鱼和金枪鱼）以及油类（如橄榄油和椰子油）。但是，比赛前后的进食时间、地点以及方式却存在差异。

---

* 详见《我需要摄入多少蛋白质》一文，载于 www.cdc.gov/nutrition/everyone/basics/protein.html。——译者注

一、赛前合理膳食策略

经常有人会咨询青少年运动员赛前应该吃些什么。事实上，无论从事何种项目，所有青少年运动员在赛前都应摄入适当的碳水化合物、蛋白质和脂肪，为身体蓄积能量。运动员不必采用"糖原负荷法"*，但至少在赛前 3 小时就要摄入营养均衡的食物，确保能量储存的最大化，并且为营养的吸收和消化预留充足的时间，确保身体为比赛做好充分准备。因为比赛会增加心脏向工作肌群泵送血液的压力，而消化会使血液流向胃部，造成身体动作减缓。

下面提供了一些制定赛前膳食的建议：

（1）50%—60% 的赛前膳食应涵盖富含碳水化合物的食物，如全麦面食或白面食、全谷类面包、糙米或白米、藜麦。但只有面食还远远不够，还需要再辅以一些水果和瘦蛋白质。理想的搭配食物包括蒜酱全麦面食、113—170 克烤鸡胸肉，另外加一些西兰花或花椰菜。

（2）运动员赛前膳食摄入量应当与平时相同（不多也不少）。适度饮食，适可而止。比赛当天尽量不要超过平日的膳食摄入量。吃得太多会刺激消化系统，引起肠胃不适。赛前进餐之后，可以在临近比赛之前食用几块水果、饮用少许运动饮料。这样可以避免运动员产生饥饿感，更加专注于比赛。

（3）赛前膳食还需要避开某些食物，即便它们是运动员的日常营养计划中的一部分。高纤维食物是第一类在赛前避免食用的膳食，因为消化这些食物的时间相对较慢，对肠道形成刺激，造成肠胃不适。鹰嘴豆、扁豆、云豆等豆类食物，虽然富含碳水化合物和蛋白质，但却会产生气体，引起胃部疼痛；赛前膳食中应避免食用的第二类食物包括汉堡、薯条、煎蛋、烤面包、牛肉、猪肉等高脂肪的食物。表 10-5 列出了赛前推荐食物和禁忌食物（至少在赛前 3 小时内应避免食用）。该表并未完全列出所有食物明细，仅供参考。另外，无论营养价值如何，每个人对不同食物及食物搭配的反应也会有所不同。

---

* 糖原负荷法（Carbohydrate Loading）：糖原负荷法通常也被称为碳水化合物填充法，指采用高糖饮食与运动相结合，使肌糖原和肝糖原的储备大大增加的方法，这一理论是根据糖原超量恢复原理来增加赛前肌糖原贮量。——译者注

表 10-5　赛前推荐食物及食物禁忌

推 荐 食 物*	禁 忌 食 物
蒜酱全麦面食或蒜酱白面食	果汁（无需其中添加的糖分）
糙米或精米	加工午餐肉（钠含量高）
全谷类面包或皮塔饼	油炸食物
烤鸡肉或熏鸡肉	高纤维豆类：扁豆、鹰嘴豆、云豆
土豆、番薯、甘薯	
炖蛋、炒蛋或水煮蛋	任何香料
燕麦	软饮料、碳酸饮料
新鲜水果：香蕉、苹果、蓝莓、草莓、葡萄	红肉或猪肉
新鲜蔬菜：西兰花、花椰菜、黄瓜、茴香、西葫芦	蛋白棒或蛋白奶昔（赛前尽量吃天然食物）
全麦面包圈	糖果条、巧克力
果酱、杏仁酱、花生酱	汉堡包、薯条、披萨（少起司的自制披萨或蔬菜披萨除外）
奶制品：牛奶、原味酸奶	
三文鱼和金枪鱼	蛋糕、馅饼、饼干

* 可从推荐栏选择食物搭配赛前膳食。

以下是根据经验得出的赛前膳食准备的 10 个基础要点：

（1）选择富含碳水化合物的食物，如面食、全谷类面包、燕麦以及米饭。

（2）选择平日经常食用的蔬菜，尽量避免会产生大量气体或导致腹胀的蔬菜。

（3）避开任何香料，尤其是咖喱、姜黄、辣椒粉等辛辣调味料。

（4）避开任何油炸食物，包括煎蛋和煎肉。

（5）避开软饮料和碳酸饮品，因为这些饮料会产生气体，导致肠胃不适。

（6）避开任何甜品。

（7）膳食摄入量与日常膳食摄入量保持一致。

（8）饮用充足的水。

（9）尽可能避免边走边吃，尽量坐下慢慢进食。

（10）食用天然食物，蛋白棒或点心留至赛后食用。

那么，临近比赛开始前的理想食物包括那些呢？运动员在赛前 1 或 2 小时前难免会产生饥饿感，遇到这种情况，可以稍微食用一些小吃，如水果或者涂抹有花生酱或杏仁酱的饼干。当然，如果运动员赛前至少 3 小时的饮食摄入合理的话，通常都不会感到饥饿。因此，建议赛前膳食的摄入量可以稍微多一点，避免开赛前的加餐，确保身体集中将血液运送至工作的肌肉而不是用于消化。

三、全天比赛时的合理膳食策略

前文提到的赛前膳食原则在这里依旧适用。运动员应当在比赛前至少 3 小时摄入营养合理的食物。如果第一场比赛安排在上午 9 点，那么运动员最好在 6 点半或 7 点左右进食，摄入量应略少于平时。由于首场比赛在当日较早的时间进行，因此运动员还需要依赖于比赛前一天储存的能量。早餐时一份涂有花生酱的面包圈或炒蛋加烤面包，就可以支撑运动员顺利完成第一场比赛。首场比赛结束后，运动员可以摄入一些碳水化合物、蛋白质和脂肪（如前文所述）组合更加合理的膳食，为下一场比赛补充能量。建议可以在比赛当日准备一些鸡肉卷或鱼肉卷、一些切分好的蔬菜和新鲜水果。也可以打包携带一些小点心，如格兰诺拉麦片或蛋白棒、水以及运动饮料来补充全天比赛的能量。运动员应当食用富含碳水化合物的食物，即便在没有饥饿感的时候也要在比赛当天不断地补充以避免突然的体力不足。切记，高蛋白、低碳水化合物的餐食不适合青少年运动员，因为他们需要借助碳水化合物维持能量供应。如果运动员在当日比赛的间隙一定要去餐厅进食，那么也应当选择富含碳水化合物的食物，不要选择速食和油炸食品。除此之外，还可以选择鸡肉面食、薄煎饼、华夫饼和其他易于消化的淀粉类食物，它们能够为身体迅速提供能量。

四、比赛期间的补液策略

当比赛时长少于等于 60 分钟时，青少年运动员应不断饮水保持水合状态。在赛前及比赛期间通过饮水调节体温非常重要，这样做可以让肌肉处于最佳的工作状态。长时间的训练会使身体缺水，造成身体疲劳和肌肉痉挛，影响到运动表现。因此，在训练时应当养成充分饮水的习惯，并在比赛将这种习惯延续到比赛日当天。

如果比赛时长超过 60 分钟或者运动员参加的是长距离项目，如越野跑或者游泳，那么可以饮用运动饮品以补充钾、钠等电解质。钾和钠是保证肌肉正常功能的两种重要元素。应当选择含糖量相对较少的饮品并在比赛期间保持持续饮用。如果不想给运动员一整瓶的运动饮品，则可以加水稀释后供运动员在赛前、赛中、赛后饮用。当一天当中需要参加多场比赛时，运动饮料可以防止因血糖水平下降而引起的提前疲劳。请认真对待补液！

五、赛后 30 分钟内的即时简餐策略

足球比赛或冰球比赛结束时，青少年运动员会大汗淋漓、非常疲惫，但同时肾上腺素和兴奋的心情会让他们精神饱满。他们仍然会专注之前的比赛，在与他人讨论比赛时的动作、进球以及他们不太认同的一些场上判罚时继续出汗。他们在刚刚走出赛场的时候并不会感到饥饿。但事实上，他们已经耗尽了能量储存，肌肉也急需蛋白质来恢复状态。在社区级别的联赛，尤其当运动员在运动启蒙阶段和运动能力形成的早期阶段，应当在赛后让运动员吃些点心。这类赛后餐点通常包括高果糖饮品、甜点棒、饼干或蛋糕。

这类赛后餐点含糖量较高并能被身体快速吸收。然而，运动员还需要在赛后 30 分钟之内，摄入适量的蛋白质。比赛结束后的 30 分钟是运动员身体再蓄能并帮助肌肉恢复的最佳窗口期，其中当碳水化合物和蛋白质同时出现消耗时，这段时期就更加重要。所以，应当让青少年运动员在赛后食用高糖量食物，但不要让他们饮用果汁或含糖量高的苏打水，而是换成一杯（250 毫升左右）脱脂牛奶或者巧克力牛奶，确保他们可以在赛后即刻获得蛋白质的补充。一杯 236 毫升的牛奶含大约 8 克蛋白质和大量氨基酸（构成蛋白质的基本物质），能有效帮助肌肉恢复。处于运动启蒙阶段和运动能力形成阶段的运动员可以在赛后食用涂抹了奶油奶酪的百吉饼（先蒸后烤的发面圈）或者涂了花生酱的面包圈、少量果脯、一杯原味或巧克力味牛奶。处于运动能力形成阶段的后期以及专项化阶段的青少年运动员可以喝一杯类似表 10-3 中介绍的蛋白奶昔，帮助运动员获得大量碳水化合物和蛋白质。如果不想在赛前制作蛋白质饮品，可以使用简易冰箱携带一些牛奶或橙汁，然后在储物罐内装一汤匙的蛋白粉。赛后将蛋白粉融入牛奶或果汁即可。当然，也可以食用涂有花生酱的面包圈、一些饼干或新鲜水果来补充蛋白奶昔的营养。赛后 30 分钟内，应向处于运动启蒙阶段的运动员提供 8—10 克蛋白质，如一杯牛奶或一杯（250 克）希腊酸奶，向运动能力形成阶段和专项化阶段的运动员提供 10—20 克蛋白质。如前文所述，在摄入蛋白质时应同时摄入大量碳水化合物。

六、赛后 1—2 小时的膳食策略

运动员在赛后 30 分钟内摄入富含蛋白质和碳水化合物的餐点之后，就该准备食用营养更加丰富的膳食。因为，赛后数小时运动员的身体仍在复原、蓄能以及再生的状态。应当确保运动员在赛后 1—2 小时内摄入适量的碳水化合物、蛋白质和脂肪。如果从比赛场地回去的路程很长，那最好带上一些鸡肉、鸡蛋三明治、鸡肉卷或鸡蛋卷以免因为运动员饥肠辘辘而不得不中途停下在速食店进餐。如果时间允许进入家中就餐，那么就继续按照平时均衡的饮食习惯。赛后膳食应包含一系列富含碳水化合物的食物，如米饭或面食、烤鸡肉或鱼肉，再合理搭配一些蔬菜。膳食摄入量与平时一样，吃饱即可。在正餐间，可以食用一些点心，如坚果、籽类食物、果脯以及新鲜水果。

第五节　科学蓄能策略之五：充分了解运动员

关于运动营养及正确地为青少年运动员补充能量（通过提供健康的碳水化合物、优质蛋白和优质脂肪）的重要性的书籍、文献已经不胜枚举。但与大多数孩子一样，青少年运动员也可能会依据自己的喜好挑拣食物，偏好于高热量、化学添加剂以及高糖分但总体营养价值极低的加工类和速食类食品。当然，父母都想为孩子提供各种食物，并且在膳食结构中准备健康的碳水化合物、蛋白质和蔬菜。但是，孩子们通常会我行我素，弃健康食物而不顾，执意

选择鸡柳、炸薯条或冷冻披萨。发育中的身体需要健康合理的营养。因此，关键的问题在于父母和教练员如何克服各种困难，帮助运动员认识到合理膳食对健康发育以及最终取得优异表现的重要性。

澳大利亚的一项研究调查了 2—11 年级的学生（7—17 岁）关于健康饮食和体能活动的好处及阻碍因素的认知情况。[29] 表 10-6 是该项研究的主要结果。

表 10-6　健康饮食和体力活动益处及障碍的认知调查

健康饮食		体 能 活 动	
益处	障碍	益处	障碍
提高认知表现和体能表现	便携度	社交性益处	倾向于选择室内活动而非室外活动
提升体质健康水平	口感	提升心理健康状态	缺乏活力
提高耐力	社会因素	运动表现	缺乏动机
有利于心理健康			时间受限
保证身体状态良好			社会因素
克服障碍的主要策略			
父母及老师的支持			
合理的计划和时间安排			
自我鼓励			
教育			
身体环境的重构			
提供多种体力活动			

注：本表根据 J. 欧迪亚发表于美国饮食协会的文章修改。

虽然这项研究的对象是澳大利亚儿童，但同时也为了解并理解健康饮食和体能活动的益处提供了概念框架。研究中的受访儿童大都了解健康饮食的益处，如可以促进身心健康。但尽管他们了解有益于健康的食物品种，但是仍然会以不方便、口感不佳作为不愿摄入这些食物的借口。成年人能够为了身体健康而坚持合理膳食，即使有些食物并不是自己喜欢的口味。例如，我们可能不太喜欢蔬菜，但仍然还是会选择食用。有些成人还会购买蔬菜色拉或多种维生素补充剂，以确保身体获取每天所需的重要维生素和矿物质。但是，对于儿童而言，情况就会大相径庭。他们虽然知道全谷类面食和球芽甘蓝的重要性，但是宁愿挨饿也不会食用父母为他们准备的这些膳食，除非将它们做得符合孩子的胃口或在上面涂上厚厚的一层美味酱料。孩子们都很聪明，饥饿时会选择厨房里储存的各类宣称无麸质、脱脂类的"健康食物"——对于这类食物，如果每份再去掉 25 克的糖分或许可以考虑。

表 10-6 列出了克服障碍因素的 6 条建议，其中 3 条为"合理的计划和时间安排""父母及老师的支持"以及"教育"。这几项建议有助于孩子养成均衡膳食的良好习惯，成为健康食物的倡导者。如今的生活节奏越来越快。忙碌影响着整个家庭，也改变着家中的饮食习惯。结束了一天繁忙的工作之后，父母双方都不愿意为健康膳食的制作和烹饪花费一点时间。比起烤鸡肉、蒸芦笋和番薯，炭烧汉堡包更加方便而美味。在紧张漫长的一天当中，能够享用汉堡的主意看似不错，但实则相反。青少年运动员需要从瘦蛋白和天然的多种维生素（富含纤维和维持生命的抗氧化剂的各种蔬菜）中摄取所需的营养。

那么，我们该如何搭建知行合一的桥梁呢？首先，应当回想一下自己执教的青少年运动员的个体情况。可以向自己提出以下问题：

（1）他或她喜欢吃什么？
（2）他或她需要多吃什么？
（3）他或她过量摄入的是什么？
（4）我们如何像家人一样配合，准备更加健康的膳食餐点，让健康饮食成为首选？

当得出上述问题的正确答案后，接下来就可以更好地为青少年运动员制定营养计划，帮助他们认识到健康饮食的重要性。几年前，我们当时正在执教一群 11 岁的足球运动员。其中一位父亲在训练后与我们交谈了关于他儿子健康膳食的情况。这是一名典型的 11 岁小男孩，他喜欢运动，极富运动能力，但是对于没有涂抹番茄酱的蔬菜或肉类总是表示出抗拒心理。他的父亲竭力让儿子相信健康饮食的重要性，想尽办法想要减少孩子每天碳酸饮料和零食的摄入量，但结果都以失败而告终。问题的根源在于这名男孩既健康又结实。那么，该如何让这样一名外表和自我感觉都很健康的孩子意识到科学饮食的重要性呢？"健康食物可以让身体变得更好"的建议对这类孩子而言似乎缺乏了一点信服力。小男孩根本不愿意改变自己现有的饮食习惯。于是，我们建议那位父亲可以通过一些外在、具体的因素帮助孩子改变。没过多久，那位父亲通过电子邮件告诉了我们后续的情况：他在网络上找到了一段采访视频，受访对象刚好是他儿子最喜欢的欧洲足球运动员，这名球员在采访中谈到了自己赛前、赛后的进餐内容以及自己保持健康的饮食习惯。他欣喜地发现，儿子在看过视频之后很快就认识到了营养对提高运动表现的意义。小男孩认为职业运动员都需要健康饮食，所以他也要和他们一样。与此同时，这位父亲一直向儿子强调重要的一点："你在不合理的饮食情况下，仍然健康并保持运动能力。那么试着想象一下，如果换成营养更加合理、健康的食物为身体补充能量，到时你将会变得有多么健康和出色。"

在对青少年运动员有了充分了解之后，你应该花些时间好好想想他或她需要做出哪些改变，以及如何才能实现这些变化。记住，我们的目标不是完美的饮食而是趋向于完美的过程，我们可以一点一点慢慢地实现。以下是能够对运动员和他们家庭带来帮助的小贴士：

（1）与运动员讨论健康饮食的好处，尤其是在训练期间。讨论充分的营养会让身体更加强壮、让动作更加迅速，而这一切能够提升他们在比赛中的表现。

（2）如果最大的问题是没有充足的时间准备食物，那就务必提前做好计划。每周花一天的时间来准备下一周的膳食。可以事先烹制出大量番茄酱或辣椒酱，分放在小容量的储物罐中存入冰箱冷冻，方便需要食用的时候拿出快速解冻。

（3）要让膳食中同时包含蔬菜和肉类，烧烤是个不错的选择。可以烤一些鸡肉、牛肉或者其他肉类，放在真空包装袋中存入冰箱冷冻。这样，在下班回家需要健康餐食时，就可以直接拿出来解冻后加热。

（4）清晨出门工作前，可以向煲锅中放入瘦肉和一些蔬菜慢炖。烹制方法可以参照食谱书籍。此类书籍有很多种，包含素食类和精肉类食物的各种制作方法。其中，关键的步骤是提前计划，采购原材料。

(5)为青少年运动员准备美味可口的餐点，为他们提供身体必需的脂肪、蛋白质和维生素。在大的玻璃储食罐中，加入等量的新鲜杏仁、腰果、核桃、山核桃、葵花籽以及任何他们喜欢的坚果或籽类。最后再放上一层最喜欢的果脯，如蔓越莓、葡萄干、杏子、苹果、枣子和无花果。除此之外，还可以加巧克力豆或稻子豆增加些甜味。在食品批发店购买所需食材，将他们简单地混合在一起就可以得到什锦果仁。运动员可以装在小容器中随身携带，也可以放在家中食用。许多青少年运动员对坚果过敏（如核桃、杏仁、榛子、腰果、巴西胡桃、开心果等）。在这种情况下，可以用籽类食物代替坚果（如果对籽类不过敏的话），如南瓜籽、芝麻和大麻籽。椰子干和鹰嘴豆干也是不错的替代品，能与多种果脯完美混合。如果想要更丰盛的点心，可以选择撒满生鲜蔬菜的鹰嘴豆泥或鹰嘴豆，其富含大量维生素和植物蛋白、有益健康。父母在为孩子选择过敏食物的替代品时，应当格外当心，避免交叉污染。例如，燕麦确实不含谷蛋白，但如果加工燕麦的工厂同时也加工小麦产品，就有可能会发生交叉污染，而这会危害到对谷蛋白过敏的青少年。过敏食物的替代食品种类很多，因此，一旦确认过敏，就需要寻找可提供相似营养成分的安全替代品。

一、以退为进，赢得食物大战

当面对膳食问题时，几乎没有一名青少年运动员会从垃圾食品的固守者反转变成健康食品的拥趸者。如果你的运动员昨天不喜欢意式番茄酱或者为他烹制的鸡排，那么明天他也同样不会喜欢。当然，我们可以采取很多对策——或者说，失败只是暂时的——你终将赢下这场食物大战。下面为大家提供一些对策与建议：

(1)孩子因为口感单一而不喜欢食用生鲜蔬菜时的对策与建议

可以利用耳濡目染的方式让孩子体验天然食物在身心方面带来的不同感受，你就能最终赢得这场食物大战。

(2)想要在家里烘制健康的披萨饼，而不是订购外卖时的建议与对策

用小麦或全麦面粉揉制披萨面团，同时配以混合各种蔬菜调制的番茄沙

司，的确可以让披萨富含营养。然而，你的孩子或许并不喜欢这类面团的味道，同时也不会在意番茄酱的营养。如果遇到这类情况，可以试着做出如下改变：采购他们喜欢的面粉，但是要涂抹上你自制的沙司酱汁；另外一种选择尤其适用于他们不愿食用自制沙司时，可以采购或制作他们喜欢的沙司，然后将两种沙司混合在一起即可。虽然沙司的味道不能完全变为他们喜爱的口味，但是至少能够将自制的营养沙司酱一同混合进去食用。

（3）当孩子们想吃吮指鸡和炸薯条时的对策与建议

事实上，他们喜欢的是那种盒装吮指鸡，外形和味道都与鸡肉差不多，然而在包装盒的背面却标着13种你甚至无法读出来的化学添加剂。这类食物的替代品可以通过网络或烹饪书籍找到制作方法以自行烹饪。为了让鸡肉更加美味可口，还可以配以一些蛋黄酱或其他调味品，但制作之前应将食品商提供的调料包移除。至于炸薯条，可以将自己采购的马铃薯切条晒干后食用。

（4）孩子们不愿意吃沙拉时的对策与建议

孩子大都喜欢食用凯撒沙拉*，因此，可以采购凯撒调味酱料淋洒在你已经制作好的沙拉之上。除此之外，还可以加入自己烤制的鸡肉或者你想食用的任何蔬菜。

（5）孩子们总想找到饮食捷径并应付就餐的对策与建议

这也是为什么父母总是感觉食物储存室需要添置食物。在饥饿或者到了广告时间的空档时，孩子们通常都会到食品储藏间"扫荡"一番，然后随便抓起视线中的任何食物塞进嘴里。他们不会将冰箱里的苹果拿出来清洗后食用，没有耐心将西瓜切块食用，更不会将胡萝卜削皮后慢慢享用。巧乐兹、蛋白棒或者随便什么甜点才是他们的首选"目标"。遇到这种情况，应当提前清洗好水果和蔬菜，让小家伙们打开冰箱的时候可以吃到这些洁净的食物。另外，将西瓜和香瓜分割切块，便于他们可以轻易地取食。

这看上去好像我们在有意教唆你们的孩子养成不良习惯，但实则不然。我

---

* 凯撒沙拉是一道常见的传统沙拉，其产生的经过是厨师在食材原料不足的情况下，将厨房仅有的一点食材混合制作而成，后得到了食客的认可和赞扬。——译者注

们只是希望父母和教练员能够多一些容忍和耐心,让与孩子们的相处过程变得更加容易和顺畅。留给孩子们一个甄别健康食物的机会,让他们去感受健康食物在身心方面带给他们的变化,而父母和教练员终将会在这场艰苦的"食物"大战中获胜。

所有青少年运动员都应该均衡饮食,包括摄取有益健康的碳水化合物、瘦蛋白质、脂肪、蔬菜、坚果以及籽类食品。青少年运动员在比赛前后的饮食和他们赛前的每日饮食、每周饮食、每月饮食同等重要。健康而又充满活力的强健身体离不开每日良好营养的摄入。

青少年运动员必须摄取天然食物来优化能量、恢复肌肉适应性。运动员只有在充分恢复后,才能变得强健而高效,身体的恢复不仅需要充分的休息,还要充分摄取有利于恢复的天然食物。不要被加工食品所谓的功效蒙骗。应当认真制定自己的饮食计划,选择身体蓄能所必需的各类营养素。在训练和生活中,应当为青少年运动员营造积极向上的运动和生活环境。健康的青少年运动员终将会成长为健康的成年人。

第十一章 | 长期训练计划的制定

长期训练计划的制定

任何参与少儿训练的人员都有必要制定长期训练模型。该模型能够为训练的执行提供基本的指导方略。尽管会发生变化或增加内容，但是基本计划可以避免毫无目的地开展儿童训练，以免训练如无舵之舟随意航行。

从青春期之前至青春期之后阶段的后期，如果想要保证训练科学合理地进阶，就需要一份长期发展模型，它的形式可以简单亦可复杂。本章将介绍11种运动项目的长期训练模型。运动员的教练员可以选择中意的一项进行实践，将其作为参考，根据所执教运动员的实际需求或训练环境进行修改和调整。若所需的运动项目恰好不在本章范围之内，那么可以参照类似的模型自行制定计划。

第一份训练计划针对的是短跑运动员。为了便于读者对训练模型的制定过程有一个清晰的理解，我们将对模型进行详细的解释。年龄（按周岁计算，一般从6岁至运动员成熟期）作标题行。训练阶段、技能习得及身体能力训练作标题列。比赛级别为标题列的最末一项，对应

表 11-1 青少年运动员长期训练模型范例（田径短跑项目）

田径短跑项目			运动员年龄 6 7 8 9 10 11 12 13 14 15 16 17 18 19 20 21 22 25 30 35
训练阶段			运动启蒙阶段（6-10）｜运动能力形成阶段（11-14）｜专项化阶段（15-17）｜高水平运动表现阶段（18-35）
技能习得	技术		基本动作技能 ｜ 技能自动化 ｜ 完善技能
训练	协调性		简单 ｜ 复杂 ｜ 完善
	柔韧性		全身 ｜ 专项 ｜ 保持
	灵敏性		（阴影：11-18）｜ 保持
	速度	直线速度	（阴影：11-22）
		反应时	起跑（6-10）｜（阴影：11-18）｜ 完善
	力量	解剖组织适应	（阴影：11-17）
		功能	（阴影：13-22）
		最大力量	（阴影：15-22）
	耐力	一般耐力	（阴影：9-14）
		无氧耐力	（阴影：13-22）
比赛	趣味赛		（阴影：9-12）
	地区级		（阴影：11-15）
	省级		（阴影：13-17）
	国家级		（阴影：15-22）
	国际级/职业级		（阴影：18-35）

注：本章所列训练模型中的阴影部分表示训练起始年龄至训练结束年龄的范围。

运动员达到每个级别所适合的年龄。

表格中用栏线将不同训练分别罗列，这些训练包括协调性、速度、灵敏性、力量训练及有氧训练等。如果训练项目在表格中被进一步细分列出，则说明它们是该运动项目的关键要素；如果保持空白，则表明技能习得或运动能力在该阶段不是训练重点。例如，在短跑项目的模型中，灵敏性没有在运动能力形成阶段及其以后的栏目中做进一步的细分。由于短跑项目是一项没有变向要求的线性运动，因此灵敏性和快速变向能力对于短跑项目而言并不重要。

表格中"技能习得"所在的一行表示的是技能学习的进程。在我们列举出的各案例模型中，技能习得最终要达到"精湛"的程度。然而，如果没有学习并掌握基本动作技能（6—12岁），之后又未经过对部分或完整技能的反复练习而实现技能动作自动化（12—16岁），那么就不可能达到精湛技能的程度。本书中所指的自动化意为熟练地掌握某项技能并能够在持续高水平的状态下自动执行。

技能的形成并不能一蹴而就——它需要时间并可能贯穿在不同时期。在早期阶段，青少年运动员通常要接触所在运动项目的各种基本动作技能。此时，动作技能表现得较为僵硬。由于儿童常常会不自觉地运用某些与执行特定行为任务无关的肌群，因此他们的动作略显笨拙或者缺乏协调性。根据儿童的经验和协调性的遗传程度，这一过程可能较短也可能长达两年之久。

经过开始几年的技术教学，运动员会逐渐熟悉各种技能，并能够自如地完成。到了技能自动化阶段，运动员可以在任何困难的情况下，以一种非常自然而流畅的状态自动完成该项技能。此时，只要主动肌进行收缩（即负责技能执行的肌群），动作就执行得自如而流畅。

在技能自动化阶段，教练员将着重训练技能执行的精湛程度。作为精通某项运动的标志，完善技能指的是极其完美和最高效地快速完成各种高难度技能。

关于战术技能的习得，尤其是集体类项目，同样需要一定的时间，因为这类技能要求在一定的过程中执行。当运动员能够完成一些基本技能之后，他们就可以逐渐接触一些简单的个人战术。这些战术技能通常与运动员场上司职的位置相关，也就是说孩子必须学习并掌握某个项目中特定位置的相关战术。

一旦儿童熟悉了特定位置所要求的战术技能之后，就可以进入到下一个阶段。此时，教练员将教授运动员如何把个人战术融入于团队协作之中。由于团队战术将依据对手的战略实施情况而进行改变，因此团队战术的执行要求具有灵活性。青少年运动员应当根据比赛特点和环境，如天气、风向、气温等，调整自身的各项技能。

我们建议所有教练员应当在训练的早期就让运动员们接受不同位置的训练。运动员在其他位置表现得越好，就越有利于之后切换到到自己心仪的场上位置。此外，谁都无法在早期就断定运动员的最佳位置倾向于进攻还是防守。只有到了青少年后期（10岁以后）的专项化训练阶段，才能够将运动员在比赛中表现最为高效的具体位置逐渐固定下来。

本章案例表格的大部分内容主要供身体训练时参考所用。其中，第一项为身体训练中的协调性训练，该训练从简单技能开始逐渐进阶到更加复杂的技能训练，并贯穿整个青春期中段，最终让运动表现达到尽可能完美的程度。

身体训练的第二项是柔韧性训练。儿童应当利用接触运动的早期阶段（6—14岁）发展全身关节的最佳柔韧性。在14—18岁期间，运动员们应当重点发展专项柔韧性，但是仍然需要保持全身的柔韧性。经过前面的柔韧性训练，运动员在18岁之后只需利用一些时间的练习将已经达到的柔韧水平保持下去即可。通常来说，保持柔韧性水平的训练总会比提升柔韧性的训练更加容易一些。

对于灵敏性训练，其重点是在青春期和青春期之后阶段提升灵敏表现，然后继续保持。儿童可以通过一些专门的练习和训练发展灵敏性，当然也可以直接通过重复一些运动专项练习提升灵敏表现。另外，反复那些可以提高速度和爆发力的练习与训练同样也能够发展灵敏性。

短跑项目的速度训练包括两大要素：线性加速度（即直线速度）和起跑。运动员在起跑后会立刻进入线性加速过程，在40—60米处达到最大瞬时速度。80米之后，保持高速跑的能力取决于速度耐力的训练效果（请参考第五章关于速度训练的论述）。良好的起跑技术是必须学习和掌握的内容，它取决于运动员的反应时间。良好的起跑技术来自于不断地学习和训练，另一方面，力量训练应当遵循青春期之前阶段的建议，从重复非正式形式的简单练习开始，然后随着年龄的增长逐渐进行解剖组织适应训练（10—18岁）、肌肉耐力训练、功率训练，最后进行最大力量需训练。这种安排力量训练的次序遵循了从低负荷到大负荷的进阶原则；最大负荷的训练旨在为最大力量（18岁以后）训练做好准备。当青少年运动员开始接受大负荷训练时，他已经积累了 8 年较低负荷的训练。这一良好的长期适应进阶方式，能够保证运动员远离运动损伤。

耐力训练同样应当遵循长期进阶方式，从一般耐力训练到有氧训练，再到无氧训练。对于任何运动员而言，尤其是青少年运动员，无氧训练都是一种最耗费体力的训练类型。

最后，任何参与青少年运动员训练过程的人士都应该意识到比赛也要按照循序渐进地方式组织和推进。对于喜爱运动的儿童来说，他们是否需要经常竞争对抗或者在高压下参赛比赛并不重要。10 岁时赢得比赛的胜利并不能代表他在成年后可以同样在比赛中获胜。与之相反，早期让儿童参与比赛的目的应该只有一个——享受与乐趣！随着儿童年龄的增长，他们将具有更加出色的表现并且能够更好的完成训练，可以逐渐参加区县级、省级甚至国家级的比赛。毫无疑问，那些接受长期训练计划的运动员将在比赛中脱颖而出，甚至可以踏上世界的舞台或在职业赛事中一展风采。

第一节　专项运动中的主要供能系统与身体机能

在为运动员制定长期训练计划之前，必须认真考虑主要的供能系统和各供能系统所占的比例，以及项目要求运动员应当具备的身体机能。这些重要信息对于长期计划的制定至关重要，尤其有利于运动能力从运动启蒙阶段到高水平运动表现阶段的进阶发展。

首先，对身体的主要供能系统进行快速的回顾。肌肉收缩及动作的产生必须在三磷酸腺苷（Adenosine Triphosphate，简称 ATP，是生物体内最直接的能量来源）的参与下进行。人体主要通过三大系统生成并补充能量：

（1）三磷酸腺苷—磷酸肌酸系统；

（2）无氧糖酵解系统或乳酸供能系统；

（3）有氧氧化系统。

事实上，我们并不能随意启动或中断上述任何一个供能系统的运行，这三大系统时刻都在不停地工作。但是，运动员所进行的活动类型能够决定以何种系统供能为主导，执行或协助人体动作的完成。

磷酸肌酸系统供能的速度最快。该系统并不依赖于人体内所储存的碳水化合物或脂肪来供能，它仅需要已储存在肌肉和磷酸肌酸中的少量能量即可。磷酸肌酸系统主要为短距离的爆发性动作提供能量，持续供能的时间不超过 12 秒。该系统在诸如短跑、铅球、掷标枪等爆发性运动项目的供能中占主导地位。同时它在足球和曲棍球运动中也同样发挥作用；虽然这两项运动都需要强大的有氧训练基础，但磷酸肌酸系统能够提供快速的瞬间爆发力量。该供能系统具有无氧系统的特征（即供能过程中无需氧气的参与）。

无氧供能系统，即无氧糖酵解或乳酸供能系统，能持续供能 30 秒至最久的 2 分钟。该系统运用储存在肌肉中的碳水化合物（即糖原）和血糖生产 ATP。其供能速度虽不及磷酸肌酸系统，但它具备更强的能量生成能力。随着无氧糖酵解系统的运行负担加剧，机体对 ATP 的需求程度增加，运动员将明显感觉到动作速度减缓、疲劳感加强、参与运动的肌群出现灼烧感。这类灼烧感的产生是由肌肉中乳酸堆积引起的，这也是为什么将该系统被称之为乳酸供能系统的原因。

第三大供能系统，即有氧供能系统，其供能速度缓慢但所提供的能量多于其他两个系统，总量几乎是无氧供能系统的 18 倍之多。该系统供能的方式主要通过分解碳水化合物和脂肪，因此能量生成的过程较为缓慢但是持续时间更加长久。该系统能够为 2 分钟至多个小时的活动提供能量。

表 11-2 提供了三大供能系统概况，包括供能速度和能力。

表 11-2 运动过程中供能系统情况

供能系统	ATP 生成效率	ATP 生成能力	燃料物质
磷酸肌酸供能	非常高	很低	磷酸肌酸、肌肉中的 ATP
无氧糖酵解供能	高	低	血糖、肝脏和肌肉中的葡萄糖（糖原）
有氧氧化供能	低	高	血糖、肝脏和肌肉中的葡萄糖、脂肪

注：ATP 即三磷酸腺苷（Adenosine Triphosphate）。

正如之前所述，三大供能系统始终都在运转。但是，根据活动或动作的需求，其中某个系统将会发挥主要作用。比如，教练员要求运动员完成足球场长度的冲刺跑，直到疲惫不堪才能停下。当教练员吹响开始的哨音后，运动员在出发后的前10秒中全力摆动他的手臂和双腿，这一过程由磷酸肌酸供能系统为主导；之后，他将感到双腿十分沉重，手脚摆动时的力量明显下降，这时运动员主要依靠无氧糖酵解供能系统为自己供能；最后，他的双腿沉重到无法继续向前，灼烧感愈发强烈，他不得不开始深呼吸进行慢跑或步行，这时有氧氧化供能系统发挥主要作用。这个案例说明了这三大供能系统在运动中的作用，而运动类型才是决定何种系统发挥主要作用的要因。

这些内容这之所以重要是因为涉及供能系统的信息有时很多也很专业，尤其在涉及能量代谢的复杂细节时。对于教练员和家长来说，了解运动过程中发挥主导作用的供能系统以及详细制定能够挖掘运动员潜能和适应性需求的渐进计划尤为重要。在明确供能系统机制的基础上，就可以通过持续累积的训练课不断挑战神经、肌肉、能量和内分泌系统，让运动员变得更加强壮，远离疲劳。训练的唯一目的是让机体产生应激或者适应，帮助运动员们跑得更快和更加持久，跳跃得更高，投掷得更远，延迟疲劳感。当运动员进行无氧供能系统训练（磷酸肌酸系统和无氧糖酵解系统）后，体内将储存大量三磷酸腺苷和磷酸肌酸，用于供能的酶含量出现上升，减缓乳酸堆积的缓冲能力得到加强。这种结果并非短时内就可获得，它需要长期循序渐进的训练积累。这种情况同样也适用于有氧供能系统，该系统能够分解大量碳水化合物和脂肪为身体蓄能，同时有助于改善毛细血管和线粒体的密度，这些变化都有助于更加高效的利用能量。值得称道的是，我们人体总是以高度统一的整体工作，因此运动员在按照与项目需求相对应的供能系统比例进行训练时，机体内的所有重要系统——神经肌肉系统、内分泌系统以及新陈代谢系统，都会同样适应训练负荷。接下来，就请为你的训练制定计划吧，并按照计划执行训练。

为了能够更好地制定长期训练计划，我们将对一些项目的具体信息进行列举，包括主要供能系统、主要身体机能、供能物质以及项目制胜所必需的其他所有信息。另外，我们将继续使用专项供能比一词表示有氧系统供能与无氧系统供能的比例。

一、棒球、垒球、板球

- 专项供能比：95%磷酸肌酸供能，5%无氧糖酵解供能
- 供能物质：磷酸肌酸、糖原
- 主要身体机能：非乳酸和乳酸耐受力、投掷功率、加速功率以及反应功率

二、篮球

- 专项供能比：60%磷酸肌酸供能，20%无氧糖酵解供能，20%有氧氧化供能
- 供能物质：磷酸肌酸、糖原
- 训练目标：非乳酸和乳酸耐受力、起跳功率、加速功率、爆发力、最大力量

三、自行车公路赛

- 专项供能比：5%无氧糖酵解供能，95%有氧氧化供能
- 供能物质：糖原、游离脂肪酸
- 训练目的：有氧耐力、肌肉耐力、加速功率

四、美式橄榄球

锋卫

- 专项供能比：70%磷酸肌酸供能，30%无氧糖酵解供能
- 供能物质：磷酸肌酸、糖原
- 训练目标：非乳酸和乳酸耐受力、最大力量、肌肉增长、起跑功率、反应功率

外接手、后卫、中卫

- 专项供能比：60%磷酸肌酸供能，30%无氧糖酵解供能，10%有氧氧化

供能（堆积）
- 供能物质：磷酸肌酸、糖原
- 训练目标：非乳酸和乳酸耐受力、加速功率、反应功率、起跑功率、最大力量

五、冰球

- 专项供能比：10% 磷酸肌酸供能，40% 无氧糖酵解供能，50% 有氧氧化供能
- 供能物质：磷酸肌酸、糖原
- 训练目标：磷酸肌酸供能和乳酸耐受力、有氧耐力、最大力量、加速功率、减速功率

六、花样滑冰

- 专项供能比：40% 磷酸肌酸供能，40% 无氧糖酵解供能，20% 有氧氧化供能
- 供能物质：磷酸肌酸、糖原
- 训练目标：非乳酸和乳酸耐受力、起跳功率、落地功率、最大力量

七、武术

- 专项供能比：50% 磷酸肌酸供能，30% 无氧糖酵解供能，20% 有氧氧化供能
- 供能物质：磷酸肌酸、糖原
- 训练目标：非乳酸和乳酸耐受力、起跑功率、反应功率、最大力量、功率耐力

八、球拍类运动（网球、羽毛球、英式壁球、美式壁球）

- 专项供能比：50% 磷酸肌酸供能，30% 无氧糖酵解供能，20% 有氧氧化供能

- 供能物质：磷酸肌酸、糖原
- 训练目标：非乳酸和乳酸耐受力、反应功率、加速功率、减速功率、功率耐力

九、赛艇运动

- 专项供能比：20% 无氧糖酵解供能，80% 有氧氧化供能
- 供能物质：磷酸肌酸、糖原
- 训练目标：有氧耐力、乳酸耐受力、肌肉耐力、功率、最大力量

十、滑雪

高山滑雪

- 专项供能比：40% 磷酸肌酸供能，50% 无氧糖酵解供能，10% 有氧氧化供能
- 供能物质：磷酸肌酸、糖原
- 训练目标：最大力量、反应功率、功率耐力

越野滑雪和冬季两项

- 专项供能比：5% 无氧糖酵解供能，95% 有氧氧化供能
- 供能物质：磷酸肌酸、糖原
- 训练目标：有氧耐力、乳酸耐受力、肌肉耐力、功率耐力

十一、足球

- 专项供能比：15% 磷酸肌酸供能，15% 无氧糖酵解供能，70% 有氧氧化供能
- 供能物质：磷酸肌酸、糖原
- 训练目标：非乳酸和乳酸耐受力、有氧耐力、加速功率、减速功率、功率耐力、起跳功率、最大力量（大于80%）

十二、游泳

短距离

- 专项供能比：25%磷酸肌酸供能，50%无氧糖酵解供能，25%有氧氧化供能（100米）
- 供能物质：磷酸肌酸、糖原
- 训练目标：非乳酸和乳酸耐受力、功率、功率耐力、最大力量、有氧耐力

长距离

- 专项供能比：10%磷酸肌酸供能，30%无氧糖酵解供能，60%有氧氧化供能
- 供能物质：糖原、游离脂肪酸
- 训练目标：有氧耐力、无氧耐力、肌肉耐力、功率耐力

十三、田径项目

短跑

- 专项供能比：80%磷酸肌酸供能，20%无氧糖酵解供能
- 供能物质：磷酸肌酸
- 训练目标：非乳酸和乳酸耐受力、起跑功率、反应功率、加速功率、最大力量、功率耐力

投掷项目

- 专项供能比：95%磷酸肌酸供能，5%无氧糖酵解供能
- 供能物质：磷酸肌酸
- 训练目标：投掷功能、反应功率、最大力量

中长跑

- 专项供能比：20%磷酸肌酸供能，30%无氧糖酵解供能，50%有氧氧化

供能
- 供能物质：磷酸肌酸、糖原
- 训练目标：非乳酸和乳酸耐受力、有氧耐力、加速功率、功率耐力

长跑
- 专项供能比（10 000 米项目）：5% 磷酸肌酸供能，15% 无氧糖酵解供能，80% 有氧氧化供能
- 供能物质：糖原、游离脂肪酸
- 训练目标：有氧耐力、乳酸耐受力、肌肉耐力

十四、排球
- 专项供能比：40% 磷酸肌酸供能，20% 无氧糖酵解供能，40% 有氧氧化供能
- 供能物质：磷酸肌酸、糖原
- 训练目标：非乳酸和乳酸耐受力、功率、功率耐力、最大力量

第二节　不同项目的长期训练模型

任何针对青少年运动员的训练计划都必须从较小的年龄开始，逐渐从运动启蒙阶段发展到高水平运动表现阶段。本书推荐的训练模型将有助于建立长期视角，免于训练计划制定者陷入对短期结果追逐的功利困境，或是受到高水平运动员训练计划的影响。你的运动员还只是个孩子！青春期之后才是他们创造高水平运动表现的最佳时段。随着他们年龄的不断增长，我们应该以循序渐进的方式耐心地帮助他们发展各种必要的运动能力。下面推荐的模型就是要帮助他们从儿童阶段向高水平运动表现阶段不断地取得进步，这是一个长期发展的过程。

一、田径（短距离项目）长期训练模型

表 11-3 青少年运动员长期训练模型（田径短距离项目）

田径短距离项目			运动员年龄																			
			6	7	8	9	10	11	12	13	14	15	16	17	18	19	20	21	22	25	30	35
训练阶段			运动启蒙阶段				运动能力形成阶段					专项化阶段			高水平运动表现阶段							
技能习得	技术		基本动作技能							技能自动化					完善技能							
训练	协调性		简单							复杂			完善									
	柔韧性		全身									专项			保持							
	灵敏性						■	■	■	■	■	■	■	■	■	保持						
	速度	直线速度					■	■	■	■	■	■	■	■	■	■	■	■	■			
		反应时	起跑													完善						
	力量	解剖组织适应					■	■	■	■	■	■	■	■								
		功率								■	■	■	■	■	■	■	■	■	■			
		最大力量										■	■	■	■	■	■	■	■			
	耐力	一般耐力				■	■	■	■	■												
		无氧耐力									■	■	■	■	■	■	■	■	■			
比赛	趣味赛					■	■	■	■													
	地区级							■	■	■	■											
	州/省级									■	■	■	■	■								
	国家级											■	■	■	■	■	■	■	■	■		
	国际级/职业级														■	■	■	■	■	■	■	■

二、棒球长期训练模型

表 11-4 青少年运动员长期训练模型（棒球项目）

棒球		运动员年龄 6 7 8 9 10 11 12 13 14 15 16 17 18 19 20 21 22 25 30 35
训练阶段		运动启蒙阶段 / 运动能力形成阶段 / 专项化阶段 / 高水平运动表现阶段
技能习得	技术	基本动作技能 / 场上及比赛司职位置 / 场上及比赛司职位置
	战术	简单比赛策略 / 比赛策略 / 位置及比赛策略
训练	协调性	简单 / 复杂 / 完善
	柔韧性	全身 / 专项 / 保持
	灵敏性	（发展）/ 保持
	速度-直线速度	
	速度-转身/变向	
	速度-反应时	
	力量-解剖组织适应	
	力量-功率	
	力量-最大力量	
	耐力-一般耐力	
	耐力-无氧耐力	
比赛	趣味赛	
	地区级	
	州/省级	
	国家级	
	国际级/职业级	

三、篮球长期训练模型

表 11-5　青少年运动员长期训练模型（篮球项目）

篮球		运动员年龄				
		6　7　8　9　10　11	12　13　14　15	16　17　18	19　20　21　22　25　30　35	
训练阶段		运动启蒙阶段	运动能力形成阶段	专项化阶段	高水平运动表现阶段	
技能习得	技术	基本动作技能		技能自动化	完善技能	
	战术	简单个人战术		基本团队战术	完善	
训练	协调性	简单		复杂	完善	
	柔韧性	全身		专项	保持	
	灵敏性				保持	
	速度	直线速度				
		转身/变向				
		反应时				
	力量	解剖组织适应				
		肌肉耐力				
		功率				
		最大力量				
	耐力	一般耐力				
		有氧耐力				
		无氧耐力				
比赛	趣味赛					
	地区级					
	州/省级					
	国家级					
	国际级/职业级					

四、橄榄球长期训练模型

表 11-6　青少年运动员长期训练模型（橄榄球项目）

橄榄球		运动员年龄					
		6 7 8 9 10 11 12	13 14 15	16 17 18	19 20 21 22	25 30 35	
训练阶段		运动启蒙阶段	小场地训练	高中训练	专项化阶段	高水平运动表现阶段	
技能习得	技术		基本动作技能	技能自动化	完善比赛专项技能		
	战术		简单规则	比赛策略	位置及比赛策略		
训练	协调性	简单		复杂	完善		
	柔韧性	全身			专项	保持	
	灵敏性						
	速度	直线速度					
		转身/变向					
		反应时					
	力量	解剖组织适应					
		功率					
		最大力量					
	耐力	一般耐力					
		有氧耐力					
		无氧耐力					
比赛	趣味赛						
	地区级						
	州/省级						
	国家级						
	国际级/职业级						

五、女子体操长期训练模型

表 11-7　青少年运动员长期训练模型（女子体操项目）

女子体操			运动员年龄 6 7 8 9 10 11 12 13 14 15 16 17 18 19 20				
训练阶段			运动启蒙阶段	运动能力形成阶段	专项化阶段	高水平运动表现阶段	
技能习得		技术	技能形成	技能自动化	完善技能		
训练		协调性	简单	复杂		完善	
		柔韧性	全身	肩关节与髋关节	保持		
		灵敏性				保持	
	速度	直线速度					
	力量	解剖组织适应					
		功率					
		最大力量					
	耐力	无氧耐力					
比赛		趣味赛					
		地区级					
		州/省级					
		国家级					
		国家级/职业级					

六、冰壶长期训练模型

表 11-8　青少年运动员长期训练模型（冰壶项目）

冰壶		运动员年龄 6 7 8 9 10 11 12 13 14 15 16 17 18 19 20 21 22 25 30 35
训练阶段		运动启蒙阶段（6-13）｜运动能力形成阶段（14-16）｜专项化阶段（17-18）｜高水平运动表现阶段（19-35）
技能习得	技术	基础技能 ｜ 技能自动化 ｜ 完善技能
	战术	简单个人战术 ｜ 团队战术 ｜ 场上位置战术
训练	协调性	简单 ｜ 复杂 ｜ 完善
	柔韧性	全身 ｜ 专项 ｜ 保持
	灵敏性	（持续训练）
	速度-直线速度	（持续训练）
	速度-转身/变向	（持续训练）
	速度-反应时	（持续训练）
	力量-解剖组织适应	（持续训练）
	力量-功率	（持续训练）
	力量-最大力量	（持续训练）
	耐力-一般耐力	（持续训练）
	耐力-有氧耐力	（持续训练）
	耐力-无氧耐力	（持续训练）
比赛	趣味赛	
	地区级	
	州/省级	
	国家级	
	国家级/职业级	

七、足球长期训练模型

表 11-9　青少年运动员长期训练模型（足球项目）

足球			运动员年龄														
			6	7	8	9	10	11	12	13	14	15	16	17	18	19	20	21	22	25	30	35
训练阶段			小场地足球					初学阶段			低级别阶段			高水平运动表现阶段					
技能习得	技术		基本功							技能自动化			完善技能					
	战术		简单规则							团队战术			场上位置战术					
	协调性		简单							复杂			完善					
	柔韧性		全身							专项柔韧性			保持					
训练		灵敏性															
	速度	直线速度															
		转身/变向															
		反应时															
	力量	解剖组织适应															
		肌肉耐力															
		功率															
		最大力量															
	耐力	一般耐力															
		有氧耐力															
		无氧耐力															
比赛	趣味赛																
	地区级																
	州/省级																
	国家级																
	国家级/职业级																

八、游泳长期训练模型

表 11-10　青少年运动员长期训练模型（游泳项目）

游泳			运动员年龄																	
			6	7	8	9	10	11	12	13	14	15	16	17	18	19	20	21	22
训练阶段			运动启蒙阶段						运动能力形成阶段			专项化阶段			高水平运动表现阶段				
技能习得	技术		基本动作技能						技能自动化			完善技能							
	战术								出发战术			分段战术							
训练	协调性		简单						复杂			完善							
	柔韧性		全身						专项柔韧性			保持							
	灵敏性							■	■	■	■	■	■	■	■	■	■	■	■
	速度	直线速度					■	■	■	■	■								
		转身/变向							■	■	■	■	■	■	■	■	■	■	■
		反应时							出发			完善							
	力量	解剖组织适应						■	■	■	■								
		肌肉耐力								■	■	■	■	■	■	■	■	■	■
		功率										■	■	■	■	■	■	■	■
		最大力量											■	■	■	■	■	■	■
	耐力	一般耐力				■	■	■	■	■	■	■	■	■	■	■	■	■	■
		有氧耐力						■	■	■	■	■	■	■	■	■	■	■	■
		无氧耐力									■	■	■	■	■	■	■	■	■
比赛	趣味赛								■	■	■								
	地区级									■	■	■	■	■	■	■	■	■	■
	州/省级											■	■	■	■	■	■	■	■
	国家级												■	■	■	■	■	■	■
	国家级/职业级														■	■	■	■	■

九、网球长期训练模型

表 11-11　青少年运动员长期训练模型（网球项目）

网球		运动员年龄															
		6	7	8	9	10	11	12	13	14	15	16	17	18	19	20	21　22　25　30　35
	训练阶段	运动启蒙阶段						运动能力形成阶段			专项化阶段			高水平运动表现阶段			
技能习得	技术	基本动作技能									技能自动化			完善技能			
	战术	简单									比赛战术			完善			
训练	协调性	简单									复杂			完善			
	柔韧性	全身									专项			保持			
	灵敏性																
	速度-直线速度																
	速度-转身/变向																
	速度-反应时																
	力量-解剖组织适应																
	力量-肌肉耐力																
	力量-功率																
	力量-最大力量																
	耐力-一般耐力																
	耐力-有氧耐力																
	耐力-无氧耐力																
比赛	趣味赛																
	地区级																
	州/省级																
	国家级																
	国家级/职业级																

十、田径（投掷、跳跃项目）长期训练模型

表 11-12　青少年运动员长期训练模型（田径投掷、跳跃项目）

田径（投掷、跳跃项目）			运动员年龄			
			6　7　8　9　10	11　12　13　14	15　16　17	18　19　20　21　22　25　30　35
训练阶段			运动启蒙阶段	运动能力形成阶段	专项化阶段	高水平运动表现阶段
技能习得	技术		基本动作技能：跑、跳、投	技能自动化		完善技能
	战术		简单	复杂		完善
训练	协调性		简单	复杂		完善
	柔韧性		全身		专项	保持
	灵敏性		■■■■■	■■■■	■■■	保持
	速度	直线速度		■■■■	■■■	■■■■■■■■
		反应时		■■■■	■■■	■■■■■■■■
	力量	解剖组织适应		■■■■	■■■	■■■■■■■■
		功率		■■■■	■■■	■■■■■■■■
		最大力量		■■■■	■■■	■■■■■■■■
	耐力	一般耐力		■■■■	■■■	■■■■■■■■
		无氧耐力		■■■■	■■■	■■■■■■■■
比赛	趣味赛		■■■■■			
	地区级		■■■■■	■■■■		
	州/省级			■■■■	■■■	■■■■■■■■
	国家级				■■■	■■■■■■■■
	国家级/职业级				■■■	■■■■■■■■

十一、排球长期训练模型

表11-13 青少年运动员长期训练模型（排球项目）

排球		运动员年龄 6 7 8 9 10 11 12 13 14 15 16 17 18 19 20 21 22 25 30 35			
训练阶段		运动启蒙阶段	运动能力形成阶段	专项化阶段	高水平运动表现阶段
技能习得	技术		基本动作技能	技能自动化	完善技能
	战术		简单个人战术	基本团队战术	完善
训练	协调性	简单		复杂	完善
	柔韧性	全身		专项柔韧性	保持
	灵敏性				
	速度 - 直线速度				
	速度 - 转身/变向				
	速度 - 反应时				
	力量 - 解剖组织适应				
	力量 - 肌肉耐力				
	力量 - 功率				
	力量 - 最大力量				
	耐力 - 一般耐力				
	耐力 - 有氧耐力				
	耐力 - 无氧耐力				
比赛	趣味赛				
	地区级				
	省级				
	国家级				
	国家级/职业级				

第十二章 | 训练误区及儿童

训练误区及儿童

尽管当前的训练方法仍有待完善，但是绝大部分运动项目的体能训练并非新奇之物。一些教练员虽然对训练的时机、训练的负荷以及采取何种训练设备心存疑惑，不过古代奥林匹克运动员也没有思考过如此之多的问题。他们只是通过举起沉重的石头来提升力量，从而获得更好的竞技表现。

19世纪末，体能训练在田径、体操和赛艇项目中成为了非常重要的一部分。长距离跑、哑铃以及实心球成为提升耐力和力量的普遍方法。

当教练员从短跑、跳高以及投掷等田径项目借鉴而来的训练方法被应用在集体类项目后，运动员的肢体能力开始得到了提升。到了20世纪初，实心球和哑铃练习开始被人们采用。1948年，东欧运动员开始参加国际赛事，他们利用大量健身练习对抗西方国家的技术优势。20世纪50年代初，奥林匹克举重中的练习方法开始出现。1954年，罗马尼亚人第一次使用橡胶绳训练赛艇、独木舟以及皮划艇项目所需的肌肉耐力。

之后，一些体育器材公司开始意识到可以通过推销各种训练设备来拓展商路。20世纪80年代，很多最初效果不甚理想的训练设备和器材开始大规模涌入市场。每家公司都声称使用自己的训练器械能极大提高竞技表现。有些训练器械甚至可以在线购买，它们几乎遍布北美绝大多数的训练场所。

将新器材、新设备用于提升运动员速度和力量表现无可厚非，但是让儿童也使用这些器材就是另一回事了。儿童真的需要使用阻力训练伞来提升速度，或者在稳定球（瑞士球）上通过哑铃胸部推举来提升核心力量吗？让他们练习俯卧撑、引体向上或者发展控制身体所需的力量难道不是更好的选择么？这才是练习核心力量的有效方式，而不仅仅是在一个球上进行哑铃推举！虽然在特定的时间、特定的地点的确需要稳定球，尤其是在训练过程中的解剖组织适应阶段。然而，这类器材与其说对运动员备战比赛或者增强年轻运动员身体力量有效，倒不如说对健身更加实用。

尽管当前诸如使用阻力训练伞或者通过稳定球提升核心力量等新颖的练习方法存在一定的训练误区，但是其支持者并没有意识他们的推广理念通常基于愚昧无知或者对体育科学的重大误解。环顾一下这些器材的支持者，我们不禁怀疑，他们乐此不疲的热情到底出于不诚实还是真的无知。他们是在寻求自我推销以及丰厚的利润回报，还是仅仅因为缺乏对生物力学和运动训练学基础知识的认知？

我们并不是要完全责备这些器材的生产商。毕竟他们只是想在竞争激烈的市场上求得生存。但是接受过高等教育的人士以及参加过生物力学和运动训练学课程的教练员理应对这些器材效果的优劣有着更为清晰的认识。

这也是我们以专业视角指出一些训练理念谬误的同时分享另一些训练理念可取之处的初衷。我们坚信，在帮助教练员甄别训练器材效果的道路上，我们并非孤军奋战。当然，我们提供帮助的目标群体并非那些拥有丰富经验的教练员，因为他们完全可以运用已有的知识体系防御很多谬误的"侵袭"。新晋的私人教练员、青少年教练员、家长以及高校毕业生才是我们重点关注的人群，因为他们更容易轻信新颖却毫无效果的训练器材的推销员。儿童需要学会移动自己的身体，并逐渐适应针对主动肌的训练。这就意味着应当遵循周期训练理念，把身体当作最主要的器材，比如自身负重练习。之后，随着运动员的身体逐渐发育成熟，再将实心球和自由力量训练等借助外部负荷的练习增加到训练计划当中。当身体在自然的身体动作下，被迫跑得更快、跳得更高、举得更重时，核心肌群就会获得更大强度的刺激。因此，青少年训练根本无需新颖花哨的器材，练习内容以及方法围绕主动肌展开即可。下面是由此引发的两点思考原则：

（1）原则一：不要一味追求新颖的方法和器材，只有适合项目需求的才是正确的选择。

（2）原则二：根据项目特征，只选择能够明确发展主动肌表现的训练器材和设备。

第一节　练习与适应

对于许多训练指导人士和教练员而言，研讨会是其接触新理念的良好媒介。但是在很多情况下，报告者通常都会推介一些新的练习方法，似乎每种方法都可以取得较为惊人的实质效果。然而，他们很少将解剖组织适应性和神经肌肉适应性作为提升运动表现的基本要素。我们应当记住，运动表现的提升主要依靠训练方法以及高级生理学原则的应用，而非一定来自于前沿的新型练习。那些热衷于练习方法和新式训练器材的人士应当时刻记住选择练习的主要原则。

（1）应当针对主动肌（即执行各项技能的肌群）的发展确定练习方式，这才是训练的基本要义，并非你使用的训练器材。因此，应当选择能够发展专项肌群的练习方式和器材。

（2）应当根据不同的训练阶段选择训练方式。因为每个阶段都有着不同的目标，例如发展力量与发展速度之间的差异，练习方法必须要迎合身体素质训练的要求。

（3）应当根据专项或者训练阶段中的主要供能系统，选择练习内容和训方法。

合理地选择练习方法非常重要。但是要切记，只有当一项练习能够发展你的主动肌时，它才具有必要性。反复纠结于如何完成仰卧推举或是选择训练凳还是稳定球，无异于浪费时间。就训练而言，仰卧推举练习在何种支撑平面上完成并不重要。进行该项练习的基本目标是在整个动作范围之内产生一个持续的加速度。仰卧推举开始时，快肌纤维得到募集以抵抗惯性和杠铃的重量。随着将杠铃向上推起，需要尽可能产生最大加速度。在这种情况下，同一部位的快肌纤维收缩速率会显著增加。因此，在动作接近结束时与推举动作结束时的情况应一致——达到最大程度的加速，例如一些项目中释放球或其挥动器材时的动作便是如此。

在运动员追求运动能力与体能提升的过程中，解剖组织适应——尤其是生理适应——是人体必须做出调整的部分。因此，选择何种训练方法才是达成这种适应性的基本要素，而不是练习本身。

总之，如果想要提高运动员的潜能，那么就应该掌握更多的训练科学、训练方法及方法论知识。本章我们主要讨论八种常见的训练误区，同时对市场上不同训练产品的有效性进行简要地评述。尽管其中的一些产品的确会产生一些细微的效果，但大多数产品——尤其是旨在提高速度或者功率的产品——并不可靠。在有些情况下，例如在使用阻力训练伞时，可能会对你的运动能力产生负面影响，尽管他们宣称这种方法有利于提升速度表现。

第二节 误区一：平衡能力训练

自20世纪50年代以来，有种理论认为（但是未曾获得证实）平衡性训练是运动员获得优异比赛成绩所必需的能力之一。在1960年之后的很短时间内，东欧国家就已经结束了关于平衡性训练是否能够对运动表现产生影响的测试，平衡性训练没有作为训练的独立部分再被提及。然而，20世纪90年代末以来，美国的运动器材生产商开始推销各种平衡板、平衡球（BOSU球）以及摇板等，并且宣称这些器材能够对运动表现产生积极的效果。

我们经常会看到10—12岁的儿童站在平衡摇板上练习接住投掷过来的实心球。这种练习的目的旨在提升平衡能力。事实上，当儿童参加各种体育活动并进行各种动作模式时，平衡性自然会得到提升。也许一些训练师和教练员会提出，运动员在平衡球上训练之后，能够获得更好的平衡能力表现。因为神经系统具有较强的适应力，因此得到这样的训练效果并不出意外。然而，在比赛时，运动员是否真的可以将这种平衡能力延续到稳定的环境之中（比如操场或者地板）呢？答案是否定的。之前的一些假设认为，在不平衡的表面训练能够在更大程度上激活核心，但事实上，这种观点已被证明是错误的[1]，而这种训练能极大提升力量的观点也已经被证明是一个伪命题[2]。在实际训练中，使用实心球进行功率训练的效果会更好。我们曾经目睹过一名青少年高尔夫球手站立在稳定球上进行深蹲练习。这种训练不仅会大大增加受伤的概率，而且练习的收效甚微。当教练员询问要运动员从稳定球上下来练习深蹲的具体原因时，我们的解释非常简单——"除非高尔夫项目要求站在稳定球上完成比赛，不然之前的这种练习就是在浪费时间"。我们的初衷只是希望通过对教练员和运动员的教育，帮助他们能够合理地利用时间。

在运动和健身过程中进行平衡训练的重要性更多的是一种没有根据的猜测。当然，在高山滑雪和女子体操平衡木项目中，平衡性训练具有重要的作用。

女子体操项目中的平衡木只有10厘米宽，它要求运动员在保持良好平衡能力的前提下完成既定的动作套路。发展运动员保持良好平衡能力的训练具有极强的专项性，每天都需进行1—2小时特定技能的重复练习。体操教练员通过多年的观察发现，有些体操运动员先天具有良好的平衡能力。因此，体操界一直都在沿用天赋选择的方法。那些缺乏天生平衡能力的体操运动员最终将从精英运动员的群体中落选出局。

但是，你是否见过体操教练员将平衡球用于提升平衡木项目所需的平衡性？肯定没有！任何借助平衡木之外的平衡性练习方法，都不会被体操教练员所采纳。一些宣称可以提升平衡表现的器材根本就不会出现在体操项目的训练场之内。

滑雪项目中的平衡能力也非常重要，尤其是在障碍滑雪或者高山速降过程中进行的弯道动作。教练员都非常清楚滑雪过程中的跌倒是因为滑雪板负载不当造成的。简单的生物力学就能够对此加以解释：在下降过程中，滑雪者腿部施加在滑雪板的作用力（即负载）角度应当大于垂直角度才能确保不会跌倒；而在爬坡时，腿部施加在滑雪板的作用力角度越接近于坡面的切线角度，滑雪者就越容易摔倒。因此，无论你在摇板上训练过多少次，上述情况都会发生。

　　滑雪中的平衡问题可以在滑行过程中练习正确的施力方式加以解决，而不是在陆地进行平衡训练。因此，平衡训练的器材几乎不会对滑雪者产生任何的力学帮助。或许最好的陆地平衡训练方法就是让滑雪者立于行驶在崎岖路面（如高低起伏的乡村路面）上的卡车尾厢中保持身体平衡。然而，高山滑雪项目表现提升的主要方法不是因为使用了新的器材和设备，而是让滑雪运动员接受针对核心和腿部的周期力量训练计划。力量的提升带来了更好的专项平衡表现。

　　最近，一些个人或机构在美国、加拿大、欧洲以及其他国家所宣传的平衡训练方法并未在其他运动项目中找到其所需求的市场。因为，除了前面提到的两种项目以外的几乎所有项目，平衡能力都从来没有被看作是影响运动表现的限制性因素。

　　尽管生物力学的解释已经言之确凿，但有些人仍然认为平衡训练应当同力量训练与灵敏性训练一样作为独立的训练板块而存在。但事实上，平衡能力只能看作是诸如力量、功率、灵敏和柔韧性等训练的附加效果。许多平衡训练方面所谓的专家会组织一些研讨会，推介特定器材与练习方法，并将其认为促进未来运动表现提升的关键之匙。然而，我们应当清醒地意识到，销售这些器材的公司通常正是这些会议的赞助商甚至组织方。平衡训练的推广者在总体上缺乏对运动训练的科学理解，尤其是基本的运动生物力学。他们聘请的教练员和报告人也是如此。

　　图12-1展示了一名运动员呈曲线形奔跑时的情景。平衡训练的推广者称，运动员在以倾斜姿态奔跑时需要保持平衡，而平衡训练恰好能够让运动员保持倾斜的奔跑姿态而不会跌倒。然而，倾斜姿态的维系并不属于平衡性的问题，而正是符合了基本的生物力学原理。

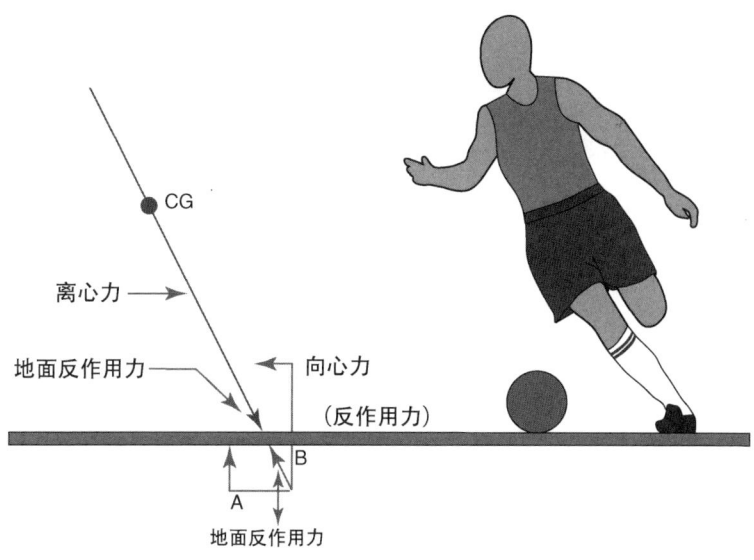

图 12-1 运动员曲线跑动受力示意图

运动员在奔跑过程中，产生离心力的同时，相反方向上将存在着相同大小的向心力。此时，如果运动员施加于地面的力量与地面垂直或者处于动态平衡的状态，那么运动员就不可能摔倒（图中的情况 A）。但是，如果施加力量的方向与地面相切（图中的情况 B），那么运动员将不能保持动态平衡，并且不管他有没有进行过平衡训练，都将摔倒。正是这种对运动科学的基本误读才造成了目前平衡训练的再次兴起，包括对其作用的过度渲染。

这些售卖的声称可以提升平衡能力的器材几乎不会对运动员的表现产生积极的影响。处于运动启蒙阶段的儿童，包括幼儿园的孩子的确会喜欢上这些平衡练习。因为在平衡板上维持身体的平衡具有一定的难度。然而，对于任何一名拥有良好运动科学基础的学生而言，宣称这些练习能够对运动训练产生积极作用或者重复这些练习能够提高运动员的成绩都是无稽之谈。

第三节 误区二：稳定肌训练

稳定肌是用于稳定或固定骨骼位置的较小肌肉，主要在主动肌牵拉时提供稳固的平台。例如，膝关节伸展过程中，腘绳肌（位于膝关节后面）会进行等长收缩，在稳定大腿的同时，让小腿有效运动。同样的，在肘关节弯曲时（例如，坐姿前臂弯举），肩关节、上臂以及腹肌进行等长收缩，固定肩关节和上臂，为肱二头肌的拉伸提供稳定平台。其他类似的肌肉通常也被称作固定肌，获得刺激后能够稳定肢体或身体的某个部位，以协助完成更好的机械运动。

近年来，一些人提出了稳定肌训练的必要性，并且认为如果稳定肌发展不佳就会限制主动肌的最大力学效率。与平衡训练一样，有些人将稳定肌训练视为又一个博取名声的契机，运动器材制造商也非常愿意将其作为旗下产品的新卖点。其中，最为流行的稳定肌训练器材当属稳定球（瑞士球）。北美的健身俱乐部会员几乎放弃了传统的仰卧推举练习。更糟的情况是，稳定球训练已经成为运动员训练计划的内容。似乎突然之间，曾经在仰卧推举训练中的旧式长凳可以作为纪念品封存起来了。

除了稳定球之外，还有很多其他器材被创造出来，流行风潮已经开始影响器材的使用。有时新型训练器材使用的夸张程度甚至让人怀疑这到底是在运动训练还是马戏团练习。围绕这些器材的练习方法也被发明出来，如仰卧在稳定球上进行各种哑铃推举的练习等。虽然某些特殊技能的习得需要完成这种马戏团表演似的练习，但是它究竟能够带来怎样的运动能力提升尚值得怀疑。当然，提升的效果的确会显现，但也仅限于在平衡球上完成练习中的表现效果，并且几乎不会在其他项目产生任何迁移效果。更为重要的是，有些在平衡球上进行的练习相当危险，尤其是缺乏经验的推举练习者（见图 12-2）。我们为什么要在发展的早

图 12-2　对于缺乏训练经验的运动员而言在平衡球上进行推举练习相当危险

期阶段就采用这样的训练？一旦出现损伤，接下来教练员和平衡球的制造商就有可能遭到起诉。

盲目夸大稳定肌的训练需求将会浪费大量的时间和金钱。因为，人体如同一台运行完美的机器，其高效性始终让科学家啧啧称奇。而身体极强的可塑性能够快速适应各种复杂环境，无论好与坏。运动员一旦在运动中正确使用主动肌，那么就可以建立一个循序渐进的训练计划，通过练习项目需求的动作模式以强化身体的所有肌群。由于生理学上激活溢出（Overflow of Activation）或弥散机制的存在，因此教练员和运动员对此无需过分担心，尤其是在稳定肌的专门训练方面。

我们可以举一个简单的示例说明神经冲动的弥散现象（Irradiation）。主动肌在执行训练任务的时候，关节周围的肌群都会被激活。换言之，激活溢出不仅涉及协同肌，还包括稳定肌。例如，四头肌被刺激以进行腿部伸展的训练。这个动作也能唤醒激活其他肌肉，包括承担稳定肌角色的腘绳肌，确保稳定性以及力量经过关节后的传导。[3][4][5] 这意味着，在膝关节伸展过程中，四头肌收缩以克服阻力，同时腘绳肌收缩以稳固膝关节。

上述案例说明，当一个区域的肌肉受到刺激收缩时，稳定肌也会同时收缩。因此，肌肉收缩不仅会加强目标肌群——主动肌（四头肌）——的力量，还会增加弥散效应影响下的肌肉力量（腘绳肌）。所以，专门利用新器材进行马戏团似的练习发展稳定肌实际上是一种浪费时间的做法。请合理地将时间用于必须完成的练习内容而不是新奇的练习上面！你想提高训练效率吗？那就请谨慎选择你的练习。

将稳定肌与核心力量作为新式训练大肆推广造势的宣传者认为，这类训练的主要效果在于预防损伤。不过，这种声明可能又是一次臆造的解释。专业人士都应该知道，绝大多数运动和健身过程中的损伤发生部位出现在韧带和肌腱，而非肌肉组织。运动损伤诊所的病例比例能够立刻证明这一观点。稳定肌是受伤概率最低的肌肉。那么，又何必浪费如此之多的时间和金钱用在不需要担心的地方呢？

对稳定肌练习需求的过分强调将以牺牲训练适应性为代价。训练中采用的练习方法种类越多,那么每种练习的组数就会越低。因此,训练适应性就会降低,训练的有效性也就会随之受到质疑。切记,重要的不是练习的种类,而是练习体现的动作模式。所以,针对主动肌训练,正确训练主动肌。

第四节 误区三:核心力量训练

核心力量或人体核心区力量(即腹部、下背部肌群和躯干)训练,同样也是受追捧的新颖训练理念。除了类似马戏团杂耍的练习之外,核心力量的新式理念中并没有体现独创之处,它对运动表现提升的作用微乎其微。绝大多数此类练习都是在平衡球上开展循环训练,其他的一些噱头则是为了证明核心力量训练的必要性。

在《运动项目的周期训练(第二版)》(*Periodization Training for Sports, Second Edition*)中,我们讨论过力量训练的5项基本原则,鉴于核心力量对很多练习和项目运动的重要性,它通常被认为是重要的训练要素。[6]身体的核心部位对大多数项目的动作和练习非常重要,以下案例说明了强大核心力量的重要性。

(1)以站姿进行斜方肌提拉练习(站姿负重划船),双脚开立,手臂沿腿部两侧向上提拉杠铃或哑铃。随着手臂和肩关节的收缩,手臂屈曲将负重提拉至胸部,腹部肌群和背部肌群(包括竖脊肌)收缩稳定躯干,保证手臂能够自如顺畅地完成提拉动作。如果没有核心肌群的支撑,主动肌将无法完成该动作。

(2)排球中的扣球动作是最具动态特征的运动行为之一,但是一旦缺少了核心肌群的支撑,那么该动作就无法高效地被完成。扣球时,核心肌群收缩以稳定躯干,保证腿部能够完成爆发性的起跳,让手臂在腾空时完成扣杀动作。

(3)在奔跑、跳跃、快速脚步动作、投掷、实心球练习时,躯干肌群都会收缩以稳定躯干,保证腿部和手臂能完成运动任务。

然而,有些人的练习已经远远偏离了上述核心力量训练的初衷,他们的训练不仅滑稽,甚至危险。这些练习极易对运动训练领域以及力量训练的重要性产生负面影响。一些健身指导教练使用最为可笑的练习是让练习者单腿站在平衡软榻（AirEx Pad）上面，然后屈曲髋关节，让提起的一侧腿前伸至尽可能地触碰地面，然后支撑腿伸展再返回到站姿。该项训练声称对所有强调变向的运动项目都有帮助，同时，它还能够提升滑雪、冲浪和单板滑雪等项目的运动员的平衡能力。但事实上，所有专业训练人士都知道这项练习几乎不会有任何效果。

我们不希望用过多的笔墨探讨练习能否有利于提升运动表现。之前也提到了平衡能力训练中的误区。除非身体施力或身体施重的方式正确，否则仅靠前面所说的练习不可能有效提升平衡能力。这事关运动力学问题，并不存在什么独特之处！因此，无需进行这类增强身体核心力量的新式练习方法，因为许多传统的重量练习都是通过前文提及的激活溢出作用以实现核心力量的提升。[7][8]

第五节　误区四：高速跑步机训练

20世纪90年代，健身行业推出了一款高速跑步机，并声称该跑步机能帮运动员提升速度。与其他大多数跑步机一样，高速跑步机上配有一根运转速度可达每小时41.8千米的传送带。运动员要努力在传送带上达到自身的最大跑动速度，以匹配跑步机的传送速度。尽管这类设备已经出现在大多数的运动训练机构，但是我们仍然对其宣称的"有效提升最大跑动速度"提出严肃质疑。事实上，高速跑步机在家长和教练员中有着不错的接受度，然而它真的对速度提升有效么？灵敏性是速度训练中的一项重要因素，但高速跑步机能否在增加速度的同时兼顾灵敏训练呢？

事实是高速跑步机并不能成为提升运动专项速度的有效方法。当跑步机处于最大速度时，运动员实际上只是在跑台上滑过而已，而速度的提升要求脚部接触并完成发力蹬地。在稳定的平面上最能提升速度，因为地面反作用力会在脚部接触的瞬间达到最大。该效果只有经过传统的速度训练配合长期抗阻训练才可能实现，这一过程从儿童期开始直至贯穿整个青春期。[9]

下面将通过冲刺跑过程中的三个要素，解释高速跑步机不能有效提升跑动速度的原因：

(1) 步长

跑步者的步长与蹬伸离地阶段的蹬地力量（即脚对地面的作用力）直接相关。跑步者的步长会随着脚部蹬地力量的增加而增加，使前导腿的大腿与地面平行，实现最大步长。在跑步机上时，跑台提供的传送速度会超过跑步者能达到的最大速度。为了跟上跑台的速度，跑步者必须提高跑速。在这种情况下，运动员的跑步动作就会发生某些变化。由于向前推进速度已经达到了最大限度，唯一的可能就是增加跑步的频率——通常也是超过了运动员的能力。结果是运动员只能以牺牲蹬地力量换取步频的增加。然而，蹬地力量没有增至最大时，跑步速度就不可能达到最大。跑台的最大传送速度已经超越了跑步者的能力范围，因此跑步者在被动跟随该速度的动跑过程中，已经无法再去改变其他任何因素了。所以，高速跑步机不能增加跑步者的步长，就是因为跑台运转速度太高，以至于运动员根本没有时间向地面（这里指跑台）施加最大的蹬力。跑台过快的传输速度，完全没有留给运动员向跑台施加最大蹬力的时间。没有最大的蹬地力量，最大步长就无从谈起！

(2) 蹬伸离地阶段

蹬伸离地阶段是另一个提升跑步者速度的重要因素。随着腿部向地面施加更大的作用力，脚与地面接触（即腿部蹬离地面）的时间就会随之减少。所以，提速的关键就是缩短触地阶段的时长。这只有通过提升腿部力量（即三重伸展肌群——踝、膝和髋——共同作用下生成的力量）才能实现。然而，跑台传送带的疾速移动并非来自于跑步者蹬地力量的增加。相反，传送带的速度由外部机械运动主导，与提升施加在地面上的力量无关。因此，高速跑步机无法提升运动员的跑步速度。唯一满足的条件是在稳定的地面上增加蹬地的力量。当跑台传送带在运动员脚下移动并逐渐远离运动员时，这一条件就已经无法成立了。运动员根本没有时间向地面施加力量。

(3) 步频

在众多因素中，冲刺跑的步频由运动员的身高或腿的长度决定。矮个子的运动员通常具有更高的步频，但是他们却很少能够成为精英运动员。步频固然很重要，但它并不是速度的决定性因素。因为在跑步机上的快速跑动并不会对跑台施加更大的力量，因此高步频的获得必须以牺牲蹬伸离地阶段的蹬地力量为代价。几乎所有人，包括速度慢于常人的跑步者都可以在空中（即蹬伸离地阶段与向下落地的时间段）快速移动双腿，因此步频并不能弥补蹬地力量的不足。要想有效地增加步频，就必须减少脚部与地面接触的时间，这是增加蹬地力量，提升速度的唯一办法。既然跑步机上的速度训练无法增加蹬地力量，那么在跑步机上的快速跑动练习就等于浪费时间和金钱。教练员带队训练的时间非常有限，因此，要把有限的时间利用在对运动员和团队表现提升有着真正促进作用的练习上面。

有些昂贵的跑步机，也被称为加速度训练设备，会用绳索或牵引绳牵拉运动员向前奔跑。但是，这些新式设备的训练效果甚至还比不上传统跑步机的功效。因为若以高于平常的速度拉动运动员向前奔跑，那么运动员就不会有更多的时间用于增加蹬离地面的力量。切记，不增加蹬地的力量，不缩短脚部与地面的接触时间，就不可能获得最大速度的提升！

除此之外，在跑步机上快跑还会遇到其他挑战。当一名跑步者在被动状态下适应外部增加的速度，那么他就会以牺牲步长为代价加快步频，这将改变跑步的力学机制。支撑腿蹬地时膝关节无法完全伸展，而摆动腿不能在身体后方向上摆动至臀部；蹬地腿的不完全伸展，还会导致向前跨步时大腿不能达到水平位置。与此同时，躯干可能会有一定程度的后仰，因此中心垂直方向的轨迹就会发生改变。此外，在跑步机上跑步还会改变肌肉的激活模式，甚至影响快肌纤维的募集方式，这些都不利于最大速度的提升。随着蹬伸离地时间的缩短、蹬地力量的减少，在缺少最大力量的情况下快肌纤维收缩的数量就会减少。最终的结果是速度的下降，以及由于在传送带上快速跑步的步态改变而造成损伤概率的增加。因此，如果你想提升队员冲刺跑的能力，那就去改善它的蹬地力量吧！

第六节　误区五：抗阻跑训练

事实上，不同形式的抗阻训练由来已久，尤其进入到20世纪以来，阻力训练日益盛行。其中抗阻雪橇或阻力绳练习就是典型的阻力跑训练。在这类训练中，运动员拖拉地上的阻力雪橇以实现对抗阻力的跑动练习。运动员还可以使用系于腰间的阻力带进行简单的练习，或者在对抗阻力的同时向前跑动 10—20 米后再由教练员将阻力带解开后释放阻力等复杂形式的阻力绳练习。

抗阻雪橇或者阻力绳等形式的阻力跑练习，其目的旨在通过对抗拉力或阻力以来增加腿部力量。在跑动的蹬伸离地阶段施加更大的力量。尽管使用这两种训练器材会给训练带来很多帮助，但是其能否达到预期的训练目的尚存一些较大疑虑。

运动员在竭尽全力克服阻力的过程中，会体验到蹬地力量增加、新陈代谢困难（如乳酸堆积）或二者皆有的身体挑战。这类练习，尤其是在负重较大的情况下，能否有助于速度和功率的提升尚存质疑。运动员腿部的力量无疑会得到提升，然而对于最大速度的改善或许不那么近人如意。[10] 最大速度必须是在运动员快速发力的前提下才能得到提升。而在进行阻力跑时，由于推进近段腿部发力的时间过于缓慢以至于无法对最大速度、灵敏性以及爆发力表现提供帮助。

阻力绳跑动练习的确具有一些积极的效果，但是它并不能提供增加最大速度所需的条件。通常情况下，阻力绳训练会采用以下两种主要练习方式：

（1）让运动员在跑动中克服阻力

运动员需要通过尽可能快速地向前跑动，募集到更多的快肌纤维收缩以对抗阻力。这非常利于腿部力量的发展。但是，这种练习形式不会获得提高最大速度的预期效果，因为向地面施加力量的时间太过缓慢了。

（2）快速跑动的过程中放开阻力绳

在教练员释放了系在运动员腰间的阻力绳之后，运动员会感觉速度有了明显的提升。但是，这或许只是一种错觉。为了产生更高的跑动速度，运动员就必须对地面施加更大的力量。否则，阻力带松开之后产生的向前动量只能维持 2—4 步。练习者体验到的冲量主要来自以下两方面的原因：

① 阻力的消除（即阻力带的释放）。

② 运动员重心前移，超越了身体的基础支撑点，使得运动员只有加快速度才能避免失去平衡、向前摔倒。

阻力绳释放后产生的动量并未转化成最大速度，而是在时间上有所延长。因为，正如之前的讨论，提升跑步速度最重要的因素是要在施力阶段快速蹬地。任何人为营造出的加速错觉都不会对速度提升带来任何帮助！

然而，阻力雪橇或者阻力绳练习的确可以带来一些器械推销者并未注意到的训练效果。作为间歇性训练的一种形式，它有助于无氧耐力表现的提升。我们可以通过短时重复（5—10 秒）发展磷酸肌酸系统供能下的无氧耐力，或者通过再长一点时间的重复（20—45 秒）提升乳酸堆积的耐受能力。如果你想要提升运动员的速度水平，那就专注于腿部功率的训练，不要轻信尚未得到证实的神奇方式！

第七节　误区六：阻力伞训练

阻力伞，通常也被称作爆发力体能训练伞（包括可调节或不可调节阻力两种类型），旨在提升速度或加速能力。运动员起跑时将阻力伞系于腰部。起跑后的开始阶段，运动员需要抵抗逐渐增加的空气阻力（阻力伞完全打开后会形成更大的阻力）。跑动 20—40 米之后，释放阻力伞，运动员将会体验到瞬间的提速或加速。

接下来我们对阻力伞训练的积极作用进行具体的分析和讨论。在使用阻力伞进行抗阻训练的初期阶段，由于可以招募更多的快肌纤维以抵抗渐增的阻力，因此具有的一定积极作用。与阻力绳跑动练习相似，阻力伞产生的阻力要求运动员更大的力量输出，因此能够提升运动员的腿部力量。然而，这一理论成立的前提是阻力伞在运动员身后不能产生晃动。但事实上，大多数阻力伞在运动员跑动时都存在不稳定性（它们会向两边或垂直方向偏移），因此跑动中对抗逐渐增加的空气阻力的训练效果又会被身体晃动产生的负面影响所抵消。遗憾的是，一些人将阻力伞的不稳定性造成的负面影响视为提升平衡能力以及身体核心力量的契机！除此之外，阻力伞练习虽然具有良好的健身作用，然而对运动表现的提升作用微乎其微。因为，尽管阻力伞可以提升腿部力量或磷酸肌酸系统的无氧耐力，但是对速度表现没有作用。其训练效果同那些高速训练器材的效果如出一辙：脚与地面接触的时间增加了，而运动员的跑步速度却下降了。你是否见过顶级短跑运动员使用过阻力伞？

同阻力雪橇和阻力绳跑一样，释放阻力伞后获得的动力只是暂时的错觉。你想提升运动员的最大速度吗？那请记住这个误区，努力提升腿部力量吧，这样才能缩短脚与地面的接触时间。

第八节　误区七：登山跑训练

在上坡或下坡面上进行登山跑练习，是集体类项目比较常用的训练方式。鉴于运动员数量较多，训练器材及其场地条件要求较高，针对集体类项目运动员的力量和功率训练计划通常具较大的实施难度。而在户外上山或下山跑是一种提升运动员体能状况相对容易且经济的方式。在训练安排中，登山跑练习易于组织和实施，整支运动队可以同时进行训练，有利于高效的时间利用，尤其是用于体能训练的时间。

当然，高效的训练计划应当具有明确的目标，而构成该目标的一系列阶段任务则需要各种形式的训练完成。在实际训练过程中，人们通常将上山跑作为提升爆发力的练习。然而，训练中坡度的使用对于功率的提升并无实质性帮助，它只会改善总体的健康水平。如果运动的主要目的是促进心血管健康以及增强体质，那么这种练习是不错的选择。接下来的部分将就不同地形跑动练习的效果以及如何有效利用这些练习进行介绍。

一、上坡跑

当问及为何进行上坡跑练习时，通常都会得到一致的回答：为了提升腿部力量和功率。最早推崇上坡跑的人群来自田径项目中的中长跑教练员，之后被越来越多的人群使用，尤其在准备阶段的初期，包括足球、英式橄榄球、长曲棍球以及曲棍球等集体类项目的运动员都进行上坡跑练习。

在上坡跑练习中，运动员在特定的时间内要跑 25—50 米，然后慢跑返回起跑点。每次间歇休息 1—2 分钟。训练强度取决于跑步距离、所需时间和坡度大小。超过 10° 的斜坡具有很大的难度。

虽然上坡跑练习能够为运动员带来很大的帮助，但它发挥作用的机制与外界宣称的不尽相同。要想通过上坡跑练习发展腿部力量，就必须用比平时更快的速度完成蹬伸离地阶段的蹬地动作。至于功率水平的提升，可以参见"误区四"和"误区五"中相关训练的讨论。任何提升功率表现的训练都要快速且具有爆发性。在上坡跑时，蹬伸离地阶段应当极具动态性，与反应力量训练相似。因为要让练习动作有助于爆发力的发展，蹬伸离地阶段的时间应当保持在 200 毫秒以下。而在上坡跑时，蹬地的时间最快也要 300 毫秒左右。因此，上坡跑练习可以增加力量和爆发力的说法没有任何依据。

当然，上坡跑练习的确可以增加心肺系统的功能。运动员上坡跑时心率可达到 160—170 次/分钟。这说明该项练习可以将更多的血液泵送到参与练习的肌群之中，使心脏机能得到加强。

准备期的中间阶段是开始进行上坡跑练习、发展心肺系统的最佳时段，之后便可进入有氧训练。训练安排和组织可以采用间歇训练的方法：在一段完整时间内，按照特定的间歇时间进行固定距离的重复训练（比如，每 7—8 秒跑 30 米，重复 8 组，组间休息 1 分钟）。从训练计划的视角来看，你也可以在准备期训练课的第二个环节，也就是有氧运动或慢跑之后安排上坡跑练习。

合理的上坡跑计划可以有针对性地训练供能系统。

（1）在小于 15° 的斜坡上进行磷酸肌酸系统供能的重复运动，尽可能加快速度。每次练习持续时间 5—8 秒，重复 6—15 次，间歇休息 3 分钟以上。

（2）在小于 10° 的斜坡上进行无氧糖酵解系统供能的重复运动，速度要快，但要稳定。每次练习持续 1—30 秒，重复 6—10 次，间歇休息 1—2 分钟。

（3）由于斜坡的坡度通常都是天然形成的，所以教练员有时也会苦于在公园或露天场地找不到适合训练的斜坡。要有创造力，找到最能满足运动员心血管功能需求的斜坡或小山。根据我们的经验，登山跑是比绕圈跑更好的惩罚方式！

二、坡度低于3°的下坡跑

尽管登山跑或上坡跑已经十分流行，但是下坡跑却并没有广为人知，因此也很少有人采用这种方式训练。关于研究针对下坡跑的练习明显多于上坡跑练习，其中尤以东德为代表（20世纪60年代晚期到90年代晚期，东德的女性短跑运动员一直独霸短跑赛事）。为了开发更多的短跑训练方法，尤其是为了打破速度限制，东德的运动学家针对下坡跑是否有效进行了实验。研究结果表明，当坡度不大于3°（即低于地平线3°）时，下坡跑可以有效提升跑动速度。为了提升加速能力，突破速度瓶颈，德国的一些训练中心专门建设了30—50米长、坡度为3°的短距离跑道。

大于3°（比如低于地平线5°—7°）的斜坡会对运动员的跑步机制产生不良影响，因为脚部与地面接触时间延长，导致最大速度下降。这同高速跑训练的效果相同。短跑运动员在大于3°的斜坡上进行下坡跑时，运动员由于遇到了未知环境，因此造成脚与地面的接触时间随之增加。身体的本体感受器（专门检测新刺激的神经细胞）通过传入神经元向中枢神经系统发送神经冲动。中枢神经系统会分析运动员感知到的新环境，传出神经元将神经冲动由中枢神经系统送达正在工作的肌肉，并且传递出保持身体平衡的信息。接下来，蹬伸离地阶段的动作才会继而完成。神经冲动从肌肉产生又传回的过程中，由于脚与地面的接触时间增加，造成信息传输的延迟，最终跑动速度就会下降。

图12-3　在坡度为3°的斜下坡冲刺跑

三、坡度大于5°的下坡跑

在大于5°的斜下坡上进行跑动练习，其潜在的积极效果在于可以提升腿部的离心力量。运动员在低于地平线7°—15°的斜坡上短跑时，股四头肌必须克服重力的作用。下坡的坡度越大，肌肉收缩克服重力的张力程度就要越大。同时，随着坡度的逐渐增加，肌肉收缩的时间也会随之增加，由此导致肌肉保持张力的时间延长。最终，增加的肌肉张力转化为离心力量水平的提升。事实上，肌肉张力究竟来自于向心收缩还是离心收缩并不重要，但每种肌肉收缩形式最终都能够改善肌肉力量。

教练员可以将下坡跑作为一种提升力量的训练方式，尤其是在准备期的中段至末段。同样，教练员也可以找到一个适合的山坡进行短跑训练，教授运动员正确的跑步和减速技巧，避免损伤的同时，充分获得下坡跑对离心力量的积极作用。下坡跑和上坡跑不同，它可以提供一个有趣而又高效的环境供学习、练习和多样化训练。

第九节　误区八：摆臂强化训练

运动员双手持哑铃进行摆臂练习的提出旨在增加摆臂动作频率和速度，强化摆臂的功率。然而，与其他训练的误区一样，该项训练的提出者错误地理解了肌肉工作的机制——执行有效地摆臂动作的肌肉是背阔肌而非肱二头肌。

（1）摆臂的功率和频率影响的是腿部向前的速度和频率。

（2）手臂向后摆动的力量影响的是对侧腿驱动向前的力量和速率。

（3）手臂的拉力影响其后摆的速度。因此，背阔肌的收缩程度决定了手臂摆动的频率和对侧腿向前动作的序列。

（4）双手持器械或负重械的抗阻摆臂练习，收缩的是肱二头肌而不是背阔肌。当背阔肌的收缩幅度很小时，也就不会产生强有力的摆臂动作。因此，并不会对跑步速度产生积极的帮助。

（5）该项练习应当用于健身，而非运动训练。

双手持哑铃的摆臂练习完全没有正确地反应短跑专项动作,其主张者完全忽视了构成短跑动作的各个要素。

第十节 对其他问题的再思考

我们不可能对市场上所有的商品都进行评述。但人们可能会说凡是有助于运动表现提升的产品就值得拥有。虽然从健身养生的角度看,这个说法是对的,因为锻炼的主要目的是为了促进健康、增强体质,增加锻炼的趣味性和多样性可以为生活添加一些调剂,这也是商家营销时的卖点,然而在运动训练领域却并非如此。如今,教练员用于专项训练的时间非常有限,尤其是力量和速度训练。他们需要将有限的时间用于激发运动员的最大潜能并提升他们的运动能力。而不是将时间耗费在谬见和噱头上,纠结于那些名不副实的无效新品器械。教练员最好能够坚持那些可以改善运动员力量、功率、速度以及耐力的传统训练方法。接下来,我们再对一些市场上的器材产品可能存在的训练效果进行讨论,当然包括其中部分产品的无效作用。

一、脚踝屈伸滚轴

尽管关于柔韧性训练的重要性已经无需赘言。但是,对于一些用于发展运动员柔韧性的错误技术我们仍然需要进行讨论。当然,还需要强调的是,集体类项目运动员是踝关节柔韧性最差的运动员群体。

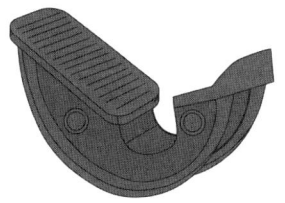

图 12-4 脚踝屈伸滚轴

踝关节是集体类项目运动员最常忽视的身体关节。因此针对运动员踝关节的柔韧性问题,脚踝屈伸滚轴(见图 12-4)能够有效改善运动员的踝关节屈伸表现。脚踝的柔韧性,尤其是跖屈(即足尖下垂,远离胫骨)和背屈(即脚趾上勾,屈向胫骨)在集体类项目中非常重要,很多动作——如起跳、下蹲、原地前倾接球以及足球中的踢射低平球等——都要求脚踝有良好的柔韧性。然而，绝大多数的运动队以及运动员很少安排主动或被动拉伸脚踝的训练内容。

二、弹跳鞋

弹跳鞋，又叫圆底鞋，推出时旨在有效地发展跳跃能力。练习时，运动员穿着弹跳鞋连续进行反向跳跃，即在一定时间内或者完成既定次数的起跳、落地的连续跳跃练习。弹跳鞋前鞋底部分较厚，与地面接触。鞋的材质来自一种弹性材料，能够让运动员感觉到更高的跳跃高度。该鞋一经推出，我们就非常怀疑其宣传的效果，因为运动员跳跃后增加的高度主要来自鞋底的弹性材料而非肌肉活动。这与那些装有弹簧的鞋子、靴子一样。这种具有特殊功能的运动鞋并不能提升跳跃能力或速度。[11]

穿着弹跳鞋进行跳跃练习是典型的反应式跳跃（即脚的跖球部连续跳跃而整个过程足跟不接触地面）。然而，反应式跳跃需要借助于肌肉活动，而不是人工产品引发的比目鱼肌和腓肠肌活动。当跖球部与地面接触时，会拉伸上述两块肌肉，刺激牵张反射做出反应，从而引发肌肉收缩。

肌梭是负责探测肌纤维快速拉长的主要感受器，它能够对肌纤维变化的强度和频率做出反应。来自肌梭的感觉冲动传送至脊髓神经后，神经中枢立刻发出神经冲动，刺激肌肉收缩。然而，任何依赖人为方法的跳跃都不会改变骨骼肌的长度。这也就意味着牵张反射没有得到激发，因此，弹跳鞋练习根本不能有效提升腿部功率或者跳跃爆发力。

此种人为手段或方法不能提升跳跃爆发力的另一个原因在于，拮抗肌受到抑制的动作神经元会降低主动肌的兴奋性。因为，关节运动的效果主要受到互为主动肌和拮抗剂的一对肌群之间工作差异的影响，在交互抑制反射[12]的作用下，拮抗肌兴奋性的降低也会增加对主动肌的抑制作用。因此，这些人为的方法几乎不会刺激肌肉的收缩，再次应证了弹跳鞋或弹跳靴并不会对跳跃爆发力的提升产生效果。

三、抗阻带或抗阻绳

抗阻带和弹力抗阻绳于 1954 年起开始在训练中使用。罗马尼亚是第一个使用这些简易训练器材的国家。时至今日，为促进健康、加强力量而进行的健身、运动训练以及康复活动中都使用了抗阻带。个人使用抗阻带（绳）进行锻炼是因为能够很容易针对目标肌群进行精准训练。由于练习时可以将抗阻带（绳）轻松固定，因此这种简易廉价的训练器材适用于不同肌群的各式练习。

拉动抗阻带（绳）时会产生阻力，拉力越大，阻力就会越大。因此，抗阻带练习计划的进阶主要根据抗阻带的弹力以及练习时使用弹力带的数量。如果一根抗阻带的阻力过小，那么运动员还可以再增加一根。在使用抗阻带时要考虑以下几个内容：

（1）由于抗阻带的阻力随着拉伸幅度而增加，因此拉伸训练的效果只有在拉伸的末端才能获得。

（2）在使用自由重量器材进行力量训练时，阻力产生于动作开始阶段，最大力量用于对抗杠铃或哑铃的惯性。而在接近动作结束时，则使用相对较小的力量。此时，自由重量器材的训练效果和抗阻带的训练效果就能起到互补作用。

（3）抗阻带最适用于个人项目的耐力训练，如游泳、划船或皮划艇等，大量重复练习动作可以发展专项所需的肌肉耐力。

（4）由于弹力抗阻带（绳）的阻力相对较低，因此它对于成年运动员或者具有良好力量训练基础的运动员没有显著效果。换言之，抗阻带（绳）对儿童和年轻运动员十分有用。当然，随着弹力绳的拉长，阻力也在不断地增加，从而会对关节产生更大的拉力。因此，如果当这种拉力对韧带造成了过度拉伸，也会增加损伤的风险。

（5）任何旨在发展功率表现的练习或训练中，都需要在整个动作过程中持续加速，并在释放的瞬间达到最大速度（即任意一次掷球或者运作器械时的动作）。离开持续性的加速，快缩肌纤维的收缩速率就会降低，也就不可能提升功率表现。

因此，抗阻带（绳）并不能够提升专项功率和力量。目前市场上出现了很多使用阻力带的所谓"专项练习"，每种练习都宣称能够提高最大速度、步伐以及跳跃爆发力。但是，请记住一点，如果你想提升运动员的力量和功率，那么就请配合传统力量训练器材和设备，进行专项练习！

四、高速跑训练带

自20世纪80年代后期，各种宣称能够发展速度的拉力牵引器材相继出现。这些器材的研发者自以为使用弹力带或弹性绳索牵拉运动员向前奔跑就能够比正常情况下的冲刺跑练习更能够刺激神经肌肉系统并最终提升他们的最大速度。然而，如前文所述，如抗阻雪橇或阻力绳等个别器材可能会略有效果。但是绝大多数此类拉力器材（包括图12-5中列举的器材）并不能实现冲刺跑过程中肌肉力学或者生理学的收缩，因此无法提升运动员的速度表现。

图 12-5

在双人高速跑练习中，位于前方的运动员向前跑动牵拉弹力带。当弹力带被拉伸到最大程度时，跑在后面的一方就被人为地向前拉动并保持高速跑动。推广者认为这种人为的向前快速拉动能够增加最大速度。

事实上，最大加速度的获得并非来自于被动的牵拉身体向前，而是推动身体向前。在进行高速跑动时，运动员腿部在蹬伸离地阶段强有力的蹬地主导身体向前（例如，冰球项目中的蹬冰或者游泳和水球项目中对抗水中阻力时的拉—推式的划水动作）。推进动作越用力，接触地面的时间就会越短。最终，运动员能够更快地向前跑动。

迪特马尔·施密特布莱赫是最先测量脚部触地时间的研究人员之一。他在研究中发现，顶级短跑运动员通常都具有很短的触地时间（100—200毫秒）；而普通短跑运动员的触地时间都要超过200毫秒。[13]因此，运动员在冲刺跑中具有的高速表现源于有力且快速的蹬地动作（即蹬伸离地阶段），而不是人为方式下的牵拉结果。运动员触地时间越短，发力的速度就会越快，因此运动员就会获得更高的跑速。可见，使用弹力带拉动运动员向前以提高速度完全就是一个错误的做法。

更进一步地说，当用拉力牵引器或弹性绳索拉动运动员向前跑动时，只会降低跑速而不是增加跑速。人为地前拉会将运动员的着地腿置于一个未知、混乱的神经肌肉状态。一旦脚部以生物力学上称作"非自然动作"的状态触地之后，本体感受器（能够探测刺激并做出反应的特殊神经细胞）能感知到腿部被超过常态的速度拉离地面，从而造成脚部着地时的不稳定，扰乱了跑步的技术动作。本体感受器会将这一新的力学变化告知中枢神经系统，让其监控神经肌肉系统的状态。[14]在运动员进入到下一次有力的蹬伸离地阶段之前，这些神经行为会纠正出现的干扰因素，并稳定腿部动作。尽管传导这些神经信号并稳定身体所需的时间只有几个毫秒，却足以使下落触地阶段的时间出现延迟。增加触地时间意味着冲刺速度的下降，这与提高速度的初衷背道而驰！图12-6显示了正确的跑动技术，包括蹬伸离地、折叠前摆、下落着地以及支撑缓冲阶段。

牵拉器材的使用同时还会影响到蹬伸离地阶段的蹬地力量。当运动员被教练员或是同伴拉动向前时，蹬地腿缺少足够的时间完成用力蹬地动作。随着蹬地力量减弱，下落着地阶段的时间延长，运动员的跑速将会出现下降。可见，高速跑训练带的训练结果不仅没有提升运动员的跑动速度，反而造成了跑速的下降！

这种人为的牵拉还会改变跑步的力学机制。在落地腿稳定的过程中，躯干会轻微后倾，将重心移至支撑腿的后方。这是一种典型的减速姿势，既不是为了加速，也不利于强有力地向前蹬地。躯干后倾还会引起附带动作，造成摆动腿的大腿向上抬起超过水平线，延长了腿部动作的时间，降低了跑速。

图 12-6 跑步技术的四个阶段支撑缓冲阶段（右腿）、蹬伸离地阶段（右腿）、折叠前摆阶段（右腿）及下落着地（右腿）

短跑教练员或许是最了解短跑训练和技术的群体。你是否见到过使用高速跑弹力带进行训练的短跑教练员？

高速跑弹力带还被用于游泳训练中。将弹力绳索的一端系于游泳者的腰部，另一端固定在泳池壁上。游泳者从弹力绳索拉长后的弹性极限位置出发，依靠绳索收缩的弹力拉动自己游向对岸。此时，游泳者必须尽可能快地跟上绳索收缩的力量和速度。当弹力绳索的拉力停止时，游泳者的速度也会随之停止。换句话说，游泳者的速度并非由本人驱动而是依靠外部人为的作用，即弹力绳索的弹性。然而，游泳者要想获得最大速度，必要加大对抗水阻的能力。实现该目标的唯一途径就是通过更大负荷的力量训练提高肌肉力量！

五、侧滑步练习器

侧滑步练习器（一种需要在移动中克服弹力带阻力的训练器材，见图

图 12-7 被用于提高侧向滑步速度和起跑力量的改版弹力带

12-7）是一款宣称可以提升侧向移动速度的训练器材。然而，这种练习并没有正确意识到快速侧向移动产生的机制。在任意一次快速侧向移动中，前导腿并不是滑步动作的主导腿，而是地面上另一侧腿（即跟随腿）。侧向移动的速度取决于跟随腿蹬离地面的力量。不仅如此，对侧手臂向目标方向发起的短暂且快速的摆臂动作直接决定了先导腿的速度，而不是在于前导腿在移动中克服了脚踝处弹力带产生的多少阻力。切记，摆臂动作的速度，决定了先导腿的移动速度。因此，系于脚踝部位的弹力带并不会对侧滑步表现产生实质性的作用。

上述对动作机制的分析同样适用于旨在发展快速脚步动作的卡里奥卡舞步练习。先导手臂的摆动和蹬地腿之间的协调配合在各种脚步练习的速度训练中也是主导因素。如果你想提高侧向移动的速度，请着重发展蹬地腿的功率表现！

六、爆发力跳跃器

爆发力跳跃器练习，或在对抗弹力带（见图 12-8）的情况下向上跳跃，该练习在推广时被认为可以提升跳跃爆发力。但是，与像其他为克服弹力带（绳）而进行的跳跃练习相同，在起跳瞬间需要对抗最大阻力时却是弹力带弹性最小的时刻

图 12-8 对抗弹性阻力带的爆发力跳跃练习

（即弹性绳索此时并未拉长）。等到弹力带可提供的阻力达到峰值时（即弹性绳索子被拉长至最大程度），运动员已经在空中而无法向地面施加力量。因此这种器材在功率的发展中并没有效果。而爆发力跳跃器练习本质上来看也是无效的训练！

七、投掷训练器

目前，很多阻力带产品（如手腕力量训练器）都宣称能够提高投掷动作或持拍类项目击打动作的力量与速度。因此，为了追求这一目标，很多运动员都会选择手臂对抗弹力带（绳）的练习。然而，这种练习不仅无法有效帮助目标的实现，还具有很大的潜在风险！其原因在于阻力随着弹性绳索的的拉长而增加。运动员对抗阻力的力量越大，肩部的拉力也就越高。最终，可能会造成肩膀韧带因负荷过大而造成损伤的风险。

八、短跑组合训练器

短跑组合训练器是一款曲解跑步力学机制的典型器材，它错误地理解了快速跑动过程中手臂与腿部的关系以及上下肢协同工作产生最大速度的方式。在该器材的营销资料上将其组合套件的功能描述为通过直接作用于肌肉的方式帮助运动员提高最大速度！

为了给特定肌群施加阻力，短跑组合训练将一组弹力装置系于运动员的手臂和双腿。然而，这些弹力装置全部固定了在肢体的错误部位，并没有针对参与运动的靶肌肉（即主动肌）。下面是一份有关跑步运动力学的分析报告，它能够充分证明我们的观点：

（1）手臂

当弹力带系于手臂上半部分时，阻力来自于运动员的后方。为了克服这一阻力，手臂必须向前摆动，而这恰恰和跑步时的情况相反。正如前文所释，手臂后摆（不是前摆）带动腿的速度和力量。缺乏有力的摆臂，运动员就不可能拥有较高的步频和强有力的蹬地。而主导摆臂动作的肌群并非来自肱二头肌和三角肌的前束，而是背阔肌。这块强有力的肌肉才是实现快速跑动的引擎。

可见，所谓的短跑组合训练器（以及其他类似器材）不仅错误地理解了跑步时的手臂动作原理，同时也没有正确分析参与跑步动作的肌群。

（2）腿部

在使用短跑组合训练器时，四块主要肌群并未得到有效的发展：臀大肌（负责伸展髋关节）、股二头肌（负责支撑缓冲阶段屈曲的膝关节）、四头肌（负责在蹬地时伸展膝关节）、腓肠肌和比目鱼肌（小腿上极其重要的肌肉，负责蹬地动作）。系于膝关节下方的束带并不能有效提升脚步动作。同时小腿的前摆也不需要对抗任何阻力，只要在空中完成动作即可！短跑项目中有一句俗语："每个人都可以在空中快速地移动！"

总之，短跑组合训练器并不能训练参与跑步动作的主动肌。速度训练针对的主要肌群包括：

（1）背阔肌（摆臂动作的主导肌肉）；

（2）臀大肌（负责伸展髋关节的肌肉）；

（3）四头肌（蹬伸离地阶段动作的主导肌群）；

（4）腓肠肌和比目鱼肌（负责蹬伸离地阶段迅速有力的小腿动作，该肌群极其重要）。

短跑组合训练器或任何类似的产品并不能对运动员速度和灵敏性训练带来任何帮助。

九、绳梯

作为训练辅助器材的绳梯，多年来一直都在被频繁地使用。它来源于足球项目的训练，主要被用于速度和灵敏性训练。运动员在绳梯练习中可以完成前进、侧向以及后退的脚部和腿部练习。

尽管绳梯是一款非常有效的训练器材，然而它对儿童的作用更大。事实上，应当将绳梯练习作为儿童力量训练的一部分整合到计划之中。最近的研究证实，在儿童力量训练中加入绳梯练习能够有效提升灵敏性甚至变向速度表现。[15]然而，对于拥有良好力量和功率训练基础的成年运动员来说，绳梯练习并没有明显的效果。如果要优化优秀运动员在绳梯练习中的效果，运动员应当在训练中增加踏地力量（见图12-9）。这种动作能够有效地刺激神经肌肉系统的反应，让运动员继续从绳梯训练中得到帮助。如果运动员踏地力量不足，就不能发挥绳梯在发展快速步伐、肌肉反应或灵敏性中的积极作用。这一原理也同样适用于灵敏圈或带有灵敏性练习标识图案的地垫等训练器材设备。需要再次强调，这些产品对于青少年运动员而言，具有提升速度和灵敏性的作用（尤其是脚步动作和协调动作），但是对于拥有丰富力量和功率训练背景的高水平运动员则没有显著效果。

图12-9　用绳梯进行灵敏性训练可以提高青少年运动员步伐速度和反应能力

切记，在训练时需要加大蹬地力量，才能实现爆发力、灵敏性、快速步伐以及反应能力的提高。

十、反应球

反应球或灵敏球是行业推出的、最为成功的灵敏和反应训练的器材。因为这种乒乓大小的球的表面有四块或四块以上的凸起，运动员无法预测球在撞击地面或墙壁后反弹的方向（见图12-10）。

借助反应球进行不同的练习，能够训练运动员的移动时间（即迅速移动肢体至不同方向）和反应时间。例如：

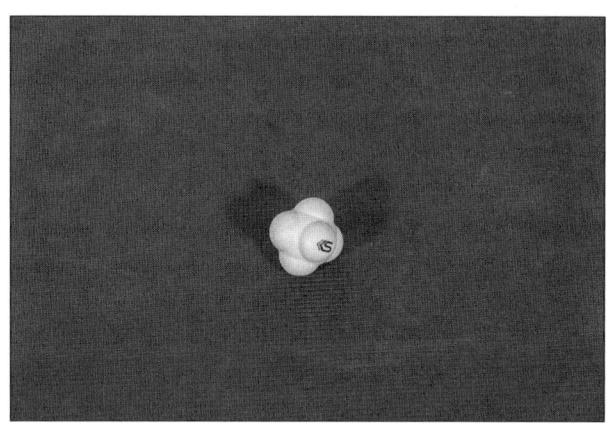

图 12-10　反应球可以有效的发展运动员的反应能力

（1）将球掷向墙壁然后尽可能快地接住。

（2）将球掷向地面。当球从地面弹向墙壁，并再次反弹回来时，尽可能借助它。

（3）面向两面墙壁形成的夹角。将球掷向其中一面墙壁使其反弹至另一面墙壁并最终弹回地面。尽可能快地接住球。

反应球反弹时的不可预测性要求运动员必须专注于动作并尽可能快地向球反弹的方向做出反应。这种相对廉价的器材可以用于个人或小组训练，并且对各个年龄段的人群都有积极的效果。

第十一节　总结

那些所谓的创新式练习方法常常会把目标锁定在训练者、教练员和指导教师身上。为了能够识别训练误区，为运动员选择正确的训练产品和技术，可以参照以下几点建议：

（1）运用常识！人类的身体在过去几千年中未发生太多变化。尽管食物和药物让我们的身体更硬朗、整体寿命更长、机体康复得更快，但肌肉的运动却没有变化。因此，不要过分纠结于练习方法，相反，应当重视动作练习！这才是挖掘运动员潜在力量和功率的地方。

（2）选择性地听取意见。因为新鲜事物不代表就是必需品，或是它能够为训练带来帮助。

（3）对新式产品进行研究和分析，验证它是否真实有效。同时，运用自身的生物力学和运动生理学的知识验证这些未经实践证明或者单方面宣传的训练器材。要求器材的推广方提供器材具有积极功效的实例。

（4）简化训练而不要增加训练的复杂性。经常自我思考特定的训练项目适用哪些相应的器材。

（5）目前，有太多宣称具有"惊人效果"的新颖练习方法和训练器材，而你根本不需要用有限的训练时间去一一尝试。

（6）训练中不同练习安排得越多，动作重复的次数就会越少。其结果将会降低训练适应与训练效果。切记，只有当主动肌与动作模式具有很好的训练适应性时，才能提高训练效果。别无他法！

（7）选择重要的事情去做！明确所在运动项目中的各类限制因素，并使用简单且高效的训练方法去训练运动员。

总之，如果想让你的运动员拥有出色的力量、速度、反应以及灵敏性，那就让他们进行传统的力量训练。市面上存在的各种新式练习方法的效果都不能同中、高强度负荷的力量训练相提并论。在生长发育的早期年龄，就应当让儿童接触各种有趣的动作模式训练。随着青少年运动员逐渐的成熟，要专注于项目需求，采用安全的训练原则进行力量、功率、速度以及耐力的训练。不要偏信偏听，陷入网络或宣传资料所营造的训练误区。真正把握训练的本质——只有采用正确的方法才能带来运动表现的提升！

参考文献

第一章

[1] Ogden, C. L., G. S. Connor, J. Rivera Dommarco, M. D. Carroll, M. Shields, and K. M. Flegal. 2010. The epidemiology of childhood obesity in Canada, Mexico and the United States. In *Epidemiology of obesity in children and adolescents — Prevalence and etiology,* ed. L. Moreno, I. Pigeot, and W. Ahrens. New York: Springer.

[2] Ebbeling, C. B., D. B. Pawlak, and D. S. Ludwig. 2002. Childhood obesity: Public-health crisis, common sense cure. *Lancet* 360(9331): 473–482.

[3] Wang, Y., and M. A. Beydoun. 2007. The obesity epidemic in the United States — Gender, age, socioeconomic, racial/ethnic, and geographic characteristics: A systematic review and meta-regression analysis. *Epidemiol. Rev.* 29: 6–28.

[4] Tomkinson, G. American Heart Association's Scientific Sessions 2013: "Global Changes in Cardiovascular Endurance of Children and Youth since 1964." Systematic Analysis of 25 million Fitness Test Results from 28 countries.

[5] Ludwig, D. S., K. E. Peterson, and S. L. Gortmaker. 2001. Relation between consumption of sugar-sweetened drinks and childhood obesity: A prospective, observational analysis. *Lancet* 357(9255): 505–508.

[6] Centers for Disease Control and Prevention. 2015. Nutrition for everyone: nutrition basics — protein. Retrieved from http://www.cdc.gov/nutrition/everyone/basics/protein.html.

[7] Nettle, H., and E. Sprogis. 2011. Pediatric exercise: Truth and/or consequences. *Sports Med. Arthrosc.* 19(1): 75 – 80.

[8] Harre, D. 1982. *Trainingslehre.* Berlin: Sportverlag.

[9] Nagorni, M. F. 1978. Facts and fiction regarding junior's training *Fizkulturai Sport* 6.

[10] Capranica, L., and M. L. Millard-Stafford. 2011. Youth sport specialization: How to manage competition and training? *Int. J. Sports Physiol. Perform.* 6(4): 572 – 579.

[11] Mostafavifar, A. M., T. M. Best, and G. D. Myer. 2013. Early sport specialisation, does it lead to long-term problems? *Br. J. Sports Med.* 47(17): 1060 – 1061.

第二章

[1] Skinner, R. A., and J. P. Piek. 2001. Psychosocial implications of poor motor coordination in children and adolescents. *Hum Mov Sci.* 20(1 – 2): 73 – 94.

[2] Sharma, K. D., and P. Hirtz. 1991. The relationship between coordination quality and biological age. *Med. Sport* 31: 3 – 4.

第三章

[1] Gillis, C. 2014. Did a missed pull-up cost Bennett the No. 1 NHL draft spot? Charles Gillis on Samuel Bennett and the strange psychology of the NHL draft. Retrieved from http://www.macleans.ca/society/life/the-strange-psychology-of-an-nhl-draft/

[2] Mei, Z., L. M. Grummer-Strawn, A. Pietrobelli, A. Goulding, M. I. Goran, and W. H. Dietz. 2002. Validity of body mass index compared with other body-composition screening indexes for the assessment of body fatness in children and adolescents. *Am. J. Clin. Nutr.* 75: 978 – 985.

第四章

[1] Shrier, I. 2004. Does stretching improve performance? A systematic and critical review of the literature. *Clin. J. Sport Med.* 14(5): 267 – 273.

[2] Herbert, R. D., and M. Gabriel. 2002. Effects of stretching before and after exercising on muscle soreness and risk of injury: A systematic review. *Br. Med. J.* 325: 468 – 470.

[3] Ingraham, S. J. 2003. The role of flexibility in injury prevention and athletic performance: Have we stretched the truth? *Minnesota Med.* 86(5): 58 – 61.

[4] Alaranta, H., H. Hurri, M. Heliovaara, A. Soukka, and R. Harju. 1994. Flexibility of the spine: Normative values of goniometric and tape measurements. *Scand. J. Rehab. Med.* 26: 147 – 154.

[5] Kohl, H. W. III, and H. D. Cook, eds. 2013. *Educating the student body: Taking physical activity and physical education to school.* Washington, D. C.: National Academic Press.

[6] Faigenbaum, A. D., M. Bellucci, A. Bernieri, B. Bakker, and K. Hoorens. 2005. Acute effects of different warm-up protocols on fitness performance in children. *J. Strength Cond. Res.* 19: 376 – 381.

第五章

[1] Faigenbaum, A. D., R. S. Lloyd, & G. D. Myer. 2013. Youth resistance training: Past practices, new perspectives, and future directions. *Pediatric Exercise Science,* 25, 591 – 604.

[2] Barbieri, D., and L. Zaccagni. 2013. Strength training for children and adolescents: Benefits and risks. *Coll. Anthrop.* Suppl. no. 2: 219 – 225.

[3][6] Papaiakovou, G., A. Giannakos, C. Michailidis, D. Patikas, E. Bassa, V. Kalopisis, N. Anthrakidis, and C. Kotzamanidis. 2009. The effect of chronological age and gender on the development of sprint performance during childhood and puberty. *J. Strength Cond. Res.* 23(9): 2568 – 2573.

[4][7] Bailey, D. A., R. M. Malina, and R. L. Mirwald. 1985. The child, physical activity and growth. In *Human growth,* Vol. 2, 2nd ed., ed.

[5] Hebbelinck, M. 1989. Development and motor performance. Roma, Scuola dello Sport VIII: 16.

[8] Laemmle, J., and B. Martin. 2013. Children at play: Learning gender in the early years. *J. Youth Adolesc.* 42(2): 305 – 307.

[9] Miyaguchi, K., S. Demura, H. Sugiura, M. Uchiyama, and M. Noda. 2013. Development of various reaction abilities and their relationships with favorite play activities in preschool children. *J. Strength Cond. Res.* 27(10): 2791 – 2799.

[10] Anshel, M. H., P. Freedman, J. Hamill, K. Haywood, M. Horvat, and S. A. Plowman. 1991. *Dictionary of the sport and exercise sciences.* Champaign, IL: Human Kinetics.

第六章

略。

第七章

[1] Dahab, K., and T. McCambridge. 2009. Strength training in children and adolescents: Raising the bar for young athletes? *Sports Health* 1(3): 223 – 226.

[2] Behm, D. G., A. D. Faigenbaum, B. Falk, and P. Klentrou. 2008. Canadian Society for Exercise Physiology position paper: Resistance training in children and adolescents. *Appl. Physiol. Nutr. Metab.* 33(3): 547 – 561.

[3][47] Faigenbaum, A. D., W. J. Kraemer, C. J. Blimkie, I. Jeffreys, L. J. Micheli, M. Nitka, and T. W. Rowland. 2009. Youth resistance training: Updated position statement paper from the National Strength and Conditioning Association. *J. Strength Cond. Res.* 23 (Suppl. no. 5): S60 – S79.

[4] Barbieri, D., and L. Zaccagni. 2013. Strength training for children and adolescents: Benefits and risks. *Coll. Anthrop. Suppl.* no. 2: 219 – 225.

[5] Cahill, B. R. 1998. *American Orthopaedic Society for Sports Medicine: Proceedings of the Conference on Strength Training and the Prepubescent.* Chicago: American Orthopaedic Society for Sports Medicine.

[6] Caine, D., J. Difiori, and N. Maffulli. 2006. Physeal injuries in children's and youth sports: Reasons for concern? *Br. J. Sports Med.* 40: 749–760.

[7][48] Ratel, S. 2011. High-intensity and resistance training and elite young athletes. *Med. Sport Sci.* 56: 84–96.

[8] Faigenbaum, A. D., L. A. Milliken, R. L. Loud, B. T. Burak, C. L. Doherty, and W. L. Westcott. 2002. Comparison of 1 and 2 days per week of strength training in children. *Res. Q. Exerc. Sport* 73(4): 416–424.

[9][50] American Academy of Pediatrics. Council on Sports Medicine and Fitness. 2008. Strength Training for Children and Adolescence. *Pediatrics*, 4, 835–840.

[10] Bompa, T. O and C. Buzzichelli, 2015. *Periodization training for sports,* 3rd ed. Champaign IL: Human Kinetics.

[11] Faigenbaum, A. 2000. Strength training for children and adolescents. *Clinics Sports Med.* 19(4): 593–619.

[12] Bar-Or, O., and B. Goldberg. 1989. Trainability of the prepubescent child. *Physician Sportsmed.* 17: 64–66, 75–78, 80–82.

[13] Behringer, M., A. vom Heed, Z. Yue, and J. Mester. 2010. Effects of resistance training in children and adolescents: A meta-analysis. *Pediatrics* 126: e1199–e1210.

[14] Carpinelli, R. N., R. M. Otto, R. A. Winett. 2004. A critical analysis of the ACSM position stand on resistance training: Insufficient evidence to support recommended training protocols. *J. Exerc. Physiol.* 7: 1.

[15] Bompa, T. 1993. *Periodization of strength: The new wave in strength training.* Toronto: Veritas.

[16] Sale, D. G. 1986. Neural adaptation in strength and power training. In *Human muscle power,* ed. N. L. Jones, N. McCartney, and A. J. McComs, 281–305. Champaign, IL: Human Kinetics.

[17] Cooper, D. M. 1996. Cardiorespiratory and metabolic responses to exercise. Maturation and growth. In *The child and the adolescent athlete,* ed. O. Bar-Or, 54–73. Oxford: Blackwell Scientific.

[18] Fox, E. L., R. W. Bowers, and M. L. Foss. 1989. *The physiological basis of physical education and athletics.* Dubuque, IA: Brown.

[19] Hansen, L., J. Bangsbo, J. Twisk, and K. Klausen. 1999. Development of muscle strength in relation to training level and testosterone in young male soccer players. *J. Appl. Physiol.* 87: 1141–1147.

[20] Bray, M. S., J. M. Hagberg. L. Perusse, T. Ramkinen, S. M. Roth, B, Wolfarth, and C. Bouchard. 2009. The human gene map for performance and health-related fitness phenotypes: The 2006–2007 update. *Med. Sci. Sports Exerc.* 41(1): 35–73.

[21] Duda, M. 1986. Prepubescent strength training gains support. *Physician Sportsmed.* 14(2): 157–161.

[22] Raudsepp, L., and M. Pääsuke. 1995. Gender differences in fundamental movement patterns, motor performances, and strength measurements of prepubertal children. *Pediatr.*

Exerc. Sci. 7(3): 294–304.

[23] Smith, T. K. 1984. Preadolescent strength training. Some considerations. *J. Phys. Educ. Rec. Dance* 55: 43–44, 80.

[24] Kakebeeke, T. H., I. Locatelli, V. Rousson, J. Caflisch, and O. G. Jenni. 2012. Improvement in gross motor performance between 3 and 5 years of age. *Percept. Mot. Skills* 114(3): 795–806.

[25] Flatters, I., L. J. Hill, J. H. Williams, S. E. Barber, and M. Mon-Williams. 2014. Manual control age and sex differences in 4 to 11 year old children. *PLoS One* 9 (2): e88692.

[26][36][54] Malina, R. M. 1984. Physical growth and maturation. In *Motor development during childhood and adolescence,* ed. J. R. Thomas, 3–40. Minneapolis: Burgess.

[27] Hulthén, L., B. A. Bengtsson, K. S. Sunnerhagen, L. Hallberg, G. Grimby, and G. Johannsson. 2001. GH is needed for the maturation of muscle mass and strength in adolescents. *J. Clin. Endocrinol. Metab.* 86(10): 4765–4770.

[28][29][32] Bailey, D. A., R. M. Malina, and R. L. Mirwald. 1985. The child, physical activity and growth. In *Human growth,* Vol. 2, 2nd ed., ed. F. Falkner and J. M. Tanner, 147–170. New York: Plenum.

[30] Rogol, A. D., J. N. Roemmich, and P. A. Clark. 2002. Growth at pu-berty. *J. Adolesc. Health* 31(Suppl. no. 6): 192–200.

[31] Kraemer, W. L., and S. J. Fleck. 1993. *Strength training for young athletes.* Champaign, IL: Human Kinetics.

[33] Micheli, L. J. 1988. Strength training in the young athlete. In *Competitive sports for children and youth,* ed. E. W. Brown and C. E. Brants, 99–105. Champaign, IL: Human Kinetics.

[34] Wild, C. Y., J. R. Steele, and B. J. Munro. 2013. Musculoskeletal and estrogen changes during the adolescent growth spurt in girls. *Med. Sci. Sports Exerc.* 45(1): 138–145.

[35] Borms, J., and M. Hebbelinck. 1984. Review of studies on Olympic athletes. In *Physical structure of Olympic athletes, Part II, Kinanthropometry of Olympic athletes,* ed. J. E. L. Carter, 7–27. Basel, Switzerland: Karger.

[37] Malina, R. 2006. Weight training in youth — Growth, maturation, and safety: An evidence-based review. *Clin. J. Sports Med.* 16(6): 478–487.

[38] Round, J. M. 1999. Hormonal factors in the development of differences in strength between boys and girls during adolescence: A longitudinal study. *Ann. Human Biol.* 26(1): 49–62.

[39][42] Dotan, R., C. Mitchell, R. Cohen, P. Klentrou, D. Gabriel, and B. Falk. 2012. Child-adult differences in muscle activation — A review. *Ped. Exerc. Sci.* 24(1): 2–21.

[40] Fleck, S. J., and J. E. Falkel. 1986. Value of resistance training for the reduction of sports injuries. *Sports Med.* 3: 61–68.

[41] Rovere, G. D. 1988. Low back pain in athletes. *Physician Sportsmed.* 15: 105–117.

[43] Blimkie, C. J. 1993. Resistance training during preadolescence. *Sports Medicine.* 15: 389 – 407.

[44] Ramsey. J., C. Blimkie, K. Smith, S. Garner, D. Macdougall, and D. Sale. 1990. Strength training effects in prepubescent boys. *Med. Sci. Sport Exerc.* 22(5): 605 – 614.

[45] Caine, D. J. and N. Maffulli. 2005. Epidemiology of children's individual sports injuries. An important area of medicine and sport science research. *Med. Sport Sci.* 48: 1 – 7.

[46] Valovich McLeod, T., L. C. Decoster, K. J. Loud, L. J. Micheli, J. T. Parker, M. A. Sandrey, and C. White. 2011. National Athletic Trainers' Association Position Statement: Prevention of Pediatric Overuse Injuries. *J. Athl. Train.* 46(2): 206 – 220.

[49] Benson, A. C., M. E. Torode, and M. A. F. Singh. 2007. A rationale and method for high-intensity progressive resistance training with children and adolescents. *Contemporary Clinical Trials.* 4: 442 – 450.

[51] Richmond, E. J., and A. D. Rogol. 2007. Male pubertal development and the role of androgen therapy. *Nat. Clin. Pract. Endocrinol. Metab.* 3(4): 338 – 344.

[52] Faigenbaum, A. D., R. L. Loud, J. O'Connell, S. Glover, J. O'Connell, and W. L. Westcott. 2001. Effects of different resistance training protocols on upper-body strength and endurance development in children. *J. Strength Cond. Res.* 15(4): 459 – 465.

[53] Hebbelinck, M. 1989. Development and motor performance. Roma, Scuola dello Sport VIII: 16.

[55] Seger, J. Y., and A. Thorstensson. 2000. Muscle strength and electromyogram in boys and girls followed through puberty. *Eur. J. Appl. Physiol.* 81(1 – 2): 54 – 61.

[56][57] Bompa, T. O. and M. Carrera. 2005. *Periodization training for sports,* 2nd ed. Champaign, IL: Human Kinetics.

[58] Enoka, R. 2002. *Neuromechanics of human movement.* 3rd ed. Champaign, IL: Human Kinetics.

第八章

[1] Iwasaki, K., R. Zhang, J. H. Zuckerman, and B. D. Levine. 2003. Dose-response relationship of the cardiovascular adaptation to endurance training in healthy adults: How much training for what benefit? *J. Appl. Physiol.* 95: 1575 – 1583.

[2] Prasad, D. C., and B. C. Das. 2009. Physical inactivity: A cardiovascular risk factor. *Indian J. Med. Sci.* 63(1): 33 – 42.

[3] Bouchard, C., G. Lortie, J. A. Simoneau, C. Leblanc, G. Thériault, and A. Tremblay. 1984. Submaximal power output in adopted and biological siblings. *Ann. Hum. Biol.* 11(4): 303 – 309.

[4] Matsui, H. 1983. Discovery of hereditary ability for junior athletes. *Asian Stud. Phys. Educ.* 6(1): 50 – 56.

[5] Wilson J. M., J. P. Loenneke, E. Jo, G. J. Wilson, M. C. Zourdos, J. S. Kim. 2012. The effects of endurance, strength, and power training on muscle fiber type shifting. *J Strength Cond Res.* 26(6): 1724 – 1729.

[6][8][10] Baxter-Jones, G., and N. Maffulli. 2003. Endurance in young athletes: It can be trained. *Br. J. Sports Med.* 37: 96 – 97.

[7][11][18] Hughson, R. 1986. Children in competitive sports: A multidisciplinary approach. *Can. J. Appl. Sport Sci.* 11(4): 162 – 172.

[9] Rowland, T. W., and A. Boyajian. 1995. Aerobic response to endurance exercise training in children. *Pediatrics* 96: 654 – 658.

[12] Roberts, D., A. Norton, A. Sinclair, and P. Lavkins. 1987. Children and long distance running. *New Stud. Athlet.* 1: 7 – 8.

[13][19][21] Kenney, L., J. Willmore, and D. Costill. 2011. *Physiology of sport and exercise.* 5th ed. Champaign, IL: Human Kinetics.

[14] Young, D. R., D. S. Sharp, and J. D. Curb. 1995. Associations among baseline physical activity and subsequent cardiovascular risk factors. *Med. Sci. Sports Exerc.* 27: 1646 – 1654.

[15] Hebbelinck, M. 1989. Development and motor performance. Roma, Scuola dello Sport VIII: 16.

[16] Shephard, R. J. 1982. *Physical activity and growth.* Chicago: Year-book Medical.

[17] Reider, B. 2011. Kids will be kids. *Am. J. Sports Med.* 39(5): 923 – 925.

[20] Sherpand, R. J. 1982. *Physical and activity and growth.* Chicago: Year-book Medical.

[22] Malina, R. M. 1984. Physical growth and maturation. In *Motor development during childhood and adolescence,* ed. J. R. Thomas, 3 – 40. Minneapolis: Burgess.

[23] Berstein, A. 2002. Is it time for a victory lap? Changes in the media coverage of women in sport. *International Review for the Sociology of Sport* 37(3 – 4): 415 – 428.

[24] Mahon, A. D., A. D. Marjerrison, J. D. Lee, M. E. Woodruff, and L. E. Hanna. 2010. Evaluating the prediction of maximal heart rate in children and adolescents. *Res. Q. Exerc. Sport* 81(4): 466 – 471.

[25] Machado, F. A., and B. S. Denadai. 2011. Validity of maximum heart rate prediction equations for children and adolescents. *Arq. Bras. Cardiol.* 97(2): 136 – 140.

第九章

[1] Merkel, D. L. 2013. Youth sport: Positive and negative impact on young athletes. *J. Sports Med.* 4: 151 – 160.

[2] Passer, M. W. 1988. Determinants and consequences of children's competitive stress. In *Children in sport,* 3rd ed., ed. F. L. Smoll, R. A. Magill, and M. J. Ash, 135 – 148. Champaign, IL: Human Kinetics.

[3] Passer, M. W., and B. J. Wilson. 2002. At what age are kids ready to compete? In *Children and youth in sport: A biopsychosocial perspective,* ed. F. L. Smoll and R. E. Smith, 211 – 231. Dubuque, IA: Kendall/Hunt.

[4] Bigelow, B. 2000. Is your child too young for youth sports or is your adult too old? In *Sports in school: The future of an institution,* ed. J. R. Gerdy, 11 – 18. New York: Teachers College Press, Columbia University.

[5] Mariscalco, M. W., and P. Salvan. 2011. Upper extremity injuries in the adolescent

athlete. *Sports Med. Arthrosc.* 19(1): 17-26.

[6] MacPhail, A., T. Gorely, and D. Kirk. 2003. Young people's socialization into sport: A case study of an athletics club. *Sport Edu. Soc.* 8: 251-267.

[7] Mulvihill, C., K. Rivers, and P. Aggleton. 2000. Physical activity "at our time": Qualitative research among young people aged 5 to 15 years and parents. London: Health Education Authority.

[8] MacDonald, J., and P. D' Hemecourt. 2007. Back pain in the adolescent athlete. *Pediatr. Ann.* 36(11): 703-712.

[9] Cupisti, A., C. D' Alessandro, I. Evangelisti, M. Piazza, F. Galetta, and E. Morelli. 2004. Low back pain in competitive rhythmic gymnasts. *J. Sports Med. Phys. Fitness* 44(1): 49-53.

[10] Ostojic, S. M., C. Castagna, J. Calleja-González, I. Jukic, K. Idrizovic, and M. Stojanovic. 2014. The biological age of 14-year-old boys and success in adult soccer: Do early maturers predominate in the top-level game? *Res. Sports Med.* 22(4): 398-407.

[11] Wingfield, K. 2013. Neuromuscular training to prevent knee injuries in adolescent female soccer players. Clin. *J. Sport Med.* 23(5): 407-408.

[12] Rotella, R. J., T. Hanson, and R. H. Coop. 1991. Burnout in youth and sports. *Elem. School J.* 91(5): 421-428.

第十章

[1] Kavey, R. E., S. R. Daniels, R. M. Lauer, D. L. Atkins, L. L. Hayman, and K. Taubert. 2003. American Heart Association guidelines for primary prevention of atherosclerotic cardiovascular disease beginning in childhood. Circulation 107: 1562-1566. Kavey, R. E., S. R. Daniels, R. M. Lauer, D. L. Atkins, L. L. Hayman, and K. Taubert. 2003. American Heart Association guidelines for primary prevention of atherosclerotic cardiovascular disease beginning in childhood. *Journal of Pediatrics.* 142(4): 368-372.

[2] Gidding, S., B. Dennison, L. Birch, S. Daniels, M. Gilman, A. Lichtenstein, R. T. Rattay, J. Steinberger, N. Stettler, and L. Van

[3] Rader, R. K., K. B. Mullen, R. Sterkel, R. C. Strunk, and J. M. Garbutt. 2014. Opportunities to reduce children's excessive consumption of calories from beverages. *Clin. Pediatr. (Phila).* 53: 1047-1054.

[4][6][8] Miller, P. E., R. A. McKinnon, S. M. Krebs-Smith, A. F. Subar, J. Chriqui, L. Kahle, and J. Reedy. 2013. Sugar-sweetened beverage consumption in the U. S.: Novel assessment methodology. *Am. J. Prev. Med.* 45(4): 416-421.

[5] Lim, S., J. M. Zoellner, J. M. Lee, B. A. Burt, A. M. Sandretto, W. Sohn, A. I. Ismail, and J. M. Lepkowski. 2009. Obesity and sugar-sweetened beverages in African-American preschool children: A longitudinal study. *Obesity* 17(6): 1262-1268.

[7][9] Morgan, R. E. 2013. Does consumption of high-fructose corn syrup beverages cause obesity in children? *Pediatr. Obes.* 8(4): 249-254.

[10] Bowman, S. A., S. L. Gortmaker, C. B. Ebbeling, M. A. Pereira, and D. S. Ludwig. 2004. Effects of fast food consumption on energy intake and diet quality among children in a national household survey. *Pediatrics* 113(1): 112–118.

[11] Bray, G. A., S. J. Nielsen, and B. M. Popkin. 2004. Consumption of high-fructose corn syrup in beverages may play a role in the epi-demic of obesity. *Am. J. Clin. Nutr.* 79(4): 537–543.

[12][13] Duffey, K. J., and B. M. Popkin. 2008. High fructose corn syrup. Is this what's for dinner? *Am. J. Clin. Nutr.* 88: 1722S–1732S.

[14] Sebastian, R. S., C. Wilkinson Enns, and J. D. Goldman. 2009. U. S. adolescents and MyPyramid: Associations between fastfood consumption and lower likelihood of meeting recommendations. *J. Am. Dietetic Assoc.* 109: 226–235.

[15] Kimmons, J., C. Gillespie, J. Seymour, M. Serdula, and H. M. Blanck. 2009. Fruit and vegetable intake among adolescents and adults in the United States: Percentage meeting individualized recommendations. *Medscape J. Med.* 11(1): 26.

[16] U. S. Department of Agriculture. Food and Nutrition Service. 2015. School meals. Child nutrition programs. Retrieved from http://www.fns.usda.gov/school-meals/child-nutrition-programs.

[17] Halberg, N., M. Henriksen, N. Söderhamn, B. Stallknecht, T. Ploug, P. Schjerling, and F. Dela. 2005. Effect of intermittent fasting and refeeding on insulin action in healthy men. *J. Appl. Physiol.* 99: 2128–2136.

[18] Karli, U., A. Guvenc, A. Aslan, T. Hazir, and C. Acikada. 2007. Influence of Ramadan fasting on anaerobic performance and recovery following short time high intensity exercise. *J. Sports Sci. Med.* 6(4): 490–497.

[19] Daniels, S. R., D. K. Arnett, R. H. Eckel, H. Robert, S. S. Gidding, S. Samuel, L. L. Hayman, S. Kumanyika, L. L. Shiriki, T. N. Robinson, B. J. Scott, S. St. Jeor, and C. L. Williams. 2002. Overweight in children and adolescents: Pathophysiology, consequences, prevention, and treatment. *J. Am. Med. Assoc.* 288(14): 1728–1732.

[20] Ogden, C. L., K. M. Flegal, M. D. Carroll, and C. L. Johnson. 2002. Prevalence and trends in overweight among U. S. children and adolescents, 1999–2000. *J. Am. Med. Assoc.* 288(14): 1728–1732.

[21] Vanelli, M., B. Iovane, A. Bernardini, G. Chiari, M. K. Errico, C. Gel-metti, M. Corchia, A. Ruggerini, E. Volta, and S. Rossetti. 2005. Breakfast habits of 1,202 northern Italian children admitted to a summer sport school. Breakfast skipping is associated with overweight and obesity. *Acta Biomed.* 76(2): 79–85.

[22] Nicklas, T. A., C. Reger, L. Myers, and C. O'Neil. 2000. Breakfast consumption with and without vitamin-mineral supplement use favourably impacts daily nutrient intake of ninth-grade students. *J. Adolesc. Health* 27: 314–321.

[23] LoDolce, M. E., J. L. Harris, and M. B. Schwartz. 2013. Sugar as part of a balanced breakfast? What cereal advertisements teach children about healthy eating. *J. Health Commun.* 18(11): 1293–1309.

[24] Benton, D., A. Maconie, and C. Williams. 2007. The influence of the glycaemic load of breakfast on the behaviour of children in school. *Physiol. Behav.* 92(4): 717 – 724.

[25] Krissansen, G. 2007. Emerging health properties of whey proteins and their clinical implications. *J. Am. College Nutr.* 26 (6): 713S – 723S.

[26] Centers for Disease Control and Prevention. 2015. Nutrition for everyone: nutrition basics—protein. Retrieved from http://www.cdc.gov/nutrition/everyone/basics/protein.html.

[27] Boisseau, N., C. Le Creff, M. Loyens, and J. R. Poortmans. 2002. Protein intake and nitrogen balance in male non – active adolescents and soccer players. *Eur. J. Appl. Physiol.* 88(3): 288 – 293.

[28] Boisseau, N., M. Vermorel, M. Rance, P. Duché, and P. Patureau-Mirand. 2007. Protein requirements in male adolescent soccer players. *Eur. J. Appl. Physiol.* 100(1): 27 – 33.

[29] Odea, J. A. 2003. Why do kids eat healthful food? Perceived benefits of and barriers to healthful eating and physical activity among children and adolescents. *J. Am. Dietetic Assoc.* 103(4): 497 – 501.

第十一章

略。

第十二章

[1] Willardson, J. M., F. E. Fontana, and E. Bressel. 2009. Effect of surface stability on core muscle activity for dynamic resistance exercises. *Int. J. Sports Physiol. Perform.* 4(1): 97 – 109.

[2] Drinkwater, E. J., E. J. Pritchett, and D. G. Behm. 2007. Effect of instability and resistance on unintentional squatlifting kinetics. *Int. J. Sports Physiol. Perform.* 2(4): 400 – 413.

[3] Enoka, R. 2008. *Neuromechanics of human movement.* 4th ed. Champaign, IL: Human Kinetics.

[4] Howard J. D., and R. M. Enoka. 1991. Maximum bilateral contractions are modified by neurally mediated interlimb effects. *J Appl Physiol.* 70(1): 306 – 316.

[5][8] Zijdewind, I., and D. Kernell. 2001. Bilateral interactions during contractions of intrinsic hand muscles. *J. Neurophysiol.* 85(5): 1907 – 1913.

[6] Bompa, T. O. and M. Carrera. 2005. *Periodization training for sports,* 2nd ed. Champaign, IL: Human Kinetics.

[7][12][14] Enoka, R. 2002. *Neuromechanics of human movement.* 3rd ed. Champaign IL: Human Kinetics.

[9][15] Keiner, M., A. Sander, K. Wirth, and D. Schmidtbleicher. 2014. Longterm strength training effects on change-of-direction sprint performance. *J. Strength Cond. Res.* 28(1): 223 – 231.

[10] Whelan, N., C. O' Regan, and A. J. Harrison. 2014. Resisted sprints do not acutely enhance sprinting performance. *J. Strength Cond. Res.* 28(7): 1858 – 1866.

[11] Salinero, J. J., J. Abian-Vicen, J. Del Coso, and C. González-Millán. 2014. The influence of ankle dorsiflexion on jumping capacity and the modified agility t-test performance. *Eur. J. Sport Sci.* 14(2): 137 – 143.

[13] Schmidtbleicher, D. 1984. *Sportliches Krafttraining.* Berlin: Jung, Haltong, and Bewegung bie Menchen.

作者简介

杜泽·奥林皮乌斯·邦帕博士 1963 年在罗马尼亚发表了运动能力周期（力量和功率周期）的突破性理论，革新了西方体育训练的方法论及许多训练方式。采用了他的训练体系之后，中欧、东欧的一些国家在 20 世纪 70 至 80 年代，体育成绩一直领先世界。70 年代时，邦帕博士发展了周期耐力理论；80 年代间，他把这一理论应用于速度和灵敏性训练。他最成功的训练理念之一就是对训练进行短期和长期的计划。邦帕博士亲自训练过 11 届奥林匹克竞赛者及世锦赛奖牌得主（包括四位金牌得主），并担任全球范围内的教练和运动员顾问。

邦帕博士的 14 本有关训练方法的著作，包括《运动训练理论和方法：影响运动表现的关键因素和运动训练周期》，已被翻译成 19 种语言，并在 180 多个国家的运动员训练、教练教学及考核中得到使用。邦帕博士已受邀在超过 40 个国家进行有关运动训练的演讲，并已被 23 个权威机构授予各种荣誉证明和表彰奖项，这些机构包括阿根廷文化部、澳大利亚国家体育委员会、西班牙奥林匹克委员会、国际奥林匹克委员会以及美国国家力量及体能训练协会（NSCA）。2014年，邦帕博士获得了NSCA授予的终身成就奖。

邦帕博士是安大略省多伦多约克大学的荣誉退休教授，他自1974年就在那里教授体育训练理论。他和他的妻子塔玛拉（Tamara）现居住在安大略省的沙伦市（Sharon）。

迈克尔·卡雷拉是一名获得认证的运动锻炼生理学家，同时作为一名健康、健身和运动体能专家，他拥有丰富的训练员经验。迈克尔·卡雷拉拥有运动学硕士学位，并训练过许多运动精英，包括国家级游泳选手和职业冰球选手。其丰富的教学经验让他能够为各类省级和国家级运动员设计力量测评方案，并给予帮助，包括冰球、足球、花样滑冰、长曲棍球和游泳等项目。

卡雷拉发表过大量有关健身、健康和体能训练等方面的科学报道、文章、段落和指南手册等。他发行过三本著作并推出了集精神锻炼、重力训练和健身于一体的音像产品。他还与他人合著了《运动项目的周期训练（第二版）》（2005年）。

卡雷拉曾以专家身份作客大量电视广播节目，获得了媒体的广泛认可，包括一些早间节目和专业频道。他在《男士健康》《加拿大生活》《国家邮报》等多个全国性出版物上发表过文章著作。

卡雷拉为加拿大顶尖企业设计并实施了企业健康项目和健康管理战略。他还为诸多健康和健身网站创建了14 000多个运动锻炼项目，并一直负责监察加拿大女性健身和减肥中心。

练习索引（按笔画排序）

10 分钟三角跑动练习 10-Minute Triangle Run　270
1 500 米跑有氧测试 1500m Aerobic Test　85
30 米和 60 米短跑测试 30-Meter and 60-Meter Sprints　82
V 字坐平衡 V-Sit Balance　61
下劈上举实心球练习 Medicine Ball Chops　245
大步跑练习 Big Steps　140
上臂弯举哑铃 Dumbbell Curl　215
手足对侧体前屈拉伸 Flex to Opposite Leg　98
手脚触碰练习 Foot Touches　146
长距离步速感知练习 Long Repetitions for Pace Judgment　270
分腿跪姿体前屈拉伸 Opposite Toe Touch　100
分腿跪姿屈髋肌拉伸 Quad and Hip Flexor Stretch　107
方格跳跃练习 2 Inside-Out Jumps　167
方格跳跃练习 1 Single or Double Leg Jumps　166
户外多路段耐力练习 Outdoor Course　268
引体向上 Pull-Up　241
队列接力竞赛 File Relay　135
双人双腿向前传球 Medicine Ball Double-Leg Forward Toss　245
双人过顶投掷实心球 Medicine Ball Forward Overhead Throw　219
双人仰卧直腿上抬 Abdominal Thrust　244

双人仰卧直腿侧举 Double-Leg Side Lift　230
双人仰卧起坐投掷实心球 Medicine Ball Sit-Up Throw　230
双人转体投掷实心球 Medicine Ball Twist Throw　219
双人侧向投掷实心球 Medicine Ball Side Throw　227
双人单手同时传接球 Overhand Simultaneous Throw　55
双人胯下传接球 Between-Leg Throw　54
双人胯下向后投掷实心球 Medicine Ball Between-Legs Backward Throw　230
双人胸前投掷实心球练习 Medicine Ball Chest Throw　218
双人站姿触墙俯卧撑 Wall Push-Up　242
双手交叉体前屈拉伸 Ankle Double Touch　99
双臂屈伸器械练习 Dips　242
正方形线路耐力练习 Square　267
平板支撑以及平板支撑变化动作测试 Plank and Modified Plank Tests　84
平衡木行走 Walk the Plank　61
目标踢球 Target Kick　51
四边形耐力练习 Quad　268
四点灵敏测试 Four-Cone Agility Test　86
立定跳远和三级连跳测试 Standing Long Jump and Three-Step Jump Tests　80
加速跑练习 Acceleration Run　140
对角线跳跃练习 Slalom Jump　238
对角线跳跃接冲刺跑练习 Slalom Jump and Sprint　164
对侧体旋拉伸 Double Kick　103
对墙抛接反应球 Reaction Ball Toss Against Wall　62
有氧技术跑练习 Aerobic Technical Run　269
过顶接抛球练习 Behind Overhead Throw　54
虫爬式俯卧撑（卡特彼勒俯卧撑） Caterpillar Push-Up　242
团队双手胸前传球和过顶传球 Two-Hand Chest and Overhead Pass　56
团队击打移动目标竞赛 Rolling Target　60
团队过肩投球接力 Overhand Throw Relay　57
团队过肩定向投球 Overhand Zigzag and Target Throw　56
团队交替领跑练习 Passing on the Right　271
团队围绕障碍跑走竞赛 The Loop　141
团队低障碍接力竞赛 Low-Obstacle Relay　145
团队沙袋接力往返跑竞赛 Beanbag Shuttle　141
团队沙袋接力竞赛 Beanbag Relay　141
团队胯下滚动传递实心球竞赛 Medicine Ball Roll Under the Bridge　232
团队胸前传球接力竞赛 Medicine Ball Chest Pass Relay　231
团队高低传递实心球接力竞赛 Over-Under Bridge Relay　170，231
团队接抛反应球训练 Reaction Ball Team Drill　63

团队躲闪对抗比赛 Dodge Game 60
团队跨越障碍练习 Obstacle Course 144
团队障碍接力竞赛 Slalom Relay 136
团队障碍接力跑竞赛 Obstacle Run Relay 232
团队精准投掷球竞赛 Baseball or Tennis Ball Throw for Accuracy 239
团身后滚翻 Backward Roll 53
团身前滚翻 Front Somersault 50
仰卧V字两头起 V-Sit 235
仰卧直腿侧举进阶练习 Abdominal Rainbow 236
仰卧卷腹练习 Abdominal Crunch 225
仰卧实心球转体 Medicine Ball Twist 221
仰卧实心球举腿 Medicine Ball Back Roll 220
仰卧屈髋转体拉伸 CrossOver Hip Stretch 106
仰卧哑铃飞鸟 Dumbbell Fly 217
仰卧胸部推举 Dumbbell or Barbell Chest Press 233
仰卧提拉哑铃 Dumbbell Pullover 216
向后交叉步伐练习 Backward Crossover 146
向前投掷实心球 Medicine Ball or Shot Forward Throw 228
后滚翻接手倒立 Backward Roll Into a Handstand 172
后滚翻接垂直跳 Backward Roll Into a Vertical Jump 173
行进间障碍跳跃 Cone Jump 239
多人跳绳 Double-Leg Skip 223
争先夺后游戏 Finders Keepers 143
交叉步法练习 Crossover Steps 166
进阶俯卧撑练习 Exercises for Early Postpuberty 233
杠铃半蹲练习 Barbell Half Squat 237
连续深蹲跳 Continuous Squat Jump 239
抛球-前滚翻-接球 Throw, Roll, and Catch 60
抗阻带划船练习 Band Row 217
抗阻跑动练习 Harness Running 140
体侧屈拉伸 Trunk and Hip Flexion 98
身体绕环拉伸 Large Body Circles 98
坐姿体前屈拉伸 Seated Toe Touch 99
坐姿肘部屈伸哑铃练习（又称牧师椅哑铃弯举）Dumbbell Preacher Curl 235
坐姿实心球接力竞赛 Medicine Ball Side Pass Relay 222
坐姿肩上高拉器械练习 Dumbbell or Machine Shoulder Press 234
坐姿肩上推举器械练习 Lat Pull-Down 234
坐姿挺髋 Hip Thrust 228
坐姿腿部推蹬器械练习 Leg Press 236

快速投掷实心球 Medicine Ball Speed Throw 248
快速踏步练习 Quick Steps 139
间隔跑动练习 Interval Training Runs 270
直臂引体向上和屈臂悬垂测试 Pull-Up and Bent-Arm Hang Tests 78
垂直纵跳测试 Vertical Jump 83
垂直跳 Vertical Hop 238
侧手翻 Cartwheel 54
肢体协调性练习 Coordination for Limbs 52
鱼跃前滚翻接转身跳跃 Jump and Roll With Turn 59
兔子与公鸡追逐游戏 Rabbits and Roosters 142
狐狸与松鼠游戏 Fox and Squirrel 136
实心球之字形投掷 Medicine Ball Zigzag Throw 221
肩上推举哑铃 Dumbbell Shoulder Press 216
标志桶冲刺跑练习 Explosive Cone Drill 173
哑铃体前上推 Dumbbell Side Swing 248
追逐与躲避游戏 Partner Tag 136
前后交叉步练习（卡里奥卡舞步） Carioca 146
前交叉步伐练习 Forward Crossover 145
"前进"与"立定"游戏 Go, Go, Go, Stop 147
前倾启动练习 Falling Start 138
前滚翻接转身跳跃 Rolls With Turns 58
前滚翻接垂直跳 Forward Roll and Vertical Jump 172, 247
速度控制练习 Controlled Speed Exercise 267
原地过顶后抛实心球 Medicine Ball Backward Overhead Throw 227
原地后踢跳跃练习 Back Kick 247
原地投掷实心球 Medicine Ball Scoop Throw 219
原地空中换腿跳 Scissor Splits 164, 238
原地接反应球练习 Reaction Ball Forward Drop 62
原地提膝团身跳 Knee-Tuck Jump 246
原地摆臂练习 Arm Swing 138
换位跑游戏 Tents and Campers 143
换腿立卧撑练习 Single-Leg Burpee 225
圆盘式灵敏练习 Agility Wheel 169
俯卧平板支撑 Push-Up Plank 244
俯卧两头起 Superman 246
俯卧单腿后向抬升 Single-Leg Back Raise 222
俯卧屈腿器械练习 Leg Curl 237
俯卧胸部抬升击掌 Chest Raise and Clap 223
俯卧躯干反向伸展 Reverse Hyperextension 246

俯卧撑击掌 Clap Push-Up 226
俯卧撑练习 Push-Up 226
俯卧撑测试 Push-Up Test 77
高抬腿练习 High Knees 139
站姿小腿肌群拉伸—原地触墙 Ankle Stretch 102
站姿小腿肌群拉伸—触墙屈踝 Diagonal Ankle Press 102
站姿动态随摆实心球拉伸 Medicine Ball Swing 108
站姿传接反弹球 Rebounding Ball Catch 55
站姿启动练习 Standing Start 138
站姿前臂屈伸器械练习 Cable Triceps Extension 234
站姿接双手倒立 Scissors-Kick Handstand 53
脊柱伸展拉伸 Sea Lion Stretch 103
被动仰卧单侧腘绳肌拉伸 Partner Hamstring Stretch 105
被动坐位体前屈拉伸 Seated Hip Flexion 103
被动俯卧肩关节伸展 Partner Shoulder Stretch 104
被动站姿单侧屈髋肌拉伸 Scale Stretch 105
被动站姿肩关节拉伸 Standing Shoulder Stretch 104
辅助引体向上 Assisted Pull-Up 240
辅助双手倒立 Handstand 58
悬吊屈髋 Hanging Hip Flexion 229
脚部运球 Foot Dribble 51
"章鱼"追逐游戏 Octopus Tag 137
深蹲哑铃负重 Dumbbell Squat 215
深蹲站立体前屈拉伸 Hamstring Stretch 101
绳梯练习 Ladder 168
跨坐体前屈拉伸 Straddle Stretch 100
跨坐转体拉伸—实心球 Medicine Ball Straddle Rotations 101
跳绳 Skipping Rope 52
跪姿下落式俯卧撑 Drop Push-Up 243
跪姿肩部拉伸 Bow Shoulder Stretch 101
躲避跳绳练习 Dodge the Rope 224
障碍跳跃 Cone Jumps 165
障碍跳绳接力竞赛 Loop Skip 223
篮球运球练习 Basketball Dribbling 50
蹲起推举哑铃 Dumbbell Squat to Press 243

附 录

运动员心率图表

姓名＿＿＿＿＿＿＿ **月份**＿＿＿＿＿＿＿＿＿＿

心率	1	2	3	4	5	6	7	8	9	10	11	12	13	14	15	16	17	18	19	20	21	22	23	24	25	26	27	28	29	30	31
72																															
71																															
70																															
69																															
68																															
67																															
66																															
65																															
64																															
63																															
62																															
61																															
60																															
59																															
58																															
57																															
56																															
55																															
54																															
53																															
52																															
51																															
50																															
49																															
48																															
47																															
46																															
45																															
44																															
43																															

运动员心率图表（空白）

运动员心理状态与饮食量表

姓名_____ 月份_____

	1	2	3	4	5	6	7	8	9	10	11	12	13	14	15	16	17	18	19	20	21	22	23	24	25	26	27	28	29	30	31
睡眠时长（单位：小时）																															
12+																															
11																															
10																															
9																															
8																															
7																															
6																															
5																															
4																															
无睡眠																															
睡眠质量																															
很好																															
一般																															
较差																															
无睡眠																															
疲劳感																															
休息充分																															
一般																															
疲惫																															
非常疲惫																															
感到痛苦																															
训练意愿																															
很强																															
较强																															
较低																															
非自愿																															
不训练																															
胃口																															
很好																															
较好																															
较差																															
非自愿进食																															
不进食																															
竞技意愿																															
强烈																															
一般																															
较低																															
无																															

运动员心理状态与饮食量表（空白）

图书在版编目（CIP）数据

青少年运动员体能训练／（美）杜泽·邦帕，（加）迈克尔·卡雷拉著；尹晓峰等译. —上海：上海文化出版社，2017.7（2023.9 重印）
 ISBN 978-7-5535-0759-0

Ⅰ. ①青… Ⅱ. ①杜…②迈…③尹… Ⅲ. ①青少年－运动员－体能－运动训练 Ⅳ. ①G808.1

中国版本图书馆 CIP 数据核字（2017）第 140708 号

上海市版权局著作权合同登记号　图字：09-2016-708 号

Conditioning Young Athletes
Copyright © 2015 by Tudor O. Bompa and Michael Carrera
First published 2015 by Human Kinetics
Simplified Chinese edtion copyright：© 2017 SHANGHAI CULTURE PUBLISHING HOUSE
© 保留所有权利。除用于书评，未经出版社书面允许，不得对该作品以任何形式或以电子、手工等其他已知或此后发明的途径（包括静电复印、影印和录制）在任何信息存储设备或检索系统中进行再制作或使用。

出　版　人：姜逸青
责任编辑：何智明　黄婉清
封面设计：汤　靖

书　　名：青少年运动员体能训练
作　　者：[美] 杜泽·邦帕　　[加] 迈克尔·卡雷拉
译　　者：尹晓峰等
出　　版：上海世纪出版集团　上海文化出版社
地　　址：上海市闵行区号景路 159 弄 A 座 3 楼　201101
发　　行：上海文艺出版社发行中心
　　　　　上海市闵行区号景路 159 弄 A 座 2 楼 206 室　201101
印　　刷：苏州市越洋印刷有限公司
开　　本：787×1092　1/16
印　　张：25.75
版　　次：2017 年 9 月第一版　2023 年 9 月第十次印刷
书　　号：ISBN 978-7-5535-0759-0/G·097
定　　价：68.00 元
告　读　者：如发现本书有质量问题请与印刷厂质量科联系 T：0512-68180628